W0257059

Dorn (Hrsg.) · Cyberbeben

Bernhard Dorn (Hrsg.)

Cyberbeben

Was die multimediale Revolution für Unternehmen und Märkte bedeutet

Die Deutsche Bibliothek – CIP- Einheitsaufnahme

Cyberbeben : was die multimediale Revolution
für Unternehmen und Märkte bedeutet /
Bernhard Dorn (Hrsg.). – Wiesbaden : Gabler, 1998
  ISBN-13: 978-3-322-82761-6   e-ISBN-13: 978-3-322-82760-9
  DOI: 10.1007/978-3-322-82760-9

Umschlaggestaltung: Schrimpf und Partner, Wiesbaden
Satz: Alinea GmbH, München

ISBN-13: 978-3-322-82761-6

Inhalt

Zum Auftakt – „Kinder, der Cyberspace bebt vor euch!"

Bernhard Dorn

„Vorwärts, Kinder, das Meer zittert vor euch!" Ganz einfach „Kinder" nannte 1497 der portugiesische Seefahrer Vasco da Gama seine Leute, als er sie vor einem halben Jahrtausend dazu motivieren wollte, die Schiffe in stürmische See zu führen. Sie hatten Angst. Aber Kinder sind zumeist mutiger als Erwachsene. Man muß nur ihre Aufmerksamkeit wecken. Und vor dieser Neugier zitterte das Meer. Denn es mußte schließlich zehn Monate nach dem Aufbruch der vier Segelschiffe den Seeweg nach Indien freigeben. Vasco Da Gama landete am 20. Mai 1598 in Indien. So begann die Zeit des Welthandels.

„Kinder, der Cyberspace bebt vor euch", so möchte man am liebsten manchem Topmanager zurufen, der noch ängstlich auf die stürmische Entwicklung am Internet schaut und vor all den Gefahren zurückschreckt. Es ist einfach, den Leuten zuzuhören, die mehr Sicherheit anmahnen und Schauermärchen über gefährliche Computerviren, Kreditkartenbetrug und brutale Gewaltzonen erzählen. Es ist bequem, die Nase über den Informationsschrott zu rümpfen, der auf den Straßen des Internets lastet und den Datenverkehr behindert. Gefahren, Gefahren, Gefahren. Alles Argumente, um erst einmal abzuwarten.

Doch einige packt die Neugier. Sie sagen sich: Das Meer zittert vor uns. Ihr Mut steigt. Da warten endlich richtige Abenteuer. Sie spüren, daß mit dem Internet, diesem Prototyp eines Netzes der Netze, die Globalisierung in eine neue Phase eintritt. Ängstlicher Protektionismus hilft nicht mehr. Die Länder dieser Erde müssen die Informationswege freigeben. Die Liberalisierung und Deregulierung des Fernmeldewesens, die Computerisierung der Haushalte, die Expansion der Medien – all das ist Ausdruck des Cyberbebens. Für manchen kommt diese Entwicklung ziemlich überraschend. Selbst denen, die sagen, daß sie sich auf diese neue Zeit des globalen Wettbewerbs freuen, steht oft die nackte Angst ins Gesicht geschrieben. Sie sehen ihre Besitzstände gefährdet.

So wird weiter um Mindestlohn und Lohnfortzahlung im Krankheitsfall gestritten. Da wird unendlich über Euro und Ladenschluß debattiert, wobei seltsamerweise beides mit gleicher Wichtigkeit behandelt wird. Inzwischen ist das Internet rund um die Uhr geöffnet, und die Akteure fangen an, das Geld neu zu erfinden. Digitales Geld gerät in Umlauf – und verschreckt die Zentralbanken. Überall tauchen neue, große Gefahren auf.

Doch die wirklichen Gefahren, vor denen wir Angst haben sollten, kommen nicht aus dem Morgen, sondern aus dem Gestern. Da verstricken wir uns immer wieder in den Ungerechtigkeiten eines hoffnungslos überfrachteten Steuerrechts und arbeiten uns in stundenlangen Diskussionen in die 17. Stelle nach dem Komma eines Etatpostens durch. Anstatt Unternehmen zu führen, werden wir die Sklaven von Buchhaltern, die es mit ihren Vergangenheitsbetrachtungen geschickt verstehen, uns immer wieder von der Zukunft abzulenken.

Sie sind die Herrscher über unsere Daten und unsere Taten, die sie in ihren Computern festhalten. Aber das Entscheidende teilen sie uns nicht mit. Unseren Mitarbeitern erzählen wir, daß sie das wichtigste Kapital unserer Firma seien. Wenn diese dann wissen wollen, wo sich dieses Kapital in der Unternehmensbilanz niederschlägt, müssen wir ihnen sagen, daß sie nur als Kostenfaktor gehandelt werden. Und so werden unsere Mitarbeiter dann auch an den runden Verhandlungstischen behandelt. Kurzum: Überall werden noch die Gefechte des 20. Jahrhunderts geführt, die wir uns eigentlich gar nicht mehr leisten können.

Selbst Computerprofis verkriechen sich. Sie haben sich mit der Problematik um die Umstellung ihrer Programme auf das Jahr 2000 und natürlich auch auf die europäische Gemeinschaftswährung, den Euro, ein milliardenteures Beschäftigungsfeld geschaffen, das sie davon ablenkt, sich um die tatsächlichen Herausforderungen des 21. Jahrhunderts zu kümmern. Im selben Moment aber verpassen wir das Entscheidende – die Entdeckung des Cyberspace, der neuen rastlosen, multimedialen Welten.

So kommen wir nicht weiter. Wir brauchen Bewegung. Erst wenn wir alles in Bewegung sehen, kommen wir vorwärts. Banker wie der Citicorp-Chef John Reed betrachten Geld nur noch als ruhelose Information, als „Information on the move". Es hat sich von seiner materiellen Form, die einst aus Gold und dann aus Papier bestand, losgelöst. Sein Wert liegt über den Dingen. Und so dominiert das intellektuelle Kapital, das sich in unseren Produkten niederschlägt, längst deren physischen Wert. Hinter jedem Auto, das wir kaufen, verbirgt sich ein Milliardenvermögen an Wissen, Erfahrung und Ideen.

Das Cyberbeben, mit dem sich das intellektuelle Kapital sein eigenes Recht verschafft, ist nicht mehr aufzuhalten. Wir müssen da durch! Je eher, desto besser. Und die mutigen Beispiele in diesem Buch zeigen, daß sich endlich eine Aufbruchstimmung breitmacht. Vorboten dessen, was uns erwartet, haben wir genug gehabt. Es ist höchste Zeit, daß wir in das Geschehen einsteigen. Das sind wir nicht uns, sondern vor allem unseren Kindern schuldig. Denn mit ihnen begann alles …

Vor dreißig Jahren startete die Brentwood-Schule im kalifornischen Palo Alto ein sensationelles Experiment. Die 100 Schulanfänger durften erstmals an Computerterminals lernen. Statt der Maus, die übrigens zu diesem Zeitpunkt bereits erfunden worden war, gab es einen Lichtgriffel, einen Zeichenstift für Bildschirme. An diesen

Geräten lernten die Schüler Lesen und Rechnen. Der Erfolg war so groß, daß die Lehrer große Mühe hatten, die Kinder von den Bildschirmen wegzulocken. Die Erstkläßler waren völlig hingerissen von diesen ersten multimedialen Möglichkeiten des Cyberspace.

Die Schüler saßen dabei vor zwei Bildschirmen. Über den einen wurden farbige Zeichen und Bilder projiziert, der Lehrstoff. Der Bildschirm war eine Art Film- und Dia-Projektor. Der andere Monitor war ein Computerterminal, ausgestattet mit einer Tastatur für die Dateneingabe. Über den Lichtgriffel konnten die Schüler zudem einfache Zeichnungen auf dem Bildschirm erstellen. Es war sogar möglich, über Mikrophon und Ohrhörer mit dem Rechner zu „reden".

Dieses Beispiel fand ich zufällig in einem irgendwann antiquarisch erworbenen Buch aus dem Jahr 1972. Es trägt den ehrfurchtsgebietenden Titel „Halbgott Computer" und wurde von James Martin, ein damals bei Computeranwendern hoch angesehener Mann, und Adrian R. D. Norman verfaßt. Als ich in diesem fast 500 Seiten starken Werk hin und her blätterte, um mir noch einmal vor Augen zu führen, wie revolutionär die Computerleute damals dachten, war ich anschließend ziemlich enttäuscht.

Fast alle Themen, über die wir heute mitunter euphorisch reden, waren in den sechziger Jahren längst angedacht und schon ziemlich weit entwickelt worden. Sogar die Anfänge des Mikroprozessors und des Internets reichen zurück bis in das Jahr 1969. Aufmerksam wurde ich dann, als ich bemerkte, daß viele dieser Neuerungen aus einem der erdbebenreichsten Gegenden der Welt kamen: aus Kalifornien.

Vielleicht braucht man dieses Gefühl der ständigen Bedrohung, um besonders kreativ und visionär zu sein. Immerhin liegt auch eine der wichtigsten Exportindustrien der USA, die Filmstadt Hollywood, in Kalifornien, und einige der Unternehmen, die vor zehn Jahren kaum jemand kannte, gehören heute – gemessen an ihrem

  Bernhard Dorn

Börsenwert – zu den reichsten Firmen der Welt. Ihre Börsenkapitalisierung übersteigt oft ihren Umsatz um mehr als das Zehnfache, vom Gewinn ganz zu schweigen. Diesen Erfolg haben sie mit der Kraft ihrer Ideen, ihrem intellektuellen Kapital erreicht. Ihr physisches Kapital ist so klein, daß es auf die Stellfläche eines Airbus paßt.

Manchmal möchte man nur noch staunen und fragt sich: Ist denn die ganze Welt verrückt geworden? Die Antwort lautet: Nein, die ganze Welt ist lediglich ver*rückt* worden.

Vor dreißig Jahren waren die privaten und staatlichen Institutionen, die Betriebe und Verwaltungen, der einzige Ort für den Einsatz von Computern. Auch die Kinder aus Palo Alto lernten den Computer in der Schule kennen, einer staatlichen Einrichtung. Und bestimmt war das Experiment von großen DV-Anbietern kräftig gesponsert worden.

Heute haben diese Kinder selber Kinder. Würden wir sie jetzt besuchen, dann sähen wir in den Kinderzimmern moderne PCs, wie sie auch bei uns daheim von unseren Söhnen und Töchtern benutzt werden. Diese Computer sind nicht nur weitaus leistungsfähiger als der klobige Schulrechner von 1966, sondern sie sind vermutlich auch besser ausgestattet als die, über die heute unsere Schulen verfügen. Fragen wir die Sprößlinge, wer ihnen den PC geschenkt hat, werden wir nicht selten die Antwort hören: „Gesponsert von Großmutter".

Denn die Kaufkraft einer einzigen Monatsrente reicht heute aus, um einen schon recht ordentlich ausgestatteten PC zu erwerben. Vor 30 Jahren hätte das Jahresgehalt eines zehnköpfigen deutschen Vorstandes nicht ausgereicht, um einen Rechner mit acht Megabytes zu kaufen. Mitte der siebziger Jahre betrug der Pro-Kopf-Umsatz in der Computerindustrie etwa 150 000 Mark. Um dieses Volumen zu erreichen, genügt der Verkauf von 128 Kilobytes Hauptspeicher. Heute genügt den Computerkunden ein bis zwei Stunden Arbeit, um den Preis eines Megabytes zu erwirtschaften.

Zwar würde keines unserer Kids auf den Gedanken kommen, mit seinem acht bis 16 Megabytes ausgestatteten PC die Gehaltsabrechnung von Tausenden von Mitarbeitern zu machen, nichtsdestotrotz sind viele der Spiele und Lernprogramme mindestens genauso komplex wie die Anwendungen von damals. Wahrscheinlich haben sie sogar mehr Potential als manche der noch heute installierten Industrieanwendungen. Auf jeden Fall steckt mehr Kreativität dahinter als hinter den meisten Programmen, die wir über das Jahr 2000 hinüberretten wollen. Und trotzdem geben wir lieber Geld dafür aus als für neue multimediale Kreationen. Wir meinen, daß unsere Existenz, unsere Geschäftsprozesse davon abhängig seien, daß wir unsere heutigen Anwendungen auch noch im nächsten Jahrtausend fahren können. Das mag sogar stimmen. Wir erreichen damit sicherlich das 21. Jahrhundert. Aber was geschieht dann?

Tatsache ist, daß das Geschehen im Computermarkt eine tektonische Verschiebung erlebt, die unsere ganze Wirtschaft und Gesellschaft mit sich reißt: der Trend geht weg von den institutionellen Märkten und hin zu den konsumptiven. Der Kunde greift in unsere Geschäftsprozesse ein. Er ist hellwach und hervorragend informiert. Eigentlich müssen in den nächsten Jahren die Betriebe ihre Investitionen in die Datenverarbeitung mächtig erhöhen, wenn sie überhaupt noch mit denen ihrer Kunden mithalten wollen. Schon jetzt haben wir beim Einsatz der Informationstechnik in Europa einen Rückstand von rund 100 Milliarden Dollar gegenüber dem von seiner Größe vergleichbaren nordamerikanischen Raum.

Mehr noch: mit dem Internet verfügen wir als Privatleute über ein Netz, dessen Wert nach Schätzungen von Insidern größer ist als das gesamte physische Kapitalvermögen aller Unternehmen.

Zum Glück gehört dieses Weltnetz mit seinen 50, 60 oder bald 100 Millionen Teilnehmern niemandem, sonst würden Kartellwächter eine Monopolklage dagegen anstrengen. So aber sind sie mit der

Tatsache konfrontiert, daß sie bald nichts mehr zu tun haben werden.

Zum ersten Mal in der Wirtschaftsgeschichte sehen wir uns einem Markt gegenübergestellt, der dem Ideal des perfekten Wettbewerbs am nächsten kommt. Kein Supermerger, kein noch so spektakulärer Firmenzusammenschluß kann daran etwas ändern, auch nicht eine Allianz der 100 größten Unternehmen der Welt könnte sich diesem perfekten Wettbewerb entziehen. Die Firmenchefs würden sehr schnell feststellen, daß jeder Regulierungsversuch sie sofort aus dem Rennen werfen würde. Wer klug ist, versucht erst gar nicht, mit institutioneller Macht zu intervenieren; er macht sich mit ziemlicher Sicherheit lächerlich.

Wer sich dies vor Augen führt, verliert jeden institutionellen Dünkel. Marktmacht wird zu einer sehr, sehr kleinen Größe. Stattdessen kommt es auf die Geschwindigkeit an, mit der man neue Ideen umsetzt. Und damit rückt die Kreativität ins Zentrum. Sie ist die entscheidende Ressource, auf die wir in dem sich beschleunigenden Wettstreit um Markt und Kunden setzen können. Erwarten Sie dabei aber nicht, daß Kreativität unbedingt an unseren Universitäten erzeugt wird!

Die Japaner haben in den vergangenen Jahren eine wichtige Lektion gelernt. Sie fragten sich: Warum sind wir mit unseren Gameboys überall in der Welt so erfolgreich, während wir im Markt für professionelle Software ständig dem Weltniveau hinterherlaufen? Das Ergebnis: die Entwickler der kreativsten Spielsoftware waren junge Leute, die entweder nie eine Universität von innen gesehen haben oder ihr Informatikstudium abbrachen. So retteten sie ihre Kreativität. Die Programmierer aber, die sich in hochkomplexen Softwareprojekten versuchten, waren durch ein knüppelhartes Informatikstudium gegangen, bei dem ihnen alle Flausen ausgetrieben wurden. So produzieren sie zwar sehr ernsthafte, aber auch sehr einfallslose Software.

Und jetzt kommt's: die Spielcomputer, die jetzt auf den Markt kommen, haben die Leistung einer Cray-1, eines Supercomputers, vor dessen Technik wir vor 20 Jahren noch großen Respekt gehabt haben. Der Unterschied ist nur, daß diese Superleistung heute für jeden Geldbeutel erschwinglich ist.

Mitte der siebziger Jahre kamen in Deutschland auf einen Rechner 40 Computerleute. Heute müssen 40 Computerleute in unseren Betrieben irgendwo zwischen 400 und 4000 Rechner managen. Sie verlangen nach immer teureren Tools und halten doch nicht mit der Entwicklung Schritt. Das Netz lebt. Es hebt ab, überwindet nicht nur Abteilungsgrenzen. Es strebt aus den Unternehmen heraus, verknüpft sich kinderleicht mit allem, was es gerade braucht. Eine Dynamik entfaltet sich, die uns durchschüttelt. Es herrscht Cyberbeben.

Sprache, Texte, Grafiken, Bilder und Filmsequenzen – alles wirbelt durcheinander. Der Begriff Multimedia, mit dem wir vor wenigen Jahren noch das Zusammenfließen dieser digitalisierten Informationen zu fassen suchten, kommt uns heute fast schon altmodisch vor. Denn damals hatten wir noch eine statische Vorstellung von der Organisation dieser Elemente. Sprachbotschaften sollten Texte begleiten, in die wir Grafiken und Fotos sorgfältig strukturiert einpaßten – und zum Amusement fügten wir zwischendurch ein paar Videos ein. Doch heute stehen wir an dem Punkt, wo all diese noch voneinander getrennten Elemente spontan zusammenfließen. Das Netz macht den Unterschied. Es verwebt nicht nur Rechner miteinander, schaltet nicht nur Software zusammen, sondern auch die Inhalte. Was wir sehen, ist eine virtuelle Ansicht auf die Arbeitsweise des Silicon Valleys.

Bei Mikroprozessoren hat die Firma Intel, Gründungsmitglied des High-Tech-Tals, einen Weltmarktanteil von 90 Prozent gegenüber den Anbietern von Clones. Ein Monopol, wird jeder sagen. Trotzdem greift keine Regierung dagegen ein. Denn diese Firma treibt den Fortschritt, treibt Preis und Leistung immer weiter – und vor allem konzentriert sie sich nur auf dieses Kerngeschäft. Und das macht, gemessen am Weltmarkt, nur ein Prozent aus. Intel lebt davon, daß 99 Prozent des Weltmarktes von anderen bestritten werden: von den Computerbauern, von den Softwarehäusern, von den Spieleproduzenten, von den Netzwerk-Spezialisten und von den abertausend anderen Kreativschuppen. Jeden Versuch, eine höhere Integrationsstufe anzupeilen, hat Intel sofort mit Gewinneinbußen bezahlen müssen. Dieses Unternehmen ist dazu verurteilt, Mikroprozessoren zu bauen – und diese Abhängigkeit hält es hellwach. Verpaßt Intel auch nur einen einzigen Schritt, ist das Unternehmen raus aus dem Geschäft. Gleichzeitig muß es genau beobachten, was in seinem Umfeld geschieht – nicht aus Angst vor Wettbewerbern, sondern um zu erkennen, auf welche neuen, verrückten Ideen die 99 anderen Prozent kommen. Sein Vorteil: im Silicon Valley hat es einen perfekten Querschnitt durch das Kreativitätspotential der ganzen Welt. Und von diesem unternehmensübergreifenden Zusammenspiel der Akteure leben alle anderen. Nirgendwo ist dokumentiert, nach welchen Regeln diese interaktiven Geschäftsprozesse ablaufen sollen. Die Regeln machen sich selbst – durch unentwegten Versuch und Irrtum. Der Verlierer von gestern kann der Sieger von morgen sein. Jeder kann eine Idee in den Sand setzen, das einzige, was nicht verziehen wird, sind Ideen, die man nicht gewagt hat.

Genau dieses Geschäftsmodell, in dem allein Verzagen das Versagen ist, bildet sich auf den Netzen ab. Entweder sehr dumm oder ein begnadeter Lügner ist, wer sich nicht davon in irgendeiner Weise bedroht fühlt. So zu denken, das sind wir nicht gewohnt. Die beste Chance, damit fertig zu werden, besteht darin, auf seine Kreativität zu setzen. Und betrachtet man die neue Welt unter diesem Aspekt, so weicht das Gefühl der Beklemmung dem einer großen Hoffnung.

Noch nie in der Geschichte der Menschheit waren wir so kreativ. Geradezu eruptiv hat sich in den letzten drei Jahrzehnten unser Wissen weiterentwickelt. In diesem kurzen Zeitraum ist nach Meinung von Experten mehr neues Gedankengut entstanden als in den 5000 Jahren zuvor. Die ganze Welt scheint erfaßt von einem mächtigem Zustrom an innovativen Ideen, die nach rascher Umsetzung in Produkte und Dienstleistungen verlangen. Damit stecken wir bereits inmitten der klassischen Managementaufgabe. In den alten Strukturen, wie sie von· uns gehegt, gepflegt und weiterentwickelt wurden, läßt sich diese Umsetzung nicht mehr bewältigen.

Wir stehen wahrscheinlich zum ersten Mal vor dem Problem, daß unsere Begabung, neue Dinge zu erfinden, unsere Fähigkeit, sie zu verteilen und an den richtigen Adressaten zu bringen, bei weitem übersteigt. Das macht uns unsicher, weil wir nicht mehr wissen, was unsere Produkte wert sind. Soviel ist sicher: In den alten Strukturen sind sie zu teuer, können wir die Preise nicht halten. In den neuen Strukturen müssen sie indes gnadenlos billig sein. Und das hat sehr wenig damit zu tun, daß Niedriglohnländer auf den Plan treten. Es sind vor allem die Distributionskosten, die uns in den alten Strukturen das Genick brechen.

In meinem Buch *Computerbeben* habe ich das Beispiel einer Firma geschildert, die in den USA am simplen Telefonnetz den Fabrikverkauf inszeniert und dabei den Zwischenhandel ausschaltet. Natürlich ist sie damit sensationell billig. Mehrere Stufen der Verteilung werden eliminiert. Den Versand selbst übernehmen weitgehend die Fabriken. Ich weiß nicht, ob nicht eines Tages diese Vermittlungsfirma selbst verschwindet – nicht, weil die Lobby der Einzelhändler die Politik dazu inspiriert, dieses Unternehmen zu verbieten, – sondern, weil das Netz selbst diese Vermittlung übernimmt. Die Web-Sites steuern den Kunden direkt zu dem Fabrikanten und wickeln mit ihm das Geschäft ab. Agents – das sind kleine Programme, die als Pfadfinder fungieren – helfen dem Kunden bei der Auswahl. In diese Richtung wird soviel nachgedacht und entwickelt, daß dabei ganz einfach Lösungen herauskommen müssen! Wir können nicht darauf setzen, daß diese neuen Ansätze nicht greifen. Wenn sie den Geschäftsprozeß von Versuch und Irrtum nicht überstehen, wird es neue Ideen geben. Und eine wird siegen. Die Welt ist einfach zu kreativ.

Aber das ist nur der eine Aspekt. Worüber wir uns alle Gedanken machen müssen, ist, daß der Computer und das Netz gemeinsam eine Eigenschaft des Menschen ausbeuten, wie es bislang wohl keinem anderen Medium, am wenigsten übrigens dem Fernsehen, gelungen ist: die Fähigkeit des Menschen zur totalen Aufmerksamkeit und Konzentration. Sie brauchen nur Ihre Kinder oder Enkel vor dem PC oder am Gameboy zu beobachten. Sie sind voll dabei. Vielleicht machen Sie sich darüber sogar schon Sorgen, weil sie diese Aufmerksamkeit lieber in die Schulbücher investiert sähen. Sehen Sie es einmal anders: unsere Kinder trainieren instinktiv eine Kulturtechnik, die unser nächstes Jahrhundert bestimmen wird: Aufmerksamkeit und Konzentration.

Der Bericht über das Debut des Computers im Unterricht einer amerikanischen Schule hatte nur noch ein Fünftel seines Wertes, als ich das Buch durch Zufall antiquarisch erwarb. Niemand interessierte sich mehr dafür, was vor dreißig Jahren in Palo Alto an einer Grundschule passierte. Der Bericht war zudem in einer Fülle von weiteren Nachrichten, Kommentaren und Analysen versteckt. So war es reiner Zufall, daß ich diese Meldung überhaupt fand. Warum aber hat sie mich überhaupt erreicht? Ganz klar: ich hatte ein hohes Interesse daran, eine solche Nachricht zu empfangen. Ich war auf der Suche, ich war aufmerksam. Ich war in diese Richtung sensibilisiert. Vor fünf Jahren hätte ich eine solche Story überlesen. Weder die Autoren noch das Verlagsmanagement konnte wissen, daß für mich diese kleine Anekdote dreißig Jahre später wichtig sein würde. Auch ein Computer hätte dies niemals errechnen können. Worauf sie aber setzen konnten – und heute mehr denn je – ist, daß es aufmerksame Menschen gibt, die sich nehmen, was sie brauchen. Sie steuern sich selbst.

Das konnte man schon 1966 bei den Kindern der Brentwood-Schule sehen. Sie waren so fasziniert, daß sie ihre Lehrer vergaßen, so daß diese um ihren Job fürchten mußten. Als sich auch noch herausstellte, daß die Kinder nun weitaus schneller Wissen aufnahmen als im klassischen Frontalunterricht, bekam die Sorge der Lehrer eine reale Begründung. Die Verbreitung von Wissen – das war doch ihre Aufgabe. In Wirklichkeit jedoch ist es so, daß wir mehr denn je Lehrer brauchen – allerdings als Pädagogen, die helfen, unsere Sprößlinge zu starken und gesunden Persönlichkeiten heranreifen zu lassen.

In der Welt des Cyberbebens werden die Unternehmen Mitarbeiter nicht wegen ihres Fachwissens einstellen, sondern wegen ihrer Persönlichkeit. Vasco da Gama appellierte vor 500 Jahren nicht an das Fachwissen seiner Seefahrer, das setzte er voraus, sondern an ihre Persönlichkeit. Wir alle zahlen sehr viel Steuern dafür, daß wir ausgezeichnet ausgebildete Mitarbeiter haben. Fachwissen können wir voraussetzen. Wir bezahlen ihnen ihre guten Gehälter dafür, daß sie aufmerksam mit ihrem Wissen, ihrem Können am Wirtschaftsprozeß nicht nur teilnehmen, sondern teilhaben. Sie sollen interaktiv eingreifen. Und sie werden dies tun, ohne auf irgendwelche Hierarchien Rücksicht zu nehmen. Das verlangt Mut und sehr viel Toleranz. Ein Management ist nötig, daß diesen Mut immer wieder einfordert.

Aber geben wir ihnen dazu bereits die richtigen Werkzeuge? Verhält sich unser Denkansatz überhaupt adäquat zum Problem?

Noch vor wenigen Jahren habe ich für die These plädiert, daß die richtige Information zum richtigen Zeitpunkt an den richtigen Mann oder die richtige Frau kommen muß. Heute sehe ich das etwas anders: Der richtige Mann oder die richtige Frau muß daran interessiert sein, daß sie die richtige Information zur richtigen Zeit erreicht. Wenn wir genau diese Mitarbeiter haben, dann bekommt jede Investition in Informationstechnik einen ganz anderen Sinn. Aus der Bringschuld wird eine Holschuld.

Ein großes Problem, das wir heute mit unserer Informationstechnik haben, besteht doch darin, daß wir immer im vorhinein wissen wollen, was unsere Mitarbeiter wissen sollen. Wir möchten ihnen Informationen zuteilen. Das macht diese Systeme so teuer und unflexibel. Das Internet zeigt uns tagtäglich, daß es auch anders geht. Die Menschen holen sich das, was sie haben wollen. Manchmal surfen sie herum, ohne zu wissen, was sie suchen. Wenn sie das in ihrer Freizeit tun, ist uns das gleichgültig. Im Betrieb aber haben wir Sorge, daß unsere Mitarbeiter damit Zeit und Geld verschwenden. Ich sage aus jahrzehntelanger Erfahrung: in Meetings vergeuden sie weitaus mehr Zeit. Ich habe gelernt, daß die Abenteurer von ihren geistigen Reisen oftmals mehr mitbringen als die hochdisziplinierten Mitarbeiter, die immer nur ihren Job tun und nur den. Sie werden erst dann aktiv, wenn sich ihr Job ändert.

Vasco da Gama entdeckte den Seeweg nach Indien. Ohne die Berichte und Erfahrungen anderer Seefahrer, die vor ihm den Versuch ebenfalls gewagt haben, wäre ihm dies nie gelungen. Heute aber in der multidimensionalen Welt der elektronischen Netze geht es darum, viele neue Wege zu erkunden. Einige der ersten Reiseberichte durch das Netz lesen Sie in diesem Buch. Die Erfahrungen, die hier zusammengetragen wurden, übersteigen in ihrem Wert den Preis dieses Buches um das Millionenfache.

Aber ausgerechnet ein Buch zum Thema Cyberspace, ist das nicht schon ein antikes Medium? Nein, die neue Welt äußert sich zwar physisch auf den Netzen und in den Computern, doch die eigentliche Aktion findet in unseren Köpfen statt. Vasco da Gama hat das vor 500 Jahren ebenso erkannt, wie vor dreißig Jahren die Kinder von Brentwood.

Total vernetzt und digital
– ein Leseleitfaden

Bernhard Dorn

Der dynamisch wachsende Multimedia- und Internet-Markt wird von den Unternehmern registriert, aber oft noch unzureichend ernst genommen, weil die Bedeutung und die Tragweite der anstehenden Umwälzungen nicht überschaubar sind.

Inzwischen sind aber die Internets und die Intranets zu mächtigen Wirtschaftsfaktoren geworden. Mit einer noch nie da gewesenen Geschwindigkeit entstand ein weltumfassendes Informationsnetzwerk, das zum ersten Mal in einem Computernetz die Möglichkeit bietet, alles einzubinden: alle Märkte, jedes Unternehmen, jede Abteilung, jeden Arbeitsplatz und mittlerweile fast jeden Haushalt.

Die Konsequenzen, die sich aus dem freien und uneingeschränkten Informationsfluß ergeben, sind noch vielfach unklar. Sie erzeugen bei den Menschen positive Aufbruchstimmung, aber auch Verunsicherung.

Bisher gewonnene Erfahrungen und daraus abgeleitete Prognosen deuten auf revolutionäre Veränderungen hin. Es ist eine dramatische Entwicklung im Gange, die das Kerngeschäft der Unternehmen massiv tangiert und neue, zur Zeit noch ungeahnte Märkte schaffen wird, die es zu erschließen und zu erobern gilt. Dies erfordert eine grundlegend neue Ausrichtung der Unternehmen und zwar in allen Bereichen und im gesamten unternehmerischen Wirken. Darum muß dies Chefsache sein.

In diesem Buch geht es darum, diese Sachverhalte und Fragen anhand fundierter Vorhersagen und der Lösungsbeispiele praxiserfahrener Co-Autoren aus verschiedenen Branchen und den unterschiedlichsten Unternehmen zu beantworten.

Die ökonomischen und gesellschaftlichen Zukunftsperspektiven

Die bereits eingeleiteten Veränderungen werden unser Leben und Wirken und damit unsere Kultur nach Ansicht von Microsoft-Chef Bill Gates ebenso dramatisch revolutionieren wie Gutenbergs Druckpresse die Welt des Mittelalters veränderte.

In den nächsten fünf Jahren wird sich – so Louis Gerstner, Chef der IBM – durch die Nutzung des Internets mehr verändern als in den 35 Jahren seit der Erfindung des integrierten Schaltkreises.

Die Wirtschaft wird als Nutzer der neuen Techniken, einer rasanten Entwicklung unterworfen. Multimedia und Netzwerkcomputing stellen die wesentliche Antriebskraft eines Strukturwandels dar, der eine Neuordnung der Branchen und Neustrukturierung der ganzen Wertschöpfungsketten auslösen wird.

Optimistische Prognosen gehen davon aus, daß sich die Online-Shopping-Umsätze innerhalb von nur vier Jahren verzehnfachen (siehe Beiträge Rost, Schoch in diesem Buch) und daß sich Finanzdienstleistungen in Netzen im gleichen Zeitraum verhundertfachen werden.

Die neue Form des wirtschaftlichen Wirkens wird das interaktive Unternehmen sein. Die Verflechtung der Unternehmensbereiche mit den Kunden und Partnern wird enger und fließend. Die heute noch oft starren Grenzen werden durchlässiger und die Schnittstellen weicher.

 Bernhard Dorn

Jedes einzelne Unternehmen wird Teil eines Systems, das in Echtzeit mit vielen anderen Stellen und Systemen in einer dadurch immer komplexer werdenden Umwelt vernetzt ist (Holst).

Das Unternehmen der Zukunft muß sich einer ganzen Reihe von neuen Herausforderungen stellen. Bedeutend sind in diesem Zusammenhang die gleichzeitige Globalisierung und Regionalisierung des Wettbewerbs, die eine Neuverteilung der Märkte in der Welt bedeuten (Perlitz).

Globalisierung und Vernetzung stellen veränderte und ganz neue Anforderungen an die deutsche Wirtschaft und damit an den Standort Deutschland. Was heißt das für die Unternehmen und die Menschen? Die Nutzung der Informations- und Kommunikationstechnik (inklusive ihrer Verflechtung mit der Unterhaltungselektronik) wird – wie bereits gesagt – rapide weiter an Bedeutung gewinnen. Die Wertschöpfungsketten sind ganzheitlich in einer weltweiten (wie auch regionalen) Dimension zu sehen (Radermacher).

Das lernende Unternehmen und ein lebenslanges Lernen jedes einzelnen werden zu entscheidenden Erfolgsfaktoren. Telearbeit trägt zur vollen Ausschöpfung der persönlichen Fähigkeiten und Möglichkeiten jedes Individuums bei. Verbunden mit einem hohen Grad an Selbständigkeit wird die Sinngebung in bezug auf die Aufgaben des einzelnen eine viel höhere Bedeutung und Wertschätzung erlangen (Glaser).

In virtuellen Unternehmen – den „Cyberfirmen" – werden sich Beziehungen zwischen Mitarbeitern und Vorgesetzten verändern. Die Vorgaben an die Mitarbeiter, ihre Führung und die Bewertung ihrer Ergebnisse, werden neu geregelt, und zwar im Sinne der Freiräume mit adäquaten Kenngrößen zur Selbstbestimmung. Wichtig hierbei ist, daß aus der Sicht des Unternehmens verteiltes Wissen in geeigneter Form als Gesamtheit (Corporate Knowledge) verfügbar wird (Radermacher). Es kommt darauf an, daß wir diese sich anbahnenden und nicht aufzuhaltenden Veränderungen konsequent und positiv annehmen und uns zu eigen machen. Skepsis und Angst sind nicht angebracht, genausowenig wie die Befürchtungen im 15. Jahrhundert, daß die Erfindung des Buchdruckes zum Untergang der Kirche führen würde.

Die revolutionären Veränderungen werden für alle Finanzdienstleister, insbesondere auf die Banken, eine große Auswirkung haben. Eine Internet-Bank hat – ohne eine einzige physische Zweigstelle zu haben – internationale Reichweite, das heißt, alle Internetnutzer (zur Zeit 50 Millionen) gelten als potentielle Kunden. Dadurch hat sie erheblich geringere Geschäftskosten als eine Filialbank. Die Sicherheit ist durch moderne Verfahren wie Verschlüsselung bedeutend höher als bei Formularen mit Unterschriften oder beim Telefonbanking.

Auch bestehende Filialbanken werden von der multimedialen Welt erfaßt. Zu den heute bereits existierenden Selbstbedienungsfunktionen werden künftig Video-Beratungsstationen kommen, über die der Kunde per Videokonferenz mit dem jeweiligen Experten für Lebensversicherung, Bausparen, Immobilien, Darlehen oder Aktienfonds live seine aktuellen Angelegenheiten besprechen kann (Salmony).

Die neue Welt der vernetzten Wirtschaft

Multimedia und Network Computing, die zwei markantesten Faktoren des Cyberbebens, haben bereits ihren Einzug in die Wirtschaft gehalten. Die Lösungsbeispiele aus den verschiedenen Branchen wie Verkehr/Touristik (Sack), Versandhandel (Schoch), Elektronic-Commerce/Virtual Retailing (Rost), Dienstleistungssektor (Kempf), Bargeldloses Zahlungsverkehr und Einsatzmöglichkeiten der Chipkarte (Schmidt) sind einige der vielen interessanten und lohnenden Beispiele in diesem Buch.

 Bernhard Dorn

Angesicht der rapiden Innovation kommt es heute weniger darauf an, welche technischen Mittel eingesetzt werden, sondern mehr darauf, welche unternehmerischen Visionen verwirklicht werden sollten.

Die Telekommunikations-Infrastruktur

Wir sind auf dem Weg in die Informationsgesellschaft. In dieser Feststellung sind sich Unternehmer, Politiker, Politiker und Publizisten einig. Darüber, wie die Auswirkungen auf die Lebensumstände sein werden, herrschen jedoch sehr differenzierte Meinungen. Die Infrastruktur der Informations- und Kommunikationstechnik wird für die Beantwortung diese Frage entscheidend sein. Die Informations-Infrastrukturen (Telekommunikation, Datenbanken, usw.) stellen die Basis für eine erfolgreiche Nutzung der Angebote in den unterschiedlichsten Bereichen wie Immobilien, Banken, Touristik, Facility Management, Kommunikation mit den Behörden – genauso wie z. B. Verkehrsinfrastruktur oder Infrastruktur für Energie oder Entsorgung (Weber).

Die globale Kommunikation (basierend auf einer soliden Infrastruktur) wird zur größten Herausforderung der nächsten Zeit. Die heute praktizierte Art zu arbeiten, zu lernen und zu leben wird sich durch die neuen Medien und die Vernetzung (Internet) gravierend verändern. Die treibende Kraft entsteht durch die Konvergenz zwischen Computer und Kommunikation: *Network Computing*. Es integriert die Vorteile der Rechner und die des Netzes und es ermöglicht, beide auf eine einfache Weise gleichzeitig zu benutzen.

Es verwundert also nicht, daß dank einer guten Netzinfrastruktur ein aids-kranker Mensch einem anderen kranken Menschen in San Francisco näher ist als sein Wohnungsnachbar vor Ort.

Viele neue Dienstleister betätigen sich bereits auf dem Sektor des Network Computing, und viele spezialisierte Anbieter werden folgen (Brendecke).

Internet als das „Netz der Netze" basiert auf standardisierten Protokollen (TCP/IP = Transmission Control Program / Internet Protokol). Diese universelle Basis ermöglicht es, weltweit Millionen von Rechnern miteinander zu verbinden. Dies ist wahrscheinlich der entscheidende Grund für die explosionsartige Verbreitung des Internets. (Die Anzahl der Internetanwender hat sich in den letzten zweieinhalb Jahren verzehnfacht.) Auf dem Internetstandard basierende unternehmensweite Intranets sind mittlerweile die Regel (Hebgen).

Während vor gut zwei Jahren kaum jemand in der Wirtschaft dem Internet Aufmerksamkeit schenkte, muß man sich heute „rechtfertigen", wenn man auf der Visitenkarte keine WWW – (World Wide Web-) bzw. keine E-Mail-Adresse vorweisen kann.

Der Reifungsprozeß der Informationstechnologie vollzieht sich nicht fließend, sondern in Form von Quantensprüngen. Sie sind Ergebnis technologischer Durchbrüche zur Neugestaltung der informationstechnischen Infrastrukturen, die wieder eine neue Standortbestimmung sowohl im Nachfrage- als auch Angebotsverhalten nach sich zieht. Diese Quantensprünge repräsentieren einen fundamentalen Wertewandel bestehend aus sich aneinander reihenden und sich ablösenden Paradigmen (Bonn).

Das Internet ist mit seinen Datenbanken, Servern und Übertragungsmöglichkeiten zum Symbol der neuen, weltweiten Informationsgesellschaft geworden.

Die Auswirkungen auf Leben und Gesellschaft

In absehbarer Zeit wird die interaktive und multimediale Welt die Dienstleistungen der Komunalverwaltungen und alle anderen Bereiche des öffentlichen Lebens durchdringen. Dadurch wird die so oft propagierte „Bürgernähe" Realität. Es ist ohne weiteres möglich, viele administrative Abläufe und behördliche Vorgänge mit Hilfe der neuen Medien an Stelle der heute noch erforderlichen Behördengänge zu erledigen (Behnke).

Multimediale Techniken, insbesondere solche, die die Vernetzung der Arbeitsplätze und Aufgabenverteilung mit Hilfe von Groupware unterstützen, führen zwangsläufig zu Änderungen in der Unternehmenskultur: Hierarchien werden in Frage gestellt, Informations- und Kommunikationswege werden transparenter, „Abteilungs-Grenzen" werden fließend oder verschwinden gänzlich. Diese Veränderungen wirken auch auf die Menschen und ändern ihr Verhalten (Schönberg).

Nicht nur in die Unternehmen und die Wirtschaft hält die multimediale und vernetzte Welt Einzug, sondern mit hoher Geschwindigkeit auch in alle Bereiche des Privatlebens. Die privaten Haushalte werden in der Zukunft eine eigene informationstechnische Infrastruktur („In-home-Infrastruktur") besitzen und mit den Netzwerken verbunden sein („Out-of-home-Infrastruktur"), aus denen sie Dienstleistungen beziehen. Leistungsfähige und standardisierte In-home-Netzwerke bestehen aus: Home-Computer, CD-Player, Fernsehen und Telefon (mit weiteren Bestandteilen der Home Infrastruktur wie Haushaltsgeräte, Klima, Heizung, Alarmanlage) mit adäquater Fernsteuerung. Out-of-home Netzwerke bilden die Plattform für die Angebote an Dienstleistungen, auf welche die Privat-Haushalte gezielt zugreifen können. Die Angebote umfassen Gebiete wie Kommunikation, Gesundheit und Sport, Reisen und Mobilität, Unterhaltung, Haushaltsmanagement und Weiterbildung (Brenner).

Wenn wir unsere Unternehmen erfolgreich in die Zukunft führen wollen, erfordert dies eine beachtliche Portion von Innovation und Kreativität. Mit anderen Worten: Die bevorstehenden Veränderungen machen ein ausgeprägtes „Change Management" in bezug auf Geschäftsfelder, Unternehmensorganisation und Marktgegebenheiten erforderlich. Es entsteht eine völlig neue Unternehmenskultur.

Wir alle sind aufgefordert, hierbei unseren aktiven Beitrag zu leisten. Nutzen wir die sich uns anbietenden Chancen für unsere Unternehmen und nicht zuletzt für den Standort Deutschland.

 Bernhard Dorn

Kapitel 1:

Das grenzenlose Unternehmen

Die ökonomischen und gesellschaftlichen Zukunftsperspektiven

Multimedia verändert die Wirtschaftswelt

Entwicklungstrends und ihr Handlungsbedarf

Michael Salmony

Es sei eine Revolution im Gange. Sie bestehe nicht nur aus technischen Veränderungen, sondern vor allem aus enormen Veränderungen unseres Lebens, Lernens, Lehrens, Arbeitens, Kaufens und Anbietens. Solche Behauptungen wurden zwar schon oft aufgestellt – sie sind aber fast nie eingetroffen. Im folgenden werden Gründe aufgeführt, warum diesmal – im Gegensatz zu früheren Voraussagen über „Künstliche Intelligenz", „Papierloses Büro", – das Thema Multimedia wirklich eine Umwälzung aller Unternehmensbereiche, gesellschaftlicher Strukturen und privater Verhaltensweisen bedeuten kann und daß diese Veränderungen heute bereits begonnen haben.

„Mit Multimedia befinden wir uns möglicherweise inmitten des größten geistigen Umbruchs seit Jahrhunderten. Wir stehen am Übergang zur postindustriellen Gesellschaft. Es findet ein globaler Paradigmenwechsel statt. Dank unserer modernen Verkehrs- und Informationssysteme wird der Umbruch allerdings nicht Jahrhunderte dauern, sondern vielleicht ein bis zwei Jahrzehnte." [17]

Warum sollte dies zutreffen? Warum soll es eine Revolution geben?

Ein kleiner Rückblick in die Geschichte: Beispiele für Vorhersagen, die – wie wir heute wissen – dennoch nicht eintraten:

Die Euphorie zu „Interaktivem Fernsehen" und „Video on Demand" (in Amerika gab es zum Höhepunkt Ende 1994 über 68 parallele Versuche, mit der Hoffnung auf ein 70-Milliarden-Dollar-Geschäft im Jahre 2005 [7]). Die Erwartungen sind aus folgenden Gründen nicht eingetroffen:

▶ Fokussierung auf den falschen Markt (man hätte sich zunächst auf den Geschäfts- nicht auf den privaten Markt konzentrieren sollen),

▶ Fokussierung auf die falschen Themen (wenn schon privater Markt, dann entsprechend den Wünschen der Kunden: Sport, Sex und Shopping und nicht Spartenfilm-on-demand),

▶ völlige Außerachtlassung der Wirtschaftlichkeit [19].

Der für Nebenstellenanlagen zuständige Manager bei der weltgrößten Telekommunikationsfirma AT & T sagte 1985: „Für den typischen Mitarbeiter sind 64 000 bit/s mehr, als er verarbeiten kann. Eine schnelle Sektretärin tippt mit 30 bit/s, und zum Lesen benötigt man ca. 1200 bit/s – 64 000 bit/s ist 50 mal schneller als das". Heute haben wir in Deutschland drei Millionen ISDN-Kanäle mit 64 000 bit/s installiert und die Forschung arbeitet an 50 Gbit/s Netzwerken (eine Million mal schneller als ISDN), um den Bedarf an Bandbreiten zu befriedigen.

Im 15. Jahrhundert befürchtete man, daß die Erfindung des Buchdrucks den Untergang der Kirche bedeuten würde. [14]

Als Alexander Graham Bell gefragt wurde, wofür das Telefon denn nützlich sein könnte, antwortete er: „Maybe remote concert listening." Ähnlich sagte Sir William Preece, Chefingenieur der Englischen Post, im Jahre 1876: „The Americans have need of the telephone, but we do not. We have plenty of messenger boys."

Die „Künstliche Intelligenz" – auch eines der Schlagwörter der Computerbranche – ist wohl immer noch weit hinter ihrem Anspruch zurückgeblieben, obwohl es kürzlich erstmals einem Computer (IBM Deep Blue) gelungen ist, den Schachweltmeister Kasparov in einem offiziellen Match zu schlagen.

Das „Papierlose Büro" ist nie Realität geworden: heute produzieren die PCs der Welt 115 Milliarden Blatt Papier pro Jahr.

So könnte man die Beispiele fortsetzen: Btx (sollte am Fernseher die Regionalanzeigen der Zeitungen ersetzen, vergleiche Abbildung 1), Fax (zur Übermittlung der japanischen Kanji Zeichen), Fotografie (sollte Malerei ablösen), Kabelfernsehen (sollte im Fernsehen das Bildungsniveau heben und bei den Kinos das Massensterben verursachen) – alles hat sich anders entwickelt.

Wie sagte schon Mark Twain: „Prognosen sind insbesondere dann schwierig, wenn sie sich auf die Zukunft beziehen."

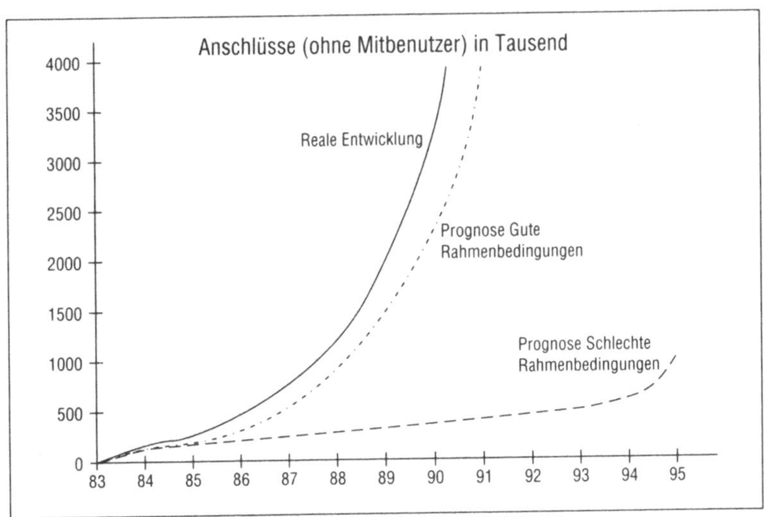

Abbildung 1: *Vorhersage und Realität – am Beispiel BTX*
Quelle: R. Weiber, Neue Betriebswirtschaftliche Forschung, Gabler Verlag, Wiesbaden, 1992

Auch in bezug auf Multimedia mangelt es nicht an kühnen, aber auch irrigen Vorhersagen über seine Zukunft: Zum Thema Arbeitsplätze wird verkündet: „Multimedia schafft 5 bis 10 Millionen neue Arbeitsplätze in Europa" [4] (H. Bangemann mußte inzwischen zwar einräumen, daß die Zahl „nur so gegriffen" wurde [9] – sie wird allerdings von der Politik unvermindert als Entscheidungsgrundlage weiter zitiert).

„Multimedia schafft 1,5 Millionen Arbeitsplätze in Deutschland" [5] – bekannt ist aber, daß sich neue Banken im Internet mit fünf Mitarbeitern (und einigen Computern) etablieren, daß AOL in Europa den Online-Dienst mit ca. 40 Mitarbeitern betreibt – während im grafischen Bereich in vier Jahren 500 Arbeitsplätze abgebaut werden [6].

Der anstehende Wandel im Bankenbereich wird zeigen, daß Multimedia ein erhebliches Rationalisierungspotential birgt, das heißt, die Effizienz kann gesteigert werden bei geringeren Kosten, insbesondere durch die Reduktion der Personalkosten. Fazit: Es ist offensichtlich, daß die Marktpositionen extrem gefährdet wären, wenn man sich mit den neuen Techniken nicht beschäftigt. Jedoch sind aus oben genannten Gründen Prognosen über große Zuwächse an Arbeitsplätzen durch die Neuen Techniken auch nur mit Vorsicht zu genießen.

Zwischen den einzelnen Vorhersagen gibt es große Divergenzen:

► Professor Negroponte, als Medienguru verehrt, ist sich sicher, daß 2005 mehr Internet „gesehen" wird als Fernsehen [10].

► Der ehemalige Bertelsmann-Chef Mark Wössner hingegen behauptet: „Es ist ausgeschlossen, daß Online einmal das Mediengeschäft bei Bertelsmann dominieren wird" [11].

Werden diese Vorhersagen eine ähnliche Trefferquote erreichen wie die Vorhersagen über das Telefon und Btx ?

Modelle für Zukunftsformen von elektronischen Medien – von Chance bis Illusion

Die im Folgenden stichwortartig umrissenen Multimedia-Formen werden aktuell diskutiert. Nicht alle sind machbar, viele nicht wünschenswert und die meisten werden wohl (so) nicht kommen. [19]

In Zukunft ist vielleicht ...

... das Buch mit elektronischen Zusätzen (wie CD-ROM, Online-Dienst) verfügbar. Oder es ist auf einem kleinen mobilen Lesegerät elektronisch gespeichert, in dem man elektronische „Eselsohren" anbringen kann und das man immer wieder mit neuen Buchtexten „aufladen" kann ...

... das Lexikon interaktiv, d. h. man kann nach Inhalten suchen, Querverweise automatisch verfolgen („Hypertext", „Hypermedia"); es wird auf vielen Medien (Buch, Kassette, Online) ausgeliefert, wobei aus Kostengründen eine Kombination zwischen offline (CD-ROM ist billig) und online (aktuell aber teuer) gewählt wird ...

... die Zeitung und Zeitschrift nicht mehr für jeden gleich, sondern auf jeden individuell zugeschnitten, einschließlich der Werbung ...

... das Fernsehen kein passives Konsumgut mehr, sondern es liefert Inhalte zu den Themen und zu dem Zeitpunkt, wenn der einzelne Zuschauer dies wünscht ...

... das Radio auch über Ländergrenzen hinweg störungsfrei zu empfangen und bietet zusätzlich zum Ton auch Daten (Verkehrsleitsystem), Texte (Komponist, Bestell-Nr. der Audio-CD mit dem laufenden Musikstück) und Bilder (des Interpreten) ...

... der Film mehr durch Computer als durch echtes „Drehen" erstellt worden mit Animationen, digital erstelltem Hintergrund, virtuellen Schauspielern nach einer Handlung, deren Ablauf durch den Zuschauer gesteuert wird: Auswahl zwischen Happy End oder Tragödie ...

... das Spiel gegen einen Partner in Japan über den Fernseher möglich, oder man spielt als Familie von Zuhause gegen die Kandidaten einer Quiz Show im Studio oder man lädt sich die neuesten Videospiele in seine Videokonsole durch ein Online-Netz am Fernseher ...

... der Einkaufsbummel für Routineeinkäufe am Bildschirm erledigt, und anhand elektronischer Kataloge kann der Einkauf persönlicher Dinge geplant werden ...

... der minimal-invasive operative Eingriff, der heute neben dem Patienten anhand Videokameras und Fernsteuerung der endoskopischen Instrumente in Zukunft eventuell auch aus der Ferne zu betreiben. Vorher werden die Röntgen, CTG-Bilder usw. elektronisch übermittelt ...

... das Büro virtuell, da sich die Angestellten an verschiedenen Orten (Zentrale, Zuhause, beim Kunden, in Satellitenbüros) befinden und elektronisch miteinander kommunizieren und zusammenarbeiten ...

... die Schulung durch elektronische Mittel unterstützt: der persönliche Lehrer wird nach Bedarf zu einem interaktiven Kurs am PC „dazugeschaltet" und kann somit sein Wissen mehr Schülern - und diesen intensiver nahebringen ...

... das Zahlungsmittel eine Chipkarte, auf der man eine Geldsumme an Automaten „aufladen" kann, um dann in Geschäften bargeldlos zu bezahlen, online Waren und Dienstleistungen zu bestellen und „Geld" von der eigenen Karte auf die eines anderen zu transferieren ...

... die Werbung individuell auf den Leser/Zuschauer zugeschnitten und erlaubt dem Konsumenten, seine Kosten zu senken (mehr Werbung, d. h. weniger Kosten pro Film). Jemand, der vor einer größeren Anschaffung (Auto, Reise, PC, Hifi) steht, hat dabei eventuell sogar explizites Interesse, Werbung zu einem bestimmten Thema zu abonnieren ...

   Michael Salmony

Die aktuelle Faktenlage zu Multimedia

Die Telekommunikation wird in wenigen Jahren die Automobilindustrie als derzeit wichtigsten Wirtschaftszweig der Welt überholen [13]. Laut Bertelsmann erfordern die gravierenden technischen und gesellschaftlichen Veränderungen eine grundlegende Neugestaltung des Medien- und Kommunikationsmarktes [3].

- bis 2000 werden 85 Prozent der Haushalte über Kabel und Satellit erreichbar sein,

- bis 2000 werden die Telekommunikationskosten in Europa um 30 Prozent sinken,

- alle 18 Monate verdoppelt sich die Rechnerleistung bei gleichzeitiger Halbierung der Preise,

- alle 7 Monate verdoppelt sich die Anzahl der Internetanwender,

- über Europa werden ab 1997 mehr als 500 Fernsehkanäle in jeden Haushalt ausgestrahlt [1],

- bis 2000 werden über 40 Prozent aller Haushalte einen PC besitzen (USA: 48 Prozent, Deutschland: 42 Prozent),

- breite Bevölkerungsschichten werden unbefangen die Technik bedienen können.

Medienunternehmen sehen eine Verlagerung der Rollen: Computer- und Software-Unternehmen drängen über Endgeräte, Netzwerke, technischen Service, Mitglieder-Verwaltungs-Systeme und digitale Erstellungsprozesse in die Wertschöpfungskette klassischer Verlage ein.

In den USA ist seit Clinton/Gore Multimedia zum Regierungsprogramm erklärt worden. Dies wird mit entsprechenden Fördermitteln, Rahmenprogrammen, Initiativen zur rechtlichen Klärung offener Fragen, Bewußtseinsförderung in der Bevölkerung usw. umgesetzt.

Die IBM setzt auf „Network Computing" als Wachstumsstrategie auf der Basis von Internet und Multimedia: „Das Grundgefüge der Informationstechnologie bewegt sich, und das Ergebnis wird grundlegende Aspekte der Wirtschaft und der Gesellschaft verändern. Das Werkzeug, so mächtig wie keines zuvor, heißt: Network Computing. Es ist eine Technologie, die die Barrieren zwischen Menschen reduziert (selbst zwischen den Abteilungen!)". Die Informationstechnologie wird ein integraler Bestandteil unseres Lebens. Ihre Existenz wird genauso häufig, vorhersagbar und auf manche Weise unsichtbar [...] sein wie die Elektrizität" [15].

Mit Hilfe der „Network Computer" [16] ist es möglich, die Gesamtkosten pro betrieblich genutztem PC (aktuell ca. 60 000 US-Dollar über fünf Jahre laut Gartner Group) drastisch zu senken, und zwar dadurch, daß jedem Benutzer nur so viel Rechnerleistung zur Verfügung gestellt (und berechnet) wird, wie er benötigt und ihm (ohne eigene Wartungsleistung) immer die aktuellste Software zur Verfügung steht.

Die Vorteile des PC (lokale Interaktion, grafische Benutzeroberfläche, persönliche Konfiguration) werden mit den Vorteilen der zentralen Organisation (niedrige Gesamtkosten pro Arbeitsplatz, professionelle Softwarepflege, Backups, Sicherheit, Verfügbarkeit, Investitionsschutz) vereint. Innerhalb der Multimedia-Internet-Entwicklung wird also en passant auch die PC-Revolution nochmals eingeläutet.

Durch Telearbeit erreicht man schon heute Produktivitätssteigerung (z. B. 25 Prozent bei englischen Banken [23]), Einsparung (z. B. 40 Millionen US-Dollar bei IBM USA), Umweltentlastung, sowie zufriedenere, motiviertere und kundennähere Mitarbeiter und Führungskräfte [20].

 Michael Salmony

Die Entwicklung steht aber erst am Anfang. So werden beispielsweise die intelligente Straße [21] und das intelligente Heim [22] –
zwei weitere aussichtsreiche Gebiete, zusätzliche Einsatz- und
Einsparmöglichkeiten durch Multimedia eröffnen.

Es ist faszinierend zu beobachten, wie die Möglichkeiten der Com-
putervernetzung genutzt werden, um rund um den Globus Gemein-
schaften der unterschiedlichsten Menschen zu bilden, die sich nie
von Angesicht zu Angesicht gesehen haben.

Nach diesem generellen Aufriß der signifikanten, realen Entwicklung zu Multimedia, soll hier an einem konkreten Beispiel – dem
Einsatz von Multimedia bei Banken – die anstehende Revolution
verdeutlicht werden.

Multimedia bei Banken, die anstehende Revolution

Die Internet-Banken haben eine internationale Reichweite (zur Zeit
rund 50 Millionen Internet-Nutzer), aber keine physische Zweigstelle und damit erheblich reduzierte Personal- und Geschäftskosten. Rechnungen werden von Tokio nach Paris bezahlt, ohne
ein Formular auszufüllen oder gar den Postboten zu bemühen. Die
Sicherheit ist durch moderne Verfahren (ChipCard, Verschlüsselung) besser gewährleistet als durch Unterschriften oder beim Telefonbanking. Die Transaktionskosten belaufen sich auf Bruchteile
der Kosten bzw. der bank-üblichen Kosten bei Geldausgabegeräten. Damit entstehen signifikante Gewinne und für die Kunden
neue Dienstleistungen (z. B. Online-Abruf der Abbilder von einge-
lösten Schecks) und beste Konditionen. Es wird geschätzt, daß bis
1999 ca. 1500 ähnliche Banken in USA bzw. 2000 Banken in
Europa [29] im Internet international tätig sein werden. Hier
werden Kerngeschäfte etablierter Banken angegriffen.

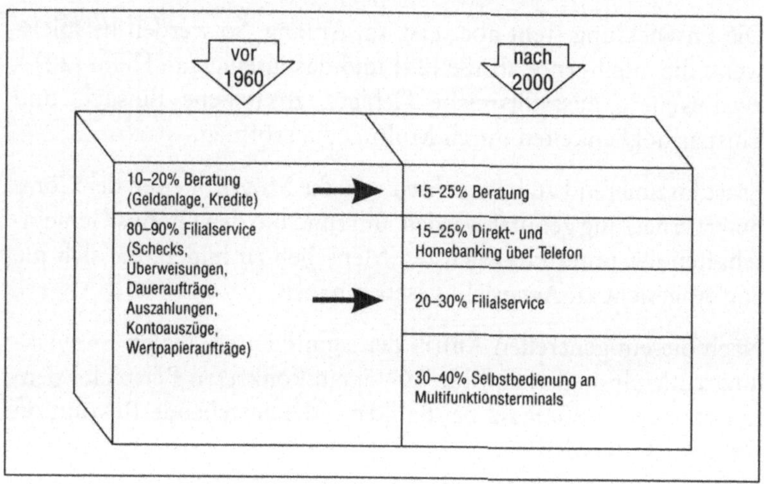

Abbildung 2: Bank-Filialen sterben aus
Quelle: A. T. Kearney, Wirtschaftswoche 3.10.1996

An diesem Beispiel sehen wir zwei typische Entwicklungen durch neue Medien: einerseits ein erhebliches Rationalisierungspotential, andererseits ein Spannungsfeld zwischen Chance und Risiko. Die Chance entsteht für etablierte Anbieter durch massive Kosteneinsparung, das Risiko durch die erheblich niedrigen Eintrittsbarrieren für Neueinsteiger, also durch massiv verstärkten Konkurrenzdruck. Diese Mischung aus Chance und Risiko ist typisch für die aktuelle Entwicklung in Multimedia und läßt sich in vielen anderen Branchen analog beobachten (Bsp. Internet Telefonie).

Manchmal ändern sich durch Multimedia nicht nur die Größenordnungen, sondern sogar das Vorzeichen: Geld kann in die umgekehrte Richtung fließen. Verlage sind beispielsweise seit Jahrhunderten gewohnt, ihre Vertriebskanäle zu bezahlen, um ihre Produkte an den Markt zu bringen. So zahlen auch heute viele Medienunternehmen große Summen an Telekommunikationsunternehmen, um ihre Inhalte elektronisch an die Nutzer zu transportieren. Dies kann sich aber ändern: Große Netzanbieter (Kabelfernsehgesellschaften, Online-Dienste, Telekommunikationsunter-

 Michael Salmony

nehmen) suchen zunehmend attraktive Inhalte, um die Nutzer an ihr Netz zu binden. Es werden Verträge geschlossen, in denen der Netzanbieter den Inhalteanbieter bezahlt – das genaue Gegenteil zur Vergangenheit. Beispielsweise bestreitet CNN heute die Hälfte seiner Einnahmen von Kabelnetzbetreibern, die sich diesen attraktiven Inhalt auf ihren Netzen sichern wollen. Diese Praxis wird man wohl auch in anderen Branchen finden. Vielleicht wird die Deutsche Bank eines Tages entscheiden müssen, ob sie CompuServe, T-Online oder Vebacom das Recht einräumt ihre Bank (und ihre Kunden) über deren jeweiliges Netz bedienen zu lassen – gegen Entgelt natürlich.

Jahrhundertelang existierte für Bankprodukte nur ein Vertriebskanal: der Bankschalter. In den letzten Jahren sind hinzugekommen: Telefonbanking, Directbanking, SmartCard, E-cash, Cyberbucks, SET, EFT, Online-Banking, EDI, Virtuelle Banken, aufladbare Geldbörse, Geldautomat, Video-Beratungsstation, Kiosk usw. Grundfeste des Geschäftsbetriebes, hier Modalitäten des Zahlungsverkehrs, ändern sich, und zwar immer schneller.

Die Zeitspanne für die Durchsetzung neuer Medien verkürzt sich – verglichen zu früher – dramatisch (siehe Abbildung 3). Während das Telefon 40 Jahre benötigte, um sich durchzusetzen, wird die Einführung des Internet-Banking in einer viel kürzeren Zeitspanne erfolgen. Entwicklungen, die früher in Jahrzehnten erfolgten, setzen sich heute in wenigen Jahren durch.

Im Bankenbereich setzt sich zunehmend die Idee durch, daß sich in den bereits existierenden automatischen Schalterhallen zu den Kontoauszugsdruckern, Geldausgabegeräten und automatischen Kiosken künftig eine Video-Beratungsstation befinden wird. Geht der Kunde dorthin, kann er neben den üblichen Selbstbedienungsfunktionen (Kontoabfrage, Geldauszahlung usw.) auch per Videokonferenz mit den jeweiligen Experten für Lebensversicherungen, Kredite, Bausparen, Immobilien oder Anlagen verbunden werden (siehe Abbildung 4).

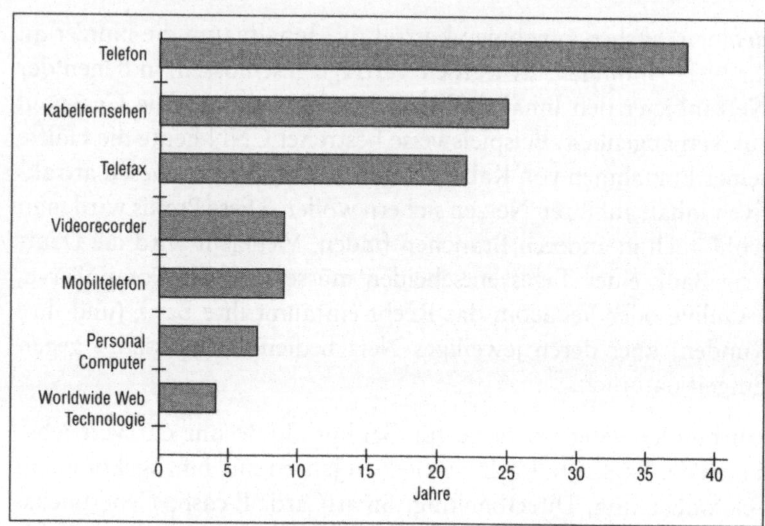

Abbildung 3: Marktpenetrationszeit (10 Millionen US-Kunden)
Quelle: Booz.Allen&Hamilton, iWorld Insights, Mai 1996

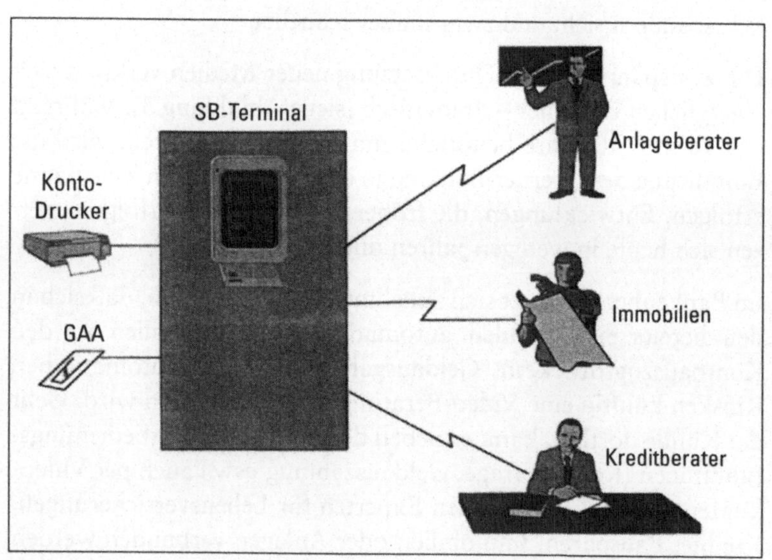

Abbildung 4: Selbstbedienungsterminal mit integriertem Videokonferencing

42   Michael Salmony

Hierbei gibt es berechtigte Bedenken bezüglich der Akzeptanz des neuen Mediums. Diese gab es allerdings auch gegen Online-Banking und Geldausgabeautomaten. Heute nutzen zwei Drittel der Kunden Geldausgabegeräte; in manchen Filialen werden 95 Prozent der Barauszahlungen über diese Selbstbedienungsterminals abgewickelt und alleine bei T-Online gibt es über drei Millionen Online-Konten. Durch Wirtschaftlichkeit und Bequemlichkeit lassen sich die meisten Akzeptanzfragen erfahrungsgemäß ausräumen.

Die Einführung von Multimedia im Bankenbereich ist also technisch wie soziologisch möglich. Daß sie auch sinnvoll – ja sogar höchst ratsam – ist, ergibt sich aus der Tatsache, daß sich Deutschland heute das dichteste Zweigstellennetz der Welt leistet – 49 000 Filialen [28]. Dies wird immer schwieriger zu finanzieren. Die Banken stehen also vor einer Situation, die massiven Personalabbau erforderlich macht (bei gleichzeitiger Steigerung des Umsatzes). Die erforderliche Effizienzsteigerung ist durch Internet/Multimedia möglich, und zwar durch Verlagerung der Zweigstellen von hochgradig personengebundenen Niederlassungen zu interaktiven, multimedialen Selbstbedienungsstationen. Die von den Banken als erforderlich gesehene Reduktion der Zweigstellen um 15 000 kann somit ohne massiven Kundenbindungsverlust durchgeführt werden. Dies ist möglich, weil zur Zeit ein sehr großer Anteil der Geschäftsstellentätigkeit aus Routinearbeiten besteht, die viel Personal bindet, dabei wenig Ertrag erwirtschaftet (siehe Abbildung 5), sich aber hervorragend für die Automatisierung bzw. vernetze multimediale Selbstbedienung eignet.

Trotz aller Bedenken überwiegen also die Vorteile. Für die Bank liegen diese im effektiveren Einsatz hochqualifizierter Mitarbeiter durch Konzentration auf beratungsintensive Tätigkeiten, Entlastung von Routinearbeiten durch Automation, Öffnung neuer Vertriebswege, sowie Streuung von Expertenwissen weit über deren physischen Anwesenheitsort hinaus. Insgesamt liegen die Vor-

teile vor allem in der erheblichen Effizienzsteigerung und im Rationalisierungspotential von Personal. Der Vorteil für den Kunden
besteht darin, daß er sich z. B. am Samstag noch einen Kredit für
das Motorrad beschaffen kann und das Geld gleich nebenan auf
dem Geldausgabegerät ausgezahlt bekommt.

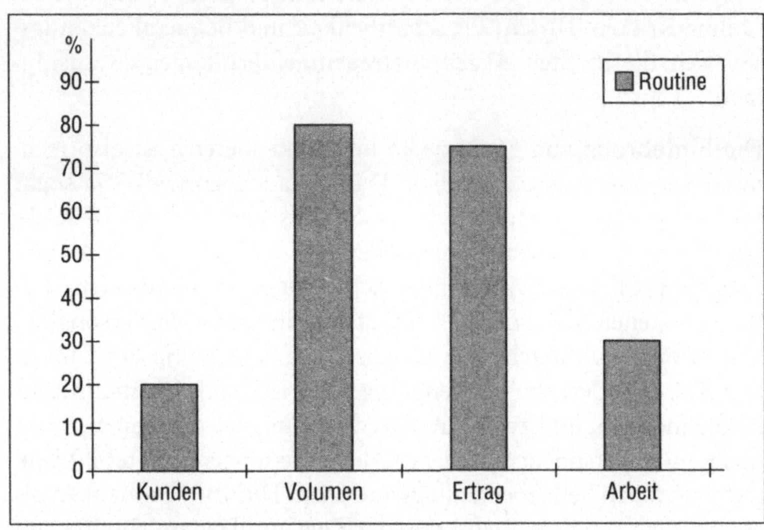

Abbildung 5: Rationalisierung durch Multimedia
Quelle: H. Berchtold, Dresdner Bank, 1995

Durch Multimedia wird also heute schon ein erhebliches Einspa-
rungspotential realisiert, die Kundenzufriedenheit erhöht, werden
neue Märkte eröffnet – aber bestehende Prozesse in Frage gestellt.

Die Neuen Medien erzeugen Fragen nach der zukünftigen Rolle der
etablierten Dienstleister. Beispiel SmartCard: es gibt heute sichere
Techniken, um eine ChipKarte am PC, Kiosk oder öffentlichem
Telefon „aufzuladen" d. h. Geld von seinem Konto auf eine elektronische Geldbörse sofort zu überweisen. Mit dieser ChipCard
kann dann beim Bäcker, im Kino, an der Tankstelle bezahlt werden,
oder es kann ein Betrag auf die ChipCard eines anderen übertragen

werden. Damit können komplette Zahlungskreisläufe ersetzt werden. Nur: bisher haben die Banken die Zahlungskreisläufe geregelt. Wer stellt in Zukunft sicher, daß diese Verfahren geregelt ablaufen? Wer kontrolliert die Geldmenge? Was unterscheidet eine klassische Bank von dem Microsoft Bankendienst im Internet? Was bedeutet es für die Vertriebswege der Banken, wenn Kirch den breitesten Weg in jedes Heim schafft, darüber Bankendienste anbietet aber das System für die Zugangskontrolle selbst in der Hand behält [31]? Hier werden wichtige Weichen für die Zukunft der Rolle von Banken gestellt und es ist essentiell, daß man sich mit kompetenten Partnern auf diese Entwicklung vorbereitet.

Nicht nur bei den Banken ist zu beobachten, daß neue Wettbewerber entstehen, von denen ein Unternehmen vor einigen Jahren gar nichts wußte (SFNB greift einzelne Banken an – Microsoft versucht sich generell als Banker zu etablieren). Auch entstehen plötzlich und in großer Anzahl neue Vertriebswege (s. o. elektronischer Zahlungsverkehr), durch die neue Kundenkontakte/Kundenakquisen möglich werden. Um diese neuen Vertriebswege zu unterstützen, müssen neue Geschäftsprozesse etabliert und bestehende Prozesse neu geordnet werden. Es müssen dazu neue Wirtschaftlichkeitsrechnungen aufgesetzt werden und neue Partner gefunden werden. Besonders deutlich sieht man diese beiden Entwicklungen zur Zeit in der Verlagsbranche. Die neuen Wirtschaftlichkeitsrechnungen entwickeln sich dort beispielsweise in „Pay-per-view"-Modellen, in denen die Finanzierung pro abgerufenen Artikel anstatt durch Buchkauf erfolgt. Die Verlage müssen sich dazu neue Partner suchen, sie müssen mit Computer- und Telekommunikationspartnern Allianzen schließen, um die Chancen der neuen Märkte zu eröffnen und um ihre Kerngeschäfte gegen den Wettbewerb zu schützen.

Es ist eine dramatische Entwicklung im Gange, die

- das Kerngeschäft der Unternehmen tangiert,

- neue ungeahnte Märkte eröffnet,

▶ eine neue strategische Ausrichtung erfordert,

▶ alle Unternehmensbereiche betrifft (Marketing, Einkauf, Ferti-
▶ gung, Verwaltung, interne/externe Kommunikation, Recht, ...),

und deshalb Chefsache sein muß.

Mega-Trends: Verschmelzung, Flexibilisierung, Vernetzung

Anhand der aktuellen Entwicklungen sind einige markante Trends
zu erkennen, die alle Branchen und Wirtschaftszweige zu betreffen
scheinen.

Verschmelzung

Erstens ist eine allgemeine *Verschmelzungstendenz* zu beobachten:

Alle, die Informationen kommunizieren möchten (Autoren, Agen-
turen, Fotografen, Verlage aber auch Privatpersonen, Industrie,
Öffentlicher Dienst usw.) werden zu *Inhalteanbietern*. Der Anfang
wird zur Zeit im Internet gemacht.

▶ Medien (Bild, Ton, Text, Daten, Videos, Fotos usw.) verschmelzen zu Multimedia.

▶ Branchen (Consumer Elektronik, Verlage, Telekommunika-
tionsfirmen, Computerfirmen, Energieversorger, Transportunternehmen) treffen sich zu Multimedia-Allianzen, verteilen
ihre Rollen neu und entdecken neue Kerngeschäfte. Siehe hierzu beispielsweise die zunächst artfremd anmutenden Telekom-
munikationsaktivitäten von Transportunternehmen (Bahn),
Stahl/Röhrenwerken (Thyssen/Mannesmann), Energieversorger (VEBA/RWE) und Kommunen (Net.Cologne).

Die heutigen diversen Informationsquellen (Daten, Fax, Telefon, Ton, Video, Nachrichten usw.) werden zunehmend aus einer universellen multimedialen Informationssteckdose bedient – alle Medien kommen online und aktuell ins Büro oder nach Hause. Mit ISDN werden heute hierzu die Möglichkeiten geschaffen.

Die Endgeräte (CD-Spieler, Radio, Fernseher, VHS-Recorder, Fax, Telefon, Anrufbeantworter, PC, Spielekonsole, Pager, Lernsystem usw.) verschmelzen zu multimedialen Hybridendgeräten.

Die Netze verschmelzen auch technisch. Mit ATM ist es möglich, alle Medien – Ton, Bild, Bits usw. – und alle bisherigen Dienste – Telefon, Fax, Fernsehen, Daten, Radio, usw. – über ein einheitliches Netz zu übertragen.

Auch die Trennung zwischen Arbeitswelt, Freizeit und Ausbildung ist nicht mehr so leicht nachzuvollziehen. Beispiel Telearbeitsplatz: ist jemand, der zu Hause vor seinem Fernseher sitzt und dort Französisch lernt – während im Fenster oben links das Fußballspiel läuft – bei der Arbeit, in der Freizeit oder beim Lernen ?

Flexibilisierung

Obwohl wir also einen Megatrend zur Verschmelzung beobachten können, gibt es auch einen komplementären Trend: bisher standardisierte Produkte, Vorgehensweisen und Angebote werden an das Individuum und seine momentanen Bedürfnisse angepaßt. Hierzu zwei Beispiele:

Vom Massenmedium zum individuell gestaltbaren Medium: Heutige Massenmedien (Radio-Programm, Zeitung, Buch, Gebrauchsanweisung, Fernsehsendung usw.) werden künftig für jeden einzelnen individuell, mit eigenen Inhalten, (regional, international, Werbung) zu dem von ihm gewünschten Zeitpunkt verfügbar sein. Es wird Freiheiten geben bei den Zahlungsmodellen (Pay-per-view), bei denen man die Inhalte konsumiert (mobile Endgeräte). Man

wird mit dem Medium interagieren können, um seine Wünsche zu
präzisieren und interessante Inhalte zu vertiefen – anywhere, any-
time, anyplace. Dies mag heute utopisch klingen. Ähnlich utopisch
klang es auch zu Beginn der Autoindustrie. Damals gab es das erste
Massenauto, das Ford T-Modell, nur in einer Ausführung und nur in
Schwarz. Heute wird in Massenproduktion für jeden Käufer ein Auto
in individueller Konfiguration (nicht nur der Farbe) hergestellt. Für
die Medienindustrie steht dieser Wandel bevor: Inhalte von Zeitungen, Filmen, Büchern, Schulungskursen werden künftig auch auf
den individuellen Benutzer zugeschnitten. Die Medien werden
zudem „on-demand" abgerufen, wann und wo der Benutzer sie
möchte; er bezahlt nur für das, was er auch tatsächlich konsumiert.

Vom Arbeitsplatz zum Virtuellen Unternehmen: Der klassische
Arbeitsplatz mit fest zugeordnetem Büro, Telefon und Sekretärin
wird nur eine Variante von vielen sein: Telearbeit in seinen vielen
Formen (von zu Hause, von unterwegs, beim Kunden, vom Satel-
litenbüro) wird zunehmen, um eine menschengerechte, effiziente,
ökonomische und ökologische Arbeitswelt zu fördern. In letzter
Konsequenz bedeutet dies in Zukunft, daß der Mitarbeiter im Zug
mit seinem mobilen PC seine elektronische Post bearbeitet, im
Hotel am Fernseher seine Reiseplanung für den Folgetag abfragt,
beim Kunden an dessen Arbeitsplatz Produktdemos vorführt, sich
in der Konzernzentrale an einem Terminal bei einer Videokonferenz beteiligt und zu Hause am PC seinen Bürokalender des nächsten Tages verwaltet. Durch Multimedia ist also ein genereller
Flexibilisierungstrend zur Befriedigung individueller Informationsbedürfnisse zu erkennen.

Vernetzung

Der dritte erkennbare Megatrend ist die Vernetzung (siehe Abbildung 6). Früher gab es eine zentrale DV-Organisation, die nach
eigenem Ermessen die Nutzer mit „Dumb Terminals" ausstattete.

 Michael Salmony

Dann folgten der PC und Client/Server-Architekturen, die mehrstufige, dezentralisierte Strukturen schafften. Heute finden wir zunehmend eine vernetzte Welt, in der Spezialserver, Nutzer, Anbieter und Klienten dynamisch, – oft mit wechselnden Rollen – nach Bedarf kommunizieren. Interessanterweise entwickelt sich dieser Trend parallel nicht nur in den DV-Organisationen sondern oft in den gesamten Unternehmensstrukturen (1. zentralisiert, 2. Holdingstruktur, 3. vernetzter schlagkräftiger Verbund aus Unternehmen, die auf ihre Kerngeschäfte ausgerichtet sind).

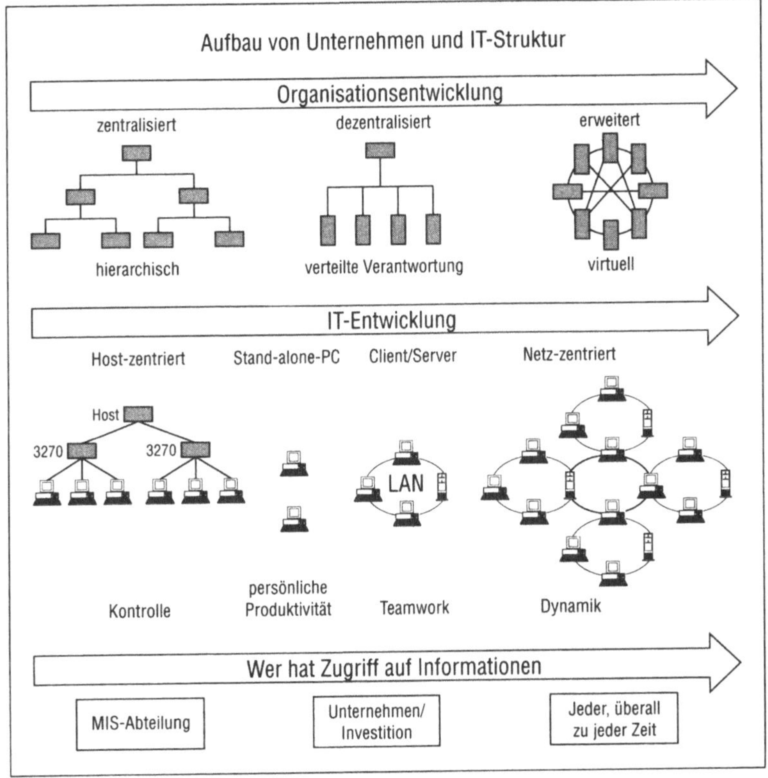

Abbildung 6: Von der Hierarchie zur Vernetzung
Quelle: Reichert, Business Computing 8/96

Wenn wir also der These glauben, daß es sich diesmal um eine Revolution und nicht um ein weiteres Strohfeuer handelt, stellt sich die Frage: was muß getan werden, um für diese Entwicklung gewappnet zu sein ?

Handlungsbedarf in Wirtschaft und Politik

Die rasante Entwicklung erfordert Entscheidungen der Verantwortlichen in Wirtschaft und Politik.

In Europa stellen wir im Vergleich zur USA folgende Barrieren fest, die es zu beseitigen gilt [2]:

▶ Fehlen einer Gesamt-Europäischen Vision – auch in Deutschland entwickelt sich nur ein zaghafter politischer Antrieb.

▶ Unzureichende Liberalisierung – insbesondere in Deutschland gibt es eine Überregulierung.

▶ Unzureichende Erfahrung mit Datennetzen. In den USA sind z. B. sieben Millionen Telearbeiter mit Netzen vertraut, in Deutschland gibt es 30 000 Telearbeiter – Deutschland ist diesbezüglich also ein Entwicklungsland.

▶ Zu hohe Preise und Gebühren. Selbst die komprimierte Übertragung eines 90-Minuten-Spielfilmes über 50 km per ISDN kostet in Deutschland mehr als DM 2000 und dauert knapp vier Tage. Für einen Telearbeitsplatz in Deutschland fallen alleine für die Telekommunikationskosten 540 – 3000 DM pro Monat an [23]. In den USA hingegen werden Online-Dienste tariflich nicht bestraft. Außerdem sind Hochgeschwindigkeitsleitungen über große Entfernungen verfügbar und kosten gelegentlich ein Zehntel der Preise in Europa.

 Michael Salmony

▶ Unterentwickelte technische Infrastruktur – auch in Deutschland trotz einmaliger Infrastruktur der Deutschen Telekom in einzelnen Bereichen (siehe Abbildung 7).

▶ Die Inhomogenität der europäischen Infrastruktur, die geringere Technologieakzeptanz im Vergleich zur USA, die unklare Rechtslage, die mangelnde Verfügbarkeit von Venture Capital (insbesondere im finanzstarken Deutschland), die Europäische Sprachvielfalt, sowie das mangelnde Bewußtsein über Neue Medien in der Bevölkerung und die daraus resultierende Akzeptanzproblematik.

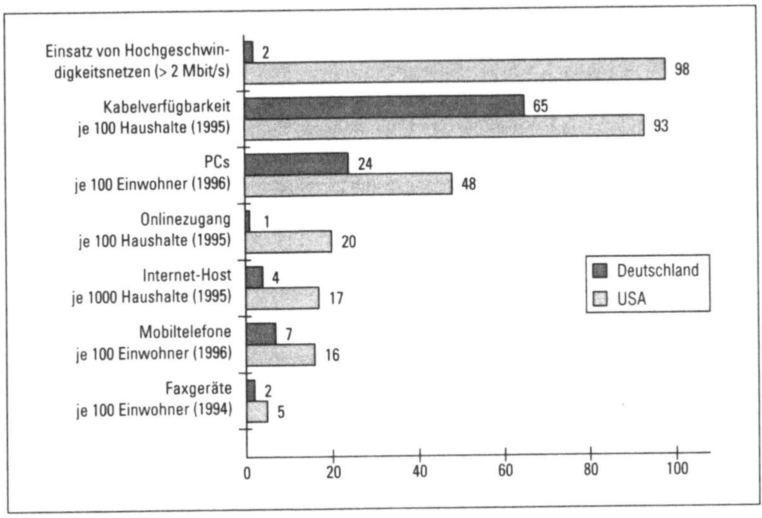

Abbildung 7: Info-Gesellschaft: Deutschland und USA im Vergleich
Quelle: VDMA/ZVEI 1996

Somit ist für die Politik in Europa folgendes erforderlich:

▶ Eine Vision entwickeln.

▶ Die rechtlichen Rahmenbedingungen schaffen.

▶ Die Liberalisierung des Telekommunikationsmarktes beschleunigen.

▶ Kundenbedürfnisse verstehen und darauf bezogene Anwendungen entwickeln.

Für Unternehmen gilt es, Kerngeschäfte zu schützen und neue Chancen wahrzunehmen.

In Stichworten: Offene Fragen zu Multimedia

Recht: Copyright, Datenschutz, Medienrcht, Telekommunikationsrecht für Online-Dienste, Rolle der privaten/öffentlichen Medienanstalten, Rundfunkbegriff, Differenzierung Werbung und Home Shopping, rechtlicher Rahmen für Heimarbeit und Telearbeit, Mißbrauch von internationalen Online-Netzen (Warenhandel, Gewalt, Jugendschutz, Pornographie, Rassismus, Terrorismus), Abhörsicherheit, kritische Patente, steuerliche Einordnung von Multimediageräten, Schriftlichkeit eines Vertrags durch Knopfdruck, „Ladenschluß" für Teleshopping, Rechte aus digital erstellten, veränderten Inhalten, Preisbindungsfrage bei elektronischen Medien (CD-ROM).

Politik: offene Märkte, Liberalisierung der Telekommunikation, Massenidentifikation mit dem Thema Multimedia (siehe Clinton/Gore) zu Informations-Highway), Kontrolle der Medienmacht, Datenautobahn als gemeinnützige Versorgungsaufgabe, Ausbildung für Multimedia.

Ökonomie: Wirtschaftlichkeit, Investitionen, Preismodelle, Bundling, Werbung als Finanzierungsinstrument.

Soziales: Isolation, Vereinbarkeit von Familie und Beruf, Demokratisierung [2], Umwelt, individuelle Freiheit, Akzeptanz, Aufteilung der Gesellschaft in „Informations-Reiche" und „Informations-Arme", Arbeitsplätze, möglichst nicht-intendierte Folgen in der Zukunft, virtuelle Subkultur (heute mit eigener Sprache: Emoticons, Smileys, Flames, Online-Kürzel).

Ausbildung: neue Berufsbilder (Medieninformatiker, „Information Repackagers"), Lehrpläne, Interdisziplinarität.

Technik: Multimedia Archive, Server, Benutzeroberfläche, Standards, Verschlüsselung (inklusive Abwehr von code-breaking durch massive Vernetzung).

Umsetzungsstrategien für Unternehmen

Hierzu empfiehlt sich für die Unternehmen:

▶ *Kurzfristig*: ein interaktives Medienlabor einzurichten, um die wichtigsten Funktionen firmenintern mit den neuen Medien (Internet, CD-ROM, Online, Kiosk usw.) vertraut zu machen.

▶ *Mittelfristig*: sich an Pilotprojekten zu beteiligen, um erste Versuche mit Partnern und Kunden zu unternehmen und um deren Wünsche an die Neuen Medien (Angebotsform, Kostentoleranz, Einsatz von Werbung, Nutzung) zu verstehen.

▶ *Langfristig*: eine Elektronische-Medien-Marktstrategie zu entwickeln, um das Unternehmen auf die neuen Chancen auszurichten und die Kerngeschäfte zu schützen.

Die Planung und Umsetzung hierzu kann aber ein Unternehmen sehr schwer alleine durchführen. Um in Multimedia erfolgreich zu sein, muß es sich mit Partnern zusammenschließen:

▶ *Inhalteanbieter* – Wie wir gesehen haben ist dies jeder, der etwas kommunizieren/verkaufen möchte – also nicht nur Verlage, sondern auch Industrie, Öffentlicher Dienst usw.

▶ *Netzanbieter* – Hier hat die Deutsche Telekom eine weltweit einmalige Position – aber es formieren sich starke Wettbewerber, die hier in bestimmten Bereichen wohl bessere und billigere Dienste anbieten werden.

▶ *Informationssystemanbieter* – Bei den Informationssystemen ist zu beachten, daß es für die hier geforderten komplexen und gleichzeitig unternehmensspezifischen Systeme keine Standardlösungen geben kann. Außerdem ist für die Einführung von Multimedia eine hochgradig professionelle Datenverarbeitung erforderlich: Spezial-Hochleistungs-Server, Workstations, In-house-Weitverkehrsnetze, Digitalisierung/Nachbearbeitung, Großspeicher für riesige Multimedia-Daten, Sicherheitssysteme, Gateways zu existierenden Anwendungen und Netzen, Abrechnungssysteme usw.

Zur Umsetzung dieser komplexen Lösungen sollten Partner ausgesucht werden, die das gesamte Spektrum der Möglichkeiten beherrschen, die Palette der technischen Komponenten hierzu anbieten, diese Teile funktionell zusammenfügen können, und die internationale Projekterfahrung haben, um dieses globale Thema unter Integration der existierenden Infrastrukturen einzuführen.

Somit hängt der Erfolg von Multimedia für ein Unternehmen von der Auswahl, Zusammensetzung und Zusammenarbeit dieser Partner ab.

Literatur

[1] Financial Times, Europe to get 500 mote TV channels by 1997, 30.3.95.

[2] LITTLE, ARTHUR D., Neue Märkte durch Multimedia, Münchner Kreis, Nov/Dez 94.

[3] MIDDELHOFF, TH., Interactive Services, 2.2.1995.

[4] Europe and the Global Information Society, „Bangemann"-Report of Recommendations to the European Council, May 1994.

[5] TROTHA, K. v., Wissenschaftsminister Baden-Württemberg, Multimedia, SDR3 14.10.96.

[6] HENSCHE, D., Zehn Millionen Arbeitsplätze – das ist Scharlatanerie, in: Screen Multimedia, 11/95.

[7] Superhighway state-of-play: the worldwide picture, in: Screen Digest, October 1994.

[8] Süddeutsche Zeitung, Video on Demand rechnet sich nicht, Zitat von M. Salmony aus Münchner Kreis Konferenz, 12/94.

[9] Wirtschaftswoche Nr. 35, 24.8.1995, S. 82.

[10] NEGROPONTE, N., Being Digital, London 1995.

[11] M. WÖSSNER, 19.3.96.

[12] Financial Times, Instant Internet Verdict on TV Debates und http://debates96.election.digital.com.

[13] RON SOMMER, Vorstandsvorsitzender Deutsche Telekom, in: Spiegel 37, 9.9.1996.

[14] HUGO, V., Notre Dame de Paris (Der Glöckner von Notre-Dame), 1831.

[15] GERSTNER, L., Network Computing – the Power and the Promise, in: Think, Summer 1996.

[16] Network Computer, http://www.nc.ihost.com.

[17] MOLZBERGER, P., Sieben Paradoxien zur Kooperation mittelständischer Unternehmer, in: REFA-Nachrichten 4/1996.

[18] RIEPL, W., Das Nachrichtenwesen des Altertums – mit besonderer Rücksicht auf die Römer, Leipzig, Berlin 1913.

[19] SALMONY, M., Multimedia – Chancen und Illusionen – Eine kritische Betrachtung, in: „Internet- und Multimediarecht (Cyberlaw)", hrsg. von Prof. Lehmann, M., Max-Planck-Institut, München 1997.

[20] GLASER, W., GLASER, M., Telearbeit in der Praxis, Erfahrungen mit außerbetrieblichen Arbeitsstätten bei der IBM Deutschland, Berlin 1995.

[21] Starker Druck, in: Wirtschaftswoche Nr. 39, 19.9.1996.

[22] Tischlein Deck Dich, in: Wirtschaftswoche Nr. 40, 26.9.1996.

[23] Pendler im Netz, in: Wirtschaftswoche Nr. 38, 12.9.1996.

[24] VERDEN, E., Funk für Anspruchsvolle, in: Die Zeit vom 14.5.1953.

[25] STEINMETZ, R., Multimedia Technologie, Heidelberg 1993.

[26] SALMONY, M., Multimedia – was ist das, wer will das, wie macht man das?, in: „Neue Märkte durch Multimedia", Münchner Kreis, Nov/Dez 94.

[27] GODIN, S., E-Mail Addresses of the Rich and Famous, 1994.

[28] Ploenzke Studie 7/96.

[29] Zukunft Multimedia, Booz. Allen & Hamilton, IMK 1996.

[30] Wie mache ich 1 Million Dollar, in: Wirtschaftswoche, Nr. 41, 2.10.1996.

[31] Kirch will den Fernseher zum Bankschalter machen, in: Süddeutsche Zeitung 25.10.96.

Zukunftsanforderungen an den Standort Deutschland

Mobilisieren für die multimediale Revolution

Franz Josef Radermacher

Ein Standort unter Druck: Aspekte der Globalisierung

Die aktuelle gesellschaftliche Situation in Deutschland, einem bisher beneideten Wirtschafts- und Gesellschaftsstandort, ist vor dem Hintergrund der weltweiten Entwicklung zu sehen. Die zentrale Herausforderung zu diesem Zeitpunkt heißt seit der Konferenz in Rio nachhaltige Entwicklung. Die Erde ist heute bedroht durch eine immer rascher wachsende Weltbevölkerung, den ungebremsten Verbrauch von Ressourcen, die zunehmende Erzeugung von Umweltbelastungen und schließlich die immer raschere Beschleunigung von Innovationsprozessen, die letztlich zu einer Unregierbarkeit unserer Gesellschaften führen können. Die Hoffnung, daß der technische Fortschritt, z. B. in Form einer zunehmenden Dematerialisierung, die resultierenden Probleme lösen wird, hat sich bis heute nicht erfüllt. Das ist u. a. eine Folge des sogenannten Rebound-Effekts, der im Kern dazu führt, daß Einsparungen, die aus technischen Fortschritten resultieren könnten, sofort in vermehrte menschliche Aktivitäten umgesetzt werden. Solche vermehrten Aktivitäten führen – in einer historischen Perspektive –

zu einer wachsenden Bevölkerung, mehr Konsum, mehr Mobilität und einer ständig höheren Umweltbelastung. Genau dies geschieht im Moment als Folge der zunehmenden Globalisierung durch das hohe wirtschaftliche Wachstum in den Schwellenländern. Die aus der Globalisierung resultierende Verlagerung von Arbeit weltweit ist eine der für die entwickelten Industriestaaten besonders schwierig zu verkraftende Entwicklung. Insbesondere die weltweite Verfügbarkeit von Wissen und Kapital und die Verkürzung der Distanzen durch Informations- und Kommunikationstechnologie als Folgen des Aufbaus weltweiter Datenbanken und der multimedialen Revolution werden hier wirksam.

Es spricht viel dafür, daß eine friedliche Bewältigung dieser Herausforderungen nur im Rahmen weltweiter Lösungen erfolgen kann, also im Rahmen von Vereinbarungen zwischen Nord und Süd, Ost und West, die allen Menschen auf diesem Globus eine positive Perspektive für die Zukunft versprechen. Dies erfordert das graduelle Schließen der heute unerträglich großen Differenz zwischen arm und reich, aber ebenso die weltweite Durchsetzung – und Mitfinanzierung – von Umwelt- und Sozialstandards. Entsprechende Mechanismen der Zusammenarbeit (z. B. Umweltzertifikate, weltweite Sozialsysteme, Maßnahmen des Joint Implementation zwischen Nord und Süd) würden den Aufbau von globalen Infrastrukturen gerade auch in den Bereichen Datenautobahn und Nutzung von Multimedia ermöglichen und den Weg in eine nachhaltige Entwicklung marktwirtschaftlich absichern. Zugleich würden sie zu wirklich zukunftssicheren Arbeitsplätzen führen, bestimmte „Dumping-Mechanismen" in ihrem Umfang limitieren und damit auch unsere Sozialsysteme zu stabilisieren erlauben. Geeignete globale Rahmenbedingungen sind dann auch die Voraussetzung dafür, daß regionale Initiativen in zielführender Weise möglich werden, gemäß der Leitidee „Think globally, act locally".

Bestehende Herausforderungen

Für die reichen Industriestaaten bedeutet die zwischenzeitlich erfolgte Entwicklung den sich beschleunigenden Verlust der „Füllhörner", die bisher dafür sorgten, daß weltweit Ressourcen im Übermaß zu ihnen flossen. Dies ändert sich nun unter den neuen Konkurrenzverhältnissen, unter denen Arbeit und Kapital zu denen fließen, die vieles sehr gut können und gleichzeitig bescheiden sind in den Ansprüchen, die sie stellen. Unser Standort gerät dabei gleich mehrfach unter Druck. Zum einen stimmen in bezug auf die Konkurrenzfähigkeit bei uns die Rahmenbedingungen nicht mehr. Wir sind mittlerweile eine Gesellschaft geworden, die nicht nur auf einem hohen Konsumniveau lebt, sondern die sich zugleich – aus nachvollziehbaren Gründen – gegen Innovationen sträubt, weil nämlich Innovationen den Status quo bedrohen; dies gilt für viele Branchen, aber erst recht für den öffentlichen Bereich. Tatsächlich bestehen heute zahlreiche Vorbehalte und Abwehrmechanismen gegen den Aufbau und die Nutzung von Datenautobahnen, multimedialen Systemen, Chipkarten usw., z. B. im Zusammenhang mit Telearbeit, rechnergestützter Ausbildung, Telematik in Medizin, Verkehr und Umwelt, die alle aus derartigen Befürchtungen resultieren. Auch unsere wirtschaftlichen Rahmenbedingungen begünstigen übrigens den Bau von Immobilien mehr als Investitionen in neue Produkte. Auch in der Art, wie wir uns als Arbeitnehmer in Wertschöpfungsprozesse einbringen, sind wir vielfach der Konkurrenz unterlegen. So sind wir nicht zuletzt in der Ausgestaltung unserer Arbeitszeit nach wie vor vergleichsweise unflexibel.

All dies belastet uns in der internationalen Konkurrenzsituation. Dies gilt gleichermaßen für die Asymmetrie unserer momentanen Anpassung an den Weltmarktdruck. Hier erleben wir in den am Weltmarkt konkurrierenden Firmen den erzwungenen forcierten Abbau von Personal im Kampf um die Wettbewerbsfähigkeit, der zugleich ein Element unseres unheilvollen Weges in eine Zweidrittelgesellschaft darstellt. Bei diesem Weg hält ein Teil der Arbeitnehmer zwar den bisherigen Status, aber dies unmittelbar zu Lasten derer, die ganz aus dem Arbeitssystem herausfallen. Gleichzeitig sehen wir vor allem im öffentlichen Bereich, aber auch in anderen regulativ geschützten Zonen (Beispiel: Entsendungsrichtlinie Bau; Medizinsektor) ein Beharren auf dem Status quo, das in seiner Nichtbereitschaft zur Anpassung für den Standort Deutschland ausgesprochen gefährlich ist. Denn dadurch erhöhen sich relativ die verursachten „Overhead"-Kosten, die auf den international tätigen Unternehmen lasten. Deren Situation wird dabei permanent weiter erschwert. Das kann zu einer Abwärtsspirale, einer Todesspirale führen, bei der immer mehr Firmen zum Aufgeben gezwungen oder aus dem Land gedrängt werden. Dies kann so auf Dauer nicht weitergehen.

Die beschriebene Ausgangssituation stellt unser Gesellschaftssystem an vielen Stellen auf eine ernsthafte Probe. So werden wir hinsichtlich der globalen Umweltsituation zu Lösungen mit den Schwellen- und Entwicklungsländern kommen müssen, die insgesamt eine Klimakatastrophe vermeiden. Das kann wahrscheinlich nur in geeigneten Abmachungen zwischen Nord und Süd geschehen, bei denen der Norden in substantiellem Umfang seine Emissionen zurücknimmt, um der übrigen Welt Entwicklung zu ermöglichen. Im Rahmen von Joint-Implementation-Maßnahmen wird man dabei sehr wahrscheinlich Ressourcen aus dem Norden dort im Süden einsetzen, wo sie für die Verbesserung der weltweiten Umweltsituation den größten Effekt bringen. Dies gilt auch für den Infrastrukturaufbau in den Bereichen Datenautobahn und Multimedia. Unbedingt notwendig werden Anpassungsprozesse an die Möglichkeiten des „Global Sourcing", gerade im Bereich der Personalakquirierung sein. Wir werden konkurrenzfähig bleiben müssen, auch gegen preiswerte Angebote aus Schwellenländern. Hier gilt es, die eigene Kreativität, das eigene Leistungsvermögen zu steigern, zugleich aber auch eine höhere Flexibilität zu zeigen, bestimmte Risiken selber zu tragen und insgesamt möglicherweise

 Franz Josef Radermacher

auch deutlich mehr als bisher zu leisten für weniger Konsummöglichkeiten.

Dies erfordert auch entsprechende Anpassungsmaßnahmen in den Sozialsystemen. Wir sollten z. B. weg von einer Situation, in der die Sozialsysteme fast ausschließlich über (Voll-)Arbeitsplätze finanziert werden und statt dessen hin zu einem Job-System, das auf einem angemessenen Bürgergeld aufsetzt: Dies erlaubt die Realisierung neuer Formen der Arbeit in heute vernachlässigten Bereichen, bei Einsatz von vergleichsweise überschaubaren Geldmitteln. Zum Beispiel ist an Stiftungsmodelle zu denken, in deren Rahmen Bürger für Bürger im Bereich sinnvoller Arbeit (Community-orientierte Aktivitäten) tätig werden, ohne daß dies als „Dumping" gegen bestehende vollfinanzierte Strukturen gesehen und mit diesem Argument verhindert wird. Darüber hinaus müssen wir insbesondere auch wieder verstärkt Eigenarbeit, d. h. Wertschöpfung von Menschen für sich selber ermöglichen. Insbesondere sollten wir zukünftig weniger als heute Menschen im Sinne einer staatlich finanzierten Zwangsbetreuung Aufgaben wegnehmen und mitfinanzieren lassen, die sie gern selbst erledigen würden, vor allem dann, wenn sie ansonsten nur limitierte Beschäftigungsalternativen auf dem Arbeitsmarkt haben.

Wie weit wir in diesem Umfeld reformfähig sind, wird sich insbesondere im Bereich der Ausbildung und des Wissens zeigen müssen. Hier ist es denkbar, daß in absehbarer Zeit internationale Ausbildungsangebote, multimediamäßig aufbereitet und über Datenautobahnen effizient organisiert, zu Preisen und Rahmenbedingungen angeboten werden können, mit denen das heutige Ausbildungssystem in Deutschland nicht konkurrieren kann. Die deutschen Kosten liegen inzwischen durchschnittlich bei fast 20 000 DM pro Student und Jahr. Gleichzeitig spricht vieles dafür, daß diese neuen multimediagestützten Ausbildungsgänge für die betreffenden Studenten womöglich sogar eine bessere Qualität des Lernens und sehr viel mehr Komfort und Unabhängigkeit von Ort und Zeit (Schüler- statt Lehrerzentrierung) ermöglichen werden als unsere heutigen

Ausbildungssysteme. Außerdem wird der Weltmarkt die dort erworbenen Diplome vielleicht sogar besser belohnen als unsere normalen Diplome an einer klassischen deutschen Universität. Das alles kann, gerade auch in Verbindung mit den Finanzproblemen der öffentlichen Haushalte, dazu führen, daß wir in den Universitäten und später auch im gesamten übrigen Ausbildungsbereich (Schulen, berufliche Bildung, Weiterbildung) vor harte Entscheidungen gestellt werden. Wir werden uns hier mit unserem eigenen Ausbildungssystem – selbst im eigenen Land – wohl wahrscheinlich nur dann behaupten können, wenn es uns gelingt, die Telematik in der Ausbildung auch bei uns zu einem strukturierenden Element zu machen. Mit diesem Element müssen wir zu einer Kostenreduktion der Ausbildungssysteme auf der öffentlichen Seite kommen bzw. zumindest eine deutlich höhere Qualität zu den heutigen Kosten erreichen und dabei möglichst auch in die Internationalisierung und Vermarktung dieser Konzepte eintreten, um auf diese Weise Deckungsbeiträge zu erwirtschaften. Dies korrespondiert natürlich unmittelbar mit dem Thema der Notwendigkeit der Verschlankung des Staates, ein Thema, bei dem sich bis heute zu wenig bewegt, bei dem aber Veränderungen unbedingt notwendig sind.

Datenautobahn und Multimedia als treibende Technologie – was heißt das für die Unternehmen und die Menschen?

Die Nutzung der Informations- und Kommunikationstechnik in der Zukunft immer mehr an Bedeutung gewinnen. Das betrifft zum einen die erschließbaren Effizienzsteigerungspotentiale und Kostensenkungsmöglichkeiten, inklusive der Organisation weltweiter Wertschöpfungsketten und des lebenslangen Lernens. Zum anderen betrifft das aber auch die Beachtung der Anforderungen, die aus der sich verschärfenden globalen Umweltsituation resultieren.

 Franz Josef Radermacher

Die genannten Kräfte werden vielfältige Formen der Telearbeit fördern, aber ebenso Entwicklungen hin zu einer breiten Nutzung von Teleshopping, Teleausbildung usw. Parallel hierzu werden die Entwicklungen hin zu schlankeren, netzwerkartig organisierten Firmen, zu virtuellen Unternehmen und zur Umsetzung der Leitidee der lernenden Unternehmen weitergehen. Diese Entwicklungen schaffen neue Gegebenheiten für den einzelnen wie für die organisatorischen Strukturen, in denen er arbeitet. Konsequenterweise werden von den Mitarbeitern zusätzliche Qualifikationen gefordert. Sie betreffen neben dem fachlichen Know-how die Fähigkeit zur Beherrschung der entsprechenden Informations- und Kommunikationstechnologien, aber ebenso auch Fähigkeiten hinsichtlich der Identifikation von Partnern und zur Ausgestaltung der Zusammenarbeit in Netzwerken. All dies wird auch einen höheren Grad an Selbständigkeit erfordern und in diesem Umfeld noch mehr Kreativität und Agilität. Viele Leistungsreserven, die Mitarbeiter heute beispielsweise in ihrem persönlichen Umfeld dauernd unter Beweis stellen, müssen auf diese Weise für das berufliche Umfeld aktiviert werden.

Die volle Ausschöpfung der persönlichen Fähigkeiten und Möglichkeiten wird im Umfeld der Telearbeit den Grad der Selbständigkeit der Arbeit erhöhen. Dabei ist die Spannung zwischen dem Handeln als Einzelkämpfer und einer starken Teamorientierung aufgabenspezifisch zu lösen. Die neuen Formen der Arbeit, vor allem die Telearbeit, sind geeignet gesellschaftlich auszugestalten und abzusichern; hier sind die Sozialpartner gefordert. Auch gilt es, diese Instrumente so zu nutzen, daß eine zunehmende Isolation des einzelnen vermieden wird. Richtig genutzt kann diese Technik ja auch eine Vielzahl von neuen Kontaktmöglichkeiten eröffnen und die Koordination des Miteinanders mit anderen Personen erleichtern. In alle diese Punkte ist im Sinne von „Human Capital" zu investieren; entsprechende Erfahrungen sind über die Zeit aufzubauen.

Der hiermit gleichzeitig verbundene Prozeß des Übergangs zu virtuellen Unternehmen, zu sogenannten Cyberfirmen, verlangt ebenfalls Veränderungen. Insbesondere ist die Koordinierung und Wechselwirkung mit Mitarbeitern, aber auch mit Partnern, Kunden und Zulieferfirmen in geeigneter Weise auszugestalten. Hier ist abzusehen, daß in der Zukunft das Thema des Vertragsmanagement eine große Rolle spielen wird. Viel Energie wird darauf gerichtet werden müssen, Aufgaben adäquat zu beschreiben, Ergebnisabnahmen geeignet auszugestalten usw.

In diesem Umfeld werden sich auch die Beziehungen zwischen Mitarbeitern und Vorgesetzten verändern. Vorgaben, Erwartungen und die Abnahme der Ergebnisse sind anders zu gestalten als bisher. Aus Sicht der Firmen ist insbesondere zu beachten, daß Wissen zukünftig verstreuter vorliegen wird und man stärker, auch durch geeignete formale Methoden, darauf achten muß, ein „Corporate-Memory" auch in diesen sich rasch verändernden, „atmenden" Strukturen aufzubauen. Die hiermit eingehende Formalisierung und damit Explizitmachung des Know-hows wirft ihrerseits neue Sicherheitsfragen auf, um so mehr, als in einem solchen Umfeld ja Zugriffe von außen unvermeidbar sind. Das Thema Sicherheitsmanagement wird in diesem Umfeld deshalb ebenfalls an Bedeutung gewinnen.

Insgesamt entwickeln sich Firmen und die dort ausgeprägten Strukturen, ebenso wie die Mitarbeiter, noch stärker hin zu einer größeren Dynamik und Flexibilität im Rahmen eines permanenten Lernens, was als Anpassung an die zunehmende weltweite Innovationsgeschwindigkeit auch nicht zu vermeiden ist. Multimedia und Datenautobahnen in Form von Intranetzen und Internetzen übernehmen in diesem Kontext zunehmend die Funktion eines Nervensystems des Unternehmens. Dabei gehen viele Kompetenzen und Erfolgsfaktoren zunehmend in die Dynamik der Vernetzung über, sind nicht mehr explizit zu machen, was interessante Entwicklungen hin zu fraktalen Strukturen fördert. Damit werden regel- und anweisungsbasierte Lösungen als ausschließliches Beschreibungselement der Unternehmensorganisation abgelöst durch flexiblere Regelungsformen, die mehr Autonomie der Mitarbeiter und Arbeitsgruppen beinhalten.

Die Forderung nach geeigneten globalen Rahmenbedingungen

Parallel zu den erläuterten Entwicklungen auf der Firmenebene müssen auch die weltwirtschaftlichen Rahmenbedingungen ins Blickfeld genommen werden. Hier sind ebenfalls entscheidende Schritte zu leisten, wenn ein weltweites „Jeder gegen Jeden" und soziale und ökologische Abwärtsspiralen vermieden werden sollen. Aufgrund des Gesagten erfordert ein stabiler Weg in eine nachhaltige Welt wahrscheinlich eine erhebliche Dematerialisierung durch technischen Fortschritt bei gleichzeitiger Vermeidung von Rebound-Effekten. Dies führt direkt zu der Frage nach geeigneten Rahmenbedingungen der Weltwirtschaft. Hier findet heute auf einem weitgehend nicht ökologisch und sozial organisierten Weltmarkt (gemäß GATT/WTO) ein Ringen um geeignete Gesellschaftssysteme statt, wobei die USA, Asien und Europa ganz unterschiedliche Ansatzpunkte einbringen.

Die Bewältigung der Zukunft wird dabei im wesentlichen in einer geeigneten Austarierung des Spannungsverhältnisses zwischen Wirtschaft, sozialen Anforderungen und der Umwelt bestehen müssen. Aufgrund der Globalisierung des Wirtschaftens wird dieses Austarieren auf Dauer allerdings nicht mehr national oder regional, sondern nur noch global zu bewältigen sein. Geht man von der europäischen Gesellschaftstradition aus, die im Gegensatz etwa zu den USA Slums um die eigenen Großstädte bis heute hat vermeiden können, dann sind die entscheidenden Fragen insofern Fragen hinsichtlich der weltweiten Durchsetzung sozialer und ökologischer Mindeststandards, die eine Ausrichtung des Wirtschaftens hin zu einer nachhaltigen Entwicklung, aber auch zu einem sozialen Miteinander – und damit zu einer weitergehenden Verwirklichung der Menschenrechte – bringen werden. Natürlich erfolgen solche Standards partiell zu Lasten des insgesamt – kurzfristig – erreichbaren Produktionsumfangs, verbessern dafür aber die Lebensqualität, den Grad an erreichbarer sozialer Gerechtigkeit, die ökologische Situation und insgesamt die Durchsetzung der Menschenrechte. Offensichtlich sind Lösungen der angedeuteten Art, die endlich auch zu einer Umkehrung der Trends in der Bevölkerungsentwicklung führen sollten, nur denkbar, wenn sie auch weltweit und fair finanziert werden, z. B. über Mechanismen der internationalen Zusammenarbeit wie Umweltzertifikate, Ausbildungshilfen, Maßnahmen des Joint Implementation zwischen Nord und Süd. Eine gedeihliche Zukunft ist nur im Rahmen weltweiter Lösungen, im Rahmen von Vereinbarungen zwischen Nord und Süd, Ost und West erreichbar, und diese werden letztlich allen Menschen auf diesem Globus eine positive Perspektive versprechen müssen. Eine globale, soziale und ökologische Marktwirtschaft bietet für diese Zielsetzung einen sinnvollen Ansatzpunkt.

Die Verantwortungsfragen

Die Dimension der sich vollziehenden und der noch zu erwartenden globalen Veränderungen wirft Fragen nach der Verantwortung auf: Welche Verantwortung hat ein einzelner in dieser schwierigen Lage? Wie ist diese Verantwortung positioniert? Was kann man als einzelner angesichts dieser globalen Herausforderung tun? Dabei ist klar, daß das Ethos der einzelnen und ihre Bereitschaft zum Mittragen der notwendigen Veränderungen die wichtigste Voraussetzung überhaupt zur Bewältigung der vor uns liegenden Herausforderungen bildet (Human Capital). Die Standardantwort darauf ist in unserer Gesellschaft stereotypisch und wenig greifbar, läuft aber immer auf einen diffusen Appell an die Verantwortung des einzelnen hinaus. Wir haben meiner Ansicht nach so etwas wie ein „Political-Correctness"-Syndrom der permanenten Betonung der Verantwortung des einzelnen. Ich persönlich glaube demgegenüber, daß die Verantwortung geteilt ist. Sie ist geteilt zwischen den einzelnen Personen und den gesellschaftlichen Strukturen, in denen sie leben, also den größeren Organismen, den Superorganismen, in die der einzelne eingebettet ist. Die Leistungsfähigkeit bzw. Adäquatheit solcher übergeordneter Systeme läßt sich dabei in einem gewissen Umfang operationalisieren, z. B. über die Vermeidung von Leid und Schäden. Es liegt insofern sehr viel Verantwortung darin, wie ein Unternehmen organisiert ist, wie ein Staat organisiert ist, wie die Weltwirtschaft organisiert ist, und systematische Fehler in der Organisation eines Staates oder des Weltwirtschaftssystems kann man nicht auf der Ebene des einzelnen durch dauerndes Einfordern der Verantwortung des einzelnen kompensieren. Um es noch deutlicher zu machen: Für die heutigen Probleme in Bosnien ist der normale Bosnier nur begrenzt zuständig. Er agiert dort vielmehr unter sehr schwierigen Rahmenbedingungen, die ihm im Einzelfall ein Verhalten aufzwingen, das er selbst verabscheut, aber realisieren muß, um zu überleben. Die Verantwortung liegt damit primär bei den Rahmenbedingungen; auf nachfolgenden Ebenen liegen nachfolgende Verantwortungsdimensionen, und das schließt den einzelnen mit ein. Zugleich besteht bei dem einzelnen somit in besonderem Maße die Verantwortung, gemeinsam mit anderen im Rahmen der eigenen Einflußmöglichkeiten daran zu arbeiten, daß die Rahmenbedingungen stimmen. Bei uns wird häufig so getan, als wären die Rahmenbedingungen keine variable Größe, als wären diese sozusagen „vom Himmel gefallen". Die Rahmenbedingungen bilden aber die wichtigste politische Gestaltungsaufgabe. Denn jeder von uns muß zunächst einmal unter den Rahmenbedingungen agieren, wie sie sind. Und das heißt beispielsweise auch, daß wir im Moment alle die permanente Beschleunigung der Innovationsprozesse akzeptieren, ja geradezu nutzen und selber vorantreiben müssen, damit wir als Staat oder als Firma auf dem Weltmarkt überhaupt im Spiel bleiben, damit wir überhaupt dabei bleiben, damit wir also zunächst einmal ökonomisch überleben, selbst wenn wir das Tempo eigentlich als zu hoch ansehen.

Das darf uns aber nicht daran hindern, gleichzeitig darüber nachzudenken, wie wir weltweit zu besseren Strukturen kommen, bei denen dann die Beschleunigung überall nicht mehr so groß ist – und sein muß – wie heute. Wir müssen im Moment auch bei unserem wirtschaftlichen Handeln in massivem Umfang Ressourcen verbrauchen und die Umwelt belasten. Aber das darf uns nicht daran hindern, daran zu arbeiten, daß es irgendwann weltweit Rahmenbedingungen geben wird, unter denen wir alle nicht mehr soviel Ressourcen verbrauchen (müssen) wie heute. Das heißt also, daß wir unsere Rolle im System und außerhalb des Systems permanent geschickt ausdifferenzieren und genau aufeinander abstimmen müssen. Das ist die eigentliche ethische Herausforderung, und das heißt im Normalfall auch, daß gerade Personen mit Macht und Einfluß auch dann, wenn sie natürlich überwiegend ihrem Tagesgeschäft nachgehen und dieses erfolgreich betreiben müssen, sich dann ihrerseits in einem gewissen Umfang auch der Frage widmen müssen, wie wir insgesamt als Gesellschaft weiterkommen und wie wir in ganz anderen Bereichen, die nicht unmittelbar mit der eigenen Arbeit zusammenhängen, die erforderlichen Veränderungen bewirken können. Tatsächlich ist das heute eine der großen ethischen Herausforderungen, und nur dann, wenn wir hier alle unseren Beitrag leisten, haben wir noch eine Chance, die vor uns liegenden Herausforderungen zu bewältigen.

Die Frage ist dann, was wir tun können, um eine andere Welt zu bauen, in der nicht mehr der Zwang zur sozialen Abwärts-Anpassungsspirale in Richtung auf USA-Verhältnisse besteht. Ich meine, hier müssen wir dringend in die internationale Offensive gehen. Da passiert bis heute viel zu wenig. Wir müssen vor allen Dingen auch die EXPO 2000 als Chance nutzen, um eine Antwort auf die weltweiten Herausforderungen zu formulieren, die anders ist als die in den USA verfolgte Politik. Dies sollte eine Antwort sein, die in Richtung auf eine globale, soziale, ökologische Marktwirtschaft zielt. Die Durchsetzung von Sozial- und Ökostandards ebenso wie angemessener Besteuerungsmöglichkeiten von hohen Gewinnen, Vermögen und Einkommen im Rahmen globaler Lösungen spielt dabei eine Schlüsselrolle.

Literatur

DAHLMANNS, G., ECKART, S., HORMANN, J., PESTEL, R., RADERMACHER, F. J., SCHMIDT-BLEEK F., One World – one Future! Sustainability is no longer divisible, EXPO 2000 – Thematic Orientation, Februar 1996.

GREINER, CH., RADERMACHER, F. J., ROSE, TH., Contributions of the Information Society to Sustainable Development, in: Report for the European Commission, Dezember 1995.

MORATH, K., PESTEL, R., RADERMACHER, F. J., Die Überbevölkerungssituation als Herausforderung: Robuste Pfade zur globalen Stabilität, in: Welt im Wandel – Wege zu dauerhaft-umweltgerechtem Wirtschaften (Morath, K., ed.), Frankfurter Institut – Stiftung Marktwirtschaft und Politik, 1996, S. 89 – 111.

RADERMACHER, F. J., Innovationsmanagement – Management of Change: Überlegungen zur Bewältigung anstehender weltweiter Herausforderungen im technischen und gesellschaftlichen Bereich, in: IBM-Nachrichten 45, Heft 321, 1995, S. 56 – 65.

RADERMACHER, F. J., Und sie bewegt sich noch – Die Welt im Jahr 2050. Vortrag anläßlich der Rotary Distriktkonferenz, Ulm, 27. Mai 1995 und in: Der Rotarier Heft 4, 1996, S. 21 – 33.

RADERMACHER, F.J., Moderne Informationstechnologien: Internationale Konkurrenz der Ausbildungssysteme und die Herausforderung einer Verschlankung der Hochschulen. Beitrag zur

Learntec 95, Karlsruhe, 7.-10. November 1995, in: Beck, U., Sommer, W., (eds.), Learntec 95, 1996, S. 417 – 431.

RADERMACHER, F. J., Die Informationsgesellschaft: Langfristige Potentiale für eine nachhaltige Entwicklung und die Zukunft der Arbeit. Gekürzte Fassung, in: „Die globale Informationsgesellschaft als Chance", Oracle Welt 02/96, 1996, S. 36 – 39.

Unternehmen der Zukunft

Virtuelle Unternehmen im wirtschaftsglobalen Kontext

Manfred Perlitz

Das Unternehmen der Zukunft muß sich einer Reihe neuer Herausforderungen stellen. Besonders bedeutsam sind in diesem Zusammenhang die Globalisierung bzw. Regionalisierung des Wettbewerbs, die unterschiedlichen Marktentwicklungen in der Welt, der Zugang zu neuen Technologien und eine neue Machtverteilung in der Welt.

Globalisierung und Regionalisierung des Welthandels

Mit der Entwicklung von Handelsblöcken (z. B. EU, NAFTA, ASEAN, Mercosur, APEC) konzentrieren sich die Handelsströme zunehmend auf bestimmte Regionen. Schon heute werden rund 55 Prozent des Welthandels innerhalb dieser Wirtschaftsblöcke abgewickelt, während der letzten 13 Jahre konnte hier eine Steigerung um 20 Prozent verzeichnet werden. Man muß heute mit dem Stichwort „Globalisierung der Weltmärkte" vorsichtig umgehen. Es wäre besser, von einer „Regionalisierung des Welthandels" zu sprechen. Mit der Konzentration auf regionale Wirtschaftsblöcke wird in Zukunft ein Druck für Unternehmen entstehen, sich stärker den regionalen Erfordernissen anzupassen. Als Ergebnis entsteht ein Bedarf nach regional ausgerichteten Produkt- bzw. Dienstleistungsinnovationen. Sogenannte „globale" Produkte werden sich sicherlich in Zukunft auf wenige Branchen reduzieren (z. B. Informations- und Kommunikationsbranchen, Luxusgüterbranchen, Flugzeugindustrie, Unterhaltungsindustrie). In diesem Zusammenhang sind aber auch Strategieinnovationen notwendig, die sowohl den lokalen Erfordernissen als auch den regionalen Wettbewerbsbedingungen Rechnung tragen.

Unterschiedliche Marktentwicklungen in der Welt

Die Welt teilt sich immer stärker in zwei Länderkategorien auf, die sich in ihrer demographischen Struktur dramatisch unterscheiden. Rund 20 Prozent der Weltbevölkerung werden immer reicher und führen zu einer überalterten demographischen Struktur. Gleichzeitig werden 80 Prozent der Weltbevölkerung immer ärmer, entwickeln sogenannte Jugendgesellschaften und verzeichnen zum Teil einen dramatischen Anstieg ihrer Bevölkerung. Die Abbildung 1 verdeutlicht, daß etwa 20 Prozent der Weltbevölkerung (Industriestaaten) heute über zwei Drittel der Kaufkraft in der Welt verfügen.

Diese globalen Entwicklungen erfordern für das Unternehmen der Zukunft ein Produkt- bzw. Dienstleistungsportfolio, das sich an diesen unterschiedlichen demographischen und ökonomischen Größen ausrichten muß. Märkte einer überalterten Überflußgesellschaft benötigen andere Produkte und Dienstleistungen als solche in Jugendgesellschaften, in denen z. B. über 50 Prozent der Bevölkerung jünger als 20 Jahre sind. Daneben stellt sich die Frage, ob das Innovationsvermögen von überalterten Gesellschaften überhaupt noch ausreicht, sich zukünftige Produkt- und Dienstleistungserfordernisse von Jugendgesellschaften vorstellen zu kön-

 Manfred Perlitz

nen. Das wird Unternehmen der Zukunft zwingen, ihre Innovationsstandorte in Jugendgesellschaften zu verlagern, wenn sie solche Märkte bedienen wollen. Als Ergebnis wird sich ein Split für die Innovationsstandorte ergeben: einerseits Innovationsstätten für Produkte und Dienstleistungen dafür „wie alte Menschen komfortabel ihren Lebensabschnitt genießen können", die in westlichen Industrieländern beheimatet sind, und andererseits Innovationsstandorte für Produkte und Dienstleistungen für Grundbedürfnisse (z. B. Essen, Wohnen, Kleidung), die in den entsprechenden Ländern mit Jugendgesellschaften anzusiedeln sind.

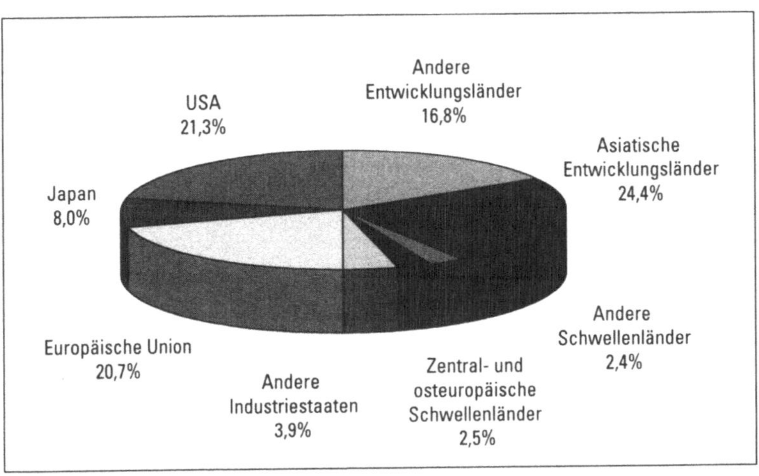

Abbildung 1: Kaufkraft der Welt
Quelle: IMF, World Economic Outlook, Mai 1996

Zugang zu neuen Technologien

Das 21. Jahrhundert wird den Unternehmen gehören, die im Innovationsbereich führend sind. Dabei reicht das Generieren neuer Ideen nicht aus. Nur solche Unternehmen werden in der Zukunft Erfolg haben, die es auch verstehen, diese neuen Ideen erfolgreich umzusetzen. Insbesondere die heutigen Informations- und Kommunikationstechnologien ermöglichen es Unternehmen, immer schneller an neues Wissen zu kommen, so daß die „Leadzeiten" neuer Ideen immer kürzer werden. „Time-to-Market" wird eine Schlüsselerfolgskomponente für das Unternehmen der Zukunft. So wird das Informationsmangement selbst zu einer „strategischen Waffe". Diese Entwicklung wird zudem dadurch unterstützt, daß die englische Sprache immer stärker zur Weltsprache wird und damit die Verbreitung von Wissen nicht mehr an Sprachbarrieren scheitert. Durch die Verlagerung von Produktions- und Forschungsstandorten in die unterschiedlichen Handelsblöcke beschleunigt sich ebenfalls der Prozeß der weltweiten Verbreitung neuer Technologien. Hinzu kommt, daß bestimmte Länder geistiges Eigentum nicht ausreichend rechtlich schützen. Das Unternehmen der Zukunft wird daher gezwungen sein, eine Kombination von Hard- und Software bei seinen Produkten und Dienstleistungen zu entwickeln, die eine Imitation erschweren.

Neue Machtverteilung in der Welt

Durch den Zusammenbruch der Sowjetunion bildet sich weltweit eine neue politische Machtverteilung heraus. Eine Schlüsselrolle nimmt dabei China ein, das sicherlich der größte Nutznießer des Zusammenbruchs der Sowjetunion ist. China hat bereits heute das Potential, im nächsten Jahrzehnt die zweite wirkliche Supermacht neben den USA zu werden. Diese Entwicklung wird das bestehende asiatische Gleichgewicht zerstören und zu einer völlig anderen geopolitischen Konstellation führen. Die Zukunft Asiens wird somit eng mit der Zukunft Chinas verbunden sein. Ein problemloser Übergang zu diesem neuen politischen, ökonomischen und militärischen Gleichgewicht in Asien ist dabei mehr als zweifelhaft. Insbesondere das Dreieck China, USA und Japan muß sich in dieser veränderten geopolitischen Konstellation neu orientieren. Nicht zu vergessen ist in diesem Zusammenhang, daß Rußland und Indien ebenfalls asiatische Länder mit langen Grenzen zur Volksrepublik China sind. Auch im Dreieck China, Indien und Rußland ist ein neues ökonomisches, politisches und militärisches Gleichgewicht zu suchen.

Was das zukünftige politische, militärische und ökonomische Gleichgewicht in Europa anbelangt, so wird dies in starkem Maße von der Entwicklung in Rußland geprägt. Insofern wird auch der Erfolg europäischer Unternehmen eher von der Entwicklung in Rußland als von der in Asien abhängen. Nur der nordamerikanische Wirtschaftsraum ist durch keine großen politischen und militärischen Instabilitäten gefährdet. Allerdings ergeben sich hier erhebliche soziale Konfliktpotentiale.

Das Unternehmen der Zukunft muß in dieser neuen geopolitischen Konstellation in unterschiedlichen Szenarien denken und darüber entscheiden, wieviel Geld es in Hochrisikoländern im Sinne von Venture Capital investieren will und wie viele Investitionen es in seinen bisherigen Märkten tätigen will. Investitionen in die Volksrepublik China oder in Rußland müssen heute als Venture-Capital-Investitionen betrachtet werden, die einem extrem hohen Risiko ausgesetzt sind. Dabei sind meines Erachtens – entgegen der gängigen Meinung – die Risiken in Rußland heute sicherlich niedriger als in China zu bewerten.

In diesem Zusammenhang ist es erstaunlich, daß sich in der Befragung von 1500 Topmanagern eine klare Präferenz für Asien als Investitionsstandort ergibt. Die Abbildungen 2 und 3 geben die Ergebnisse dieser Studie wieder. Hieraus wird ersichtlich, daß sich die Phantasie der Topmanager fast nur noch auf Asien konzentriert. Daß in Wirklichkeit der Realitätssinn größer ist als die Phantasie zeigt Abbildung 4, aus der hervorgeht, daß auch heute noch jeder zweite US-Dollar in Europa investiert wird und daß nur rund 18 Prozent der Direktinvestitionen der US-amerikanischen Unternehmen in den asiatisch-pazifischen Raum gehen.

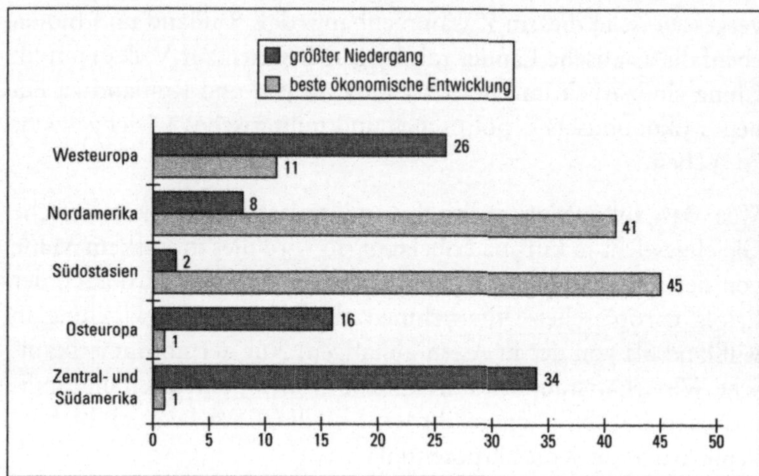

Abbildung 2: Befragung von 1500 Topmanagern westlicher Unternehmen nach der ökonomischen Bedeutung von Regionen
Quelle: 4th UPS Survey

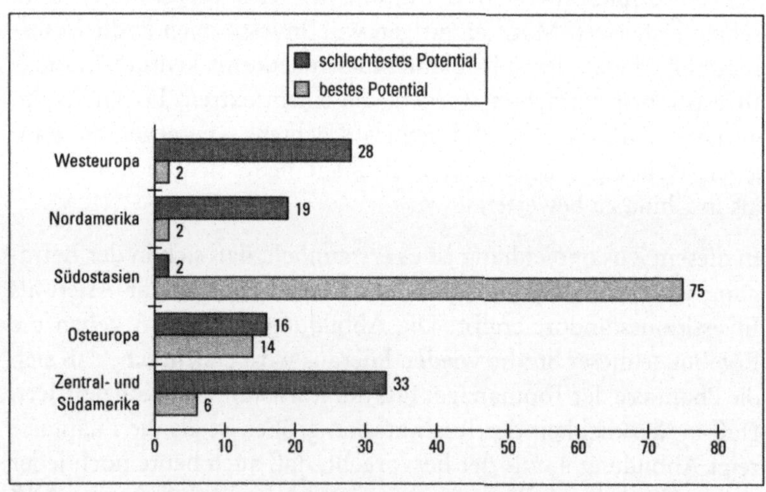

Abbildung 3: Befragung von 1500 Topmanagern westlicher Unternehmen nach dem Investitionspotential von Regionen
Quelle: 4th UPS Survey

76 Manfred Perlitz

	1992	1995
Asien-Pazifik	13,6%	17,7%
Kanada	20,9%	11,4%
Europa	44,5%	51,2%
Lateinamerika	13,6%	17,2%
Afrika	3,1%	0,9%
Mittlerer Osten	1,7%	1,1%
Andere internationale (hauptsächlich Erdöltanker)	2,6%	0,5%

Abbildung 4: Regionale Verteilung der Direktinvestitionen US-amerikanischer Unternehmen im Ausland; Quelle: Department of Commerce, Far Eastern Economic Review, Mai 1996

Innovationsorientierte Unternehmensführung

Die genannten Herausforderungen machen im Unternehmen der Zukunft Innovationen erforderlich, die ihrerseits wiederum ein Management des Wandels bedingen. Eine innovationsorientierte Unternehmensführung beinhaltet eine Reihe von neuen Denkansätzen, und zwar insbesondere das Denken in Netzwerkstrukturen, die Konzentration auf Kernkompetenzen, die Bedeutung der Kommunikation und Information als strategische Waffe, das Entwickeln von innovationsfördernden Organisations- und Controlling-Konzepten sowie ein Denken in globalen Zusammenhängen.

Denken in Netzwerkstrukturen

Wenn auch der Vergleich etwas vereinfacht, so kann doch heute festgestellt werden, daß große Unternehmen Umsätze erzielen, die höher sind als das Bruttoinlandsprodukt vieler Länder. Abbildung 5 gibt diese Gegenüberstellung von Unternehmensumsätzen und Bruttoinlandsprodukten von Ländern wieder. So erreicht z. B.

General Motors einen Weltumsatz, der höher ist als das Bruttoinlandsprodukt von mehr als 130 Ländern dieser Erde. Mitsubishi
erzielt einen Umsatz, der größer ist als das gesamte Bruttoinlandsprodukt der 80 ärmsten Länder dieser Welt. Internationale Unternehmen sind heute eine der wenigen Institutionen, die über ein
funktionierendes globales Netzwerk verfügen. Der globale Wettbewerb findet heute zunehmend zwischen diesen globalen Netzwerkstrukturen statt.

Unternehmensumsätze		Bruttoinlandsprodukte	
Mitsubishi	184.365	Österreich	183.530
Mitsui	181.519	Dänemark	137.610
Itochu	169.165	Indonesien	136.991
General Motors	168.829	Türkei	126.330
Sumitomo	167.531	Thailand	120.235
Marubeni	161.057	Südafrika	118.057
Ford Motors	137.137	Norwegen	113.527
Toyota Motor	111.052	Hongkong	104.731
Exxon	110.009	Ukraine	
Royal Dutch/Shell Group	109.834	Finland	

*Abbildung 5: Unternehmensumsätze im Vergleich zu den Bruttoinlands-
produkten ausgewählter Länder dieser Welt; Quelle: Fortune,
Global 500, 1995, Weltbank, The World Bank Atlas 1995*

Dabei müssen global tätige Unternehmen zunächst eine interne
Optimierung ihrer Netzwerke vornehmen, bevor sie mit anderen
Netzwerken konkurrieren können. Standortentscheidungen werden zukünftig weitgehend global ausgerichtet sein. Die Entscheidung der Entwicklung eines neuen Motors wird sofort zu einer
Standortentscheidung. So kann die Motorenentwicklung z. B. in
Deutschland, in Japan oder in den USA vorgenommmen werden.
Selbst wenn die Entwicklung in Deutschland erfolgt, bedeutet dies
noch lange nicht, daß der Motor auch in Deutschland produziert
werden muß. Zusätzlich konkurrieren dann die gleichen Standorte
nochmals miteinander. Selbst wenn der Motor in Deutschland

 Manfred Perlitz

produziert werden sollte, wird die Frage des optimalen Produktionsstandortes für das gesamte Auto relevant. So wird jedes Element der Wertschöpfungskette mit einer Standortfrage verbunden. Dieses globale Denken überlagert in dem Unternehmen der Zukunft die nationalen Interessen innerhalb eines Konzerns. Management des Wandels bedeutet in diesem Zusammenhang die Förderung des Denkens in globalen Gesamtzusammenhängen. Erst wenn auf diese Weise eine Gesamtoptimierung des Netzwerkes vorgenommen wurde, kann mit einem Volkswagen- oder Toyota-Netzwerk weltweit konkurriert werden.

Konzentration auf Kernkompetenzen

In den Netzwerkstrukturen müssen die einzelnen Unternehmen „Centers of Excellence" werden, um im internen Wettbewerb bestehen zu können. Soziale, ökonomische, rechtliche und politische Rahmenbedingungen des Umfeldes der Unternehmen können die Bildung solcher „Center of Excellence" hemmen oder fördern. Damit gewinnt die Standortdebatte für den Erfolg des Unternehmens im Netzwerk eine zentrale Bedeutung. Daneben müssen die einzelnen Unternehmen in dem Netzwerk ihre eigenen Kernkompetenzen entwickeln und mit denen anderer Unternehmen im gleichen Konzern vergleichen. Auf Basis dieser Netzwerke können sich dann verschiedene Unternehmen für bestimmte Aufgaben zu virtuellen Unternehmen zusammenschließen. Diese Zusammenschlüsse können nun innerhalb eines Netzwerkes mit anderen, auf die gleiche Art und Weise gebildeten virtuellen Unternehmen konkurrieren.

Für das Unternehmen der Zukunft bedeutet dies, daß es seine strategischen Wettbewerbsvorteile innerhalb des Netzwerkes eingehend analysieren muß, um Kernkompetenzen zu bestimmen. Ohne die Entwicklung solcher Kernkompetenzen verliert es seine netzwerkinterne Wettbewerbsfähigkeit und damit auch seine Daseinsberechtigung. Darüber hinaus werden Standortvorteile relevant, die es aus seinem Umfeld erzielen kann. In diese Umfeldanalyse sind Lieferanten und Kunden genauso miteinzubeziehen wie die lokale Infrastruktur (z. B. Universitäten, Kommunikationsstrukturen, Transportsysteme, lokale Verwaltungsstrukturen). Eine Konzentration auf diese Kernkompetenzen ist die Folge dieser strategischen Ausrichtung. Management des Wandels bedeutet dann das Denken in virtuellen Strukturen und der permanenten Erhaltung oder der Entwicklung von Kernkompetenzen.

Kommunikation und Information als strategische Waffe

Die beschriebenen Netzwerkstrukturen erfordern eine erhebliche Kommunikations- und Informationsleistung der Unternehmen. Ohne eine Optimierung der Kommunikation und Information ist eine Netzwerkstruktur nicht effizient zu führen. Network-Computing ist damit eine Basisvoraussetzung für das Unternehmen der Zukunft. Unternehmen, die es besser verstehen als andere, die neuen Kommunikations- und Informationstechnologien einzusetzen, erlangen in diesem Zusammenhang strategische Wettbewerbsvorteile, die nur sehr schwer zu kopieren sind. Insbesondere die intelligente Kombination von Hard- und Software um Produkte und Dienstleistungen generieren in aller Regel lang anhaltende Kernkompetenzen, die den zukünftigen Erfolg des Unternehmens sichern. Beispiele für den Einsatz der Kommunikations- und Informationstechnologie als strategische Waffe liefern Unternehmen wie Benetton, American Hospital Supply oder UPS.

 Manfred Perlitz

Innovationsfördernde Organisations- und Controlling-Konzepte

Die bestehenden Organisations- und Controlling-Konzepte sind in der Regel nicht innovationsfördernd. Das Unternehmen der Zukunft muß deshalb neue innovationsfördernde Organisations- und Controlling-Konzepte entwickeln und einsetzen. Insbesondere müssen Kostenrechnungssysteme entwickelt werden, die eine unterschiedliche Behandlung von neuen und alten Produkten und Dienstleistungen ermöglichen. Auch die bestehenden Konzepte der strategischen Planung müssen im Hinblick auf ihre Wirkungen auf Innovationen neu überdacht werden. Kennzahlen, die die Innovationsleistung von Unternehmen bestimmen und fördern sind notwendig, um ein Gegengewicht gegenüber bestehenden Kennzahlensystemen zu bilden, die aus finanzwirtschaftlicher Sicht eine Unternehmenssteuerung ermöglichen. Auch globale Steuerungskonzepte, wie z. B. Shareholder-Value-Ansätze oder Wirtschaftlichkeitsanalyse-Methoden müssen in diesem Zusammenhang auf ihre Eignung als innovationsfördernde Analyseinstrumente hinterfragt werden.

Darüber hinaus müssen Controlling-Konzepte zur Steuerung von globalen Netzwerkstrukturen entwickelt werden, die helfen sollen, Unternehmen zu führen, die in unterschiedlichen Kulturkreisen arbeiten. Diese unterschiedlichen Kulturkreise beeinflussen zum Teil auch erheblich die Unternehmensskulturen. Die Frage nach der richtigen Unternehmensverfassung (Corporate Governance) wird in solchen Netzwerkstrukturen auch von kulturellen Gesichtspunkten geprägt. Inwieweit eine kulturell global orientierte Unternehmensverfassung überhaupt möglich ist, blieb bisher ungeklärt. Ohne eine solche Übereinkunft sind jedoch effiziente Organisations- und Controlling-Konzepte nicht umzusetzen.

Denken in globalen Zusammenhängen

Das Management, aber auch alle übrigen Mitarbeiter müssen lernen, in globalen Zusammenhängen zu denken und erkennen, daß weltweit ein Innovationswettbewerb besteht. Nur Unternehmen, die Produkt-, Dienstleistungs-, Prozeß- und/oder Strategieinnovationen erfolgreich durchführen, können in diesem globalen Wettbewerb der Netzwerkstrukturen bestehen. Dazu ist es notwendig, daß Unternehmen der Zukunft noch stärker als bisher in Humankapital investieren, um damit die Voraussetzungen für ein Management des stetigen Wandels zu erreichen. Dazu sind einerseits Überzeugungskraft, globale Visionen und Szenarien notwendig, andererseits aber auch der Wille des Managements, Veränderungen im Unternehmen vorzunehmen. So wird es für die Mitarbeiter in solchen Netzwerkstrukturen sicherlich nicht einfach sein, den eigenen Arbeitsplatz permanent gegen andere Mitarbeiter im eigenen Konzern verteidigen zu müssen. Die große Gefahr besteht dabei darin, daß der interne Wettbewerb soviel Kraft verlangt, daß dem externen Wettbewerber und dessen Netzwerkstruktur zu wenig Aufmerksamkeit geschenkt wird. Darüber hinaus muß aber auch sichergestellt werden, daß dabei die Kundenbeziehungen nicht zu kurz kommen. Hier ein Gleichgewicht zwischen der Optimierung interner Netzwerkstrukturen, externer Konkurrenzbeziehungen und den Stakeholdern des Unternehmens – Aktionäre, Kunden, Lieferanten, Gesellschaft, Staat, Mitarbeiter usw. – in einem sich wandelnden Umfeld zu finden, wird die Herausforderung an das Unternehmen der Zukunft sein. Auf den angesprochenen Gebieten wird darüber entschieden, welchen Unternehmen das 21. Jahrhundert gehören wird.

 Manfred Perlitz

Das interaktive Unternehmen

„Network Computing" und „Neue Medien" im Geschäftsprozeß

Helmut Holst

„Network Computing" und digitale „Neue Medien" bewirken eine zunehmende interaktive Verflechtung des Unternehmens mit seinen Kunden und Partnern. Ein Unternehmen muß zukünftig als System gesehen werden, das in Echtzeit mit vielen anderen Systemen einer immer komplexer werdenden Umwelt vernetzt ist. Die dafür erforderlichen Denkmuster kann die etablierte Betriebswirtschaftslehre nicht liefern. Im folgenden werden Hypothesen und Denkbilder skizziert wie sie im Rahmen der Unternehmensberatung in verschiedenen Kundenprojekten entwickelt wurden. Sie basieren u. a. auf der Transaktionskosten-Ökonomie und der allgemeinen Systemtheorie.

Revolutionspotential des „Network Computing"

„Network Computing" bedeutet eine Revolution, deren Auswirkungen mit denen der Einführung der Eisenbahn vergleichbar sein werden. Rein technisch betrachtet bezeichnet Network Computing zunächst nur eine weitere Innovationskurve in der Informationsverarbeitung. Nach Host-, PC- und Client/Server-basierten Systemtechnologien rückt nun das Netz selber – als die Verbindung von

Systemen, Daten und Anwendungen und damit von Unternehmen, Arbeitsgruppen und Endbenutzern – in den Mittelpunkt der Betrachtung. Network Computing ermöglicht neue technische Systemzusammenhänge und eröffnet so neue Anwendungsfelder.

Die eigentliche Bedeutung von „Network Computing" erschließt sich aber erst, wenn man es unter dem Blickwinkel einer „Medienrevolution" betrachtet. Die Digitalisierung erlaubt das Zusammenwachsen der bisher getrennten Medien

▶ Datenverarbeitung,

▶ Telekommunikation,

▶ Audio- und Video-Kommunikation in Rundfunk und Fernsehen

zu einem einzigen „Neuen Medium".

Der digitale 0/1-Code bedeutet darüber hinaus das Zusammenfallen von

▶ Produktionsmitteln,

▶ Speichermitteln,

▶ Übertragungsmitteln,

▶ Transaktionsmitteln (z. B. von Deutsch zu Englisch).

Alle denkbaren Inhalte

▶ Sprache, Musik, Geräusche,

▶ Daten, Texte,

▶ Grafiken, Bilder,

▶ Video,

▶ Computer-generierte Animation

können multi-medial abgebildet, bearbeitet, gespeichert und übertragen werden.

Der gleiche 0/1-Code erlaubt als „Hyper-Medium" auch noch

▶ programmierte IF/THEN gesteuerte Abläufe,

▶ nicht lineare Navigation in den Inhalten,

▶ Selektion der Inhalte.

Network Computing bedeutet, daß die Vereinigung von Digitalisierung und Elektronik, die bisher im Computer oder anderen Endgeräten stattfand, nun auch im Zwischenraum zwischen den Geräten stattfinden kann und diesen verschwinden läßt. Die eigentliche Revolution beginnt gerade jetzt mit der Einführung von sogenannten Breitbandnetzen. Diese Breitbandnetze mit Übertragungsgeschwindigkeiten von über 100 Millionen Bit in der Sekunde werden bis zum Konsumenten reichen. Die Digitalisierung des Fernsehens zusammen mit Satelliten- bzw. Glasfasertechnologien erlaubt die direkte Einbindung jeden Haushalts. Damit ist ein universelles Kommunikationsmedium im Entstehen. Es weist Eigenschaften auf, die es allen bisherigen Medien überlegen macht:

Interaktivität

▶ in Echtzeit

▶ in der aufgeschobenen Zeit: durch die Möglichkeit der Pufferung und Zwischenspeicherung

Interoperabilität

▶ System-mit-System

▶ Anwendung-mit-Anwendung

▶ Anwendung-mit-Nutzer

Aterritorialität

▶ räumlich: globale Reichweite

▶ zeitlich: gleichzeitige Verfügbarkeit von Vergangenheits-, Gegenwarts- und simulierten Zukunftsdaten

Virtuelle Realität

▶ digitale Modell-Welten

▶ Computer-Animation

Die Auswirkungen dieser „Info-Bahn" auf Wirtschaft und Gesellschaft werden mit den Auswirkungen der Eisenbahn vergleichbar sein. Die Eisenbahn läutete das Industrielle Zeitalter mit Massenproduktion und Massendistribution ein. Mit dem damit verbundenen Wandel waren erhebliche gesellschaftliche und politische Krisen verbunden. Nur einige der bereits existierenden Unternehmen konnten die Veränderung in Nischen überleben.

Nach welchem Muster und mit welcher Dynamik wird die „Informationsrevolution" ablaufen? Wie müssen die Überlebenskonzepte für das heutige Unternehmen aussehen?

Betriebswirtschaftliches Umdenken

Die traditionelle betriebswirtschaftliche Doktrin bietet keine ausreichenden Handlungsmuster mehr für die kommende Phase der Instabilität.

Die herrschende Betriebswirtschaftslehre stellt die Ausrichtung des Unternehmens auf den „Markt" in den Mittelpunkt ihrer Betrachtung.

Das traditionelle Schema der Unternehmensausrichtung:

▶ Strategy: im Sinne von Wettbewerbsstrategien

▶ Structure: im Sinne von Strategie-adäquater Organisation

▶ Conduct: im Sinne Strategie-adäquater Handlungen

▶ Performance: im Sinne von Profitabilität bezogen auf die Marktleistung

eignet sich jedoch nur bedingt für eine Betrachtung der Veränderung der Kommunikationskanäle eines Unternehmens.

Ein Unternehmen kann auch gesehen werden als ein Netzwerk von Kommunikation, das über Kommunikationsnetze mit Märkten und Geschäftspartnern verwoben ist. Wenn durch Interaktion in Echtzeit bestehende Zwischenräume und Zwischenzeiten verschwinden, wird zwangsläufig auch sein Raum-/Zeit-Territorium in Frage gestellt, das alleine seine Existenz begründete.

Für eine turbulente Übergangszeit sind andere strategische Überlegungen erforderlich, um dem Unternehmen sein Überleben zu sichern. Niemand kann heute vorhersagen, wie und mit welcher Dynamik die Informationsrevolution ablaufen wird. Visionen über das lebensfähige Unternehmen sind gefragt. Sie entstehen durch „Brechungen" wie in einem Prisma. Die relativ überschaubare technologische Entwicklung von „Network Computing" und „Neuen Medien" muß gebrochen werden mit solchen für den Betriebswirt fremden Bereichen wie

▶ Medientheorie,

▶ System- und Chaostheorie,

▶ Kommunikations- und Kognitionswissenschaft,

um zu einem Bild des „Neuen Unternehmens" in neuen Wettbewerbsfeldern zu gelangen.

Unternehmensplaner und Unternehmensberater dürfen keine Branchen- und Technologiespezialisten mehr sein. Sie müssen in mehreren Kulturen zu Hause sein.

Der Einfluß von „Network Computing" auf das Unternehmen kann nur mit Hilfe der Transaktionskosten-Ökonomie verstanden werden. Transaktionskosten lassen sich definieren als alle Anstrengungen zur Überwindung von Informations- und Kommunikationshürden bei der

▶ Anbahnung,

▶ Abwicklung,

▶ Kontrolle

von Geschäftsvorfällen einer arbeitsteiligen Leistungserstellung. Sie sind die Kosten des Produktionsfaktors „Organisation". Sie bestimmen die interne Organisationsstruktur des Unternehmens, sein Produktionsprogramm und seine Leistungstiefe innerhalb der Wertschöpfungskette einer Branche. Sie geben die ökonomische Logik für

▶ die Selbsterstellung von Leistungen,

▶ den Kauf von Ressourcen und Leistungen,

▶ das Auslagern von Leistungen,

▶ das Eingehen von Kooperationen.

Network Computing führt zu einer gravierenden Veränderung der Transaktionskosten-Struktur in jeder bestehenden Wertschöpfungskette. Es ermöglicht neue inner- und interorganisatorische Zusammenhänge:

Network Computing als „verbindende" Technologie

▶ ermöglicht sequentielle Verknüpfungen innerhalb einer Wertschöpfungskette

▶ beeinflußt die Arbeitsteilung und Spezialisierung

Network Computing als „bündelnde" Technologie

▶ ermöglicht additive Verknüpfungen

▶ ermöglicht die Bündelung von Ressourcen und Produkten zu neuen Angeboten

Network Computing als „vermittelnde" Technologie

▶ ermöglicht die gemeinsame Nutzung des elektronischen Kanals

▶ erschließt „Netzwerk Externalitäten":
„Je mehr Nutzer, desto größer der Nutzen für jeden."

▶ ermöglicht die gemeinsame Ansprache von Kunden

Für jedes Unternehmen stellt sich die Frage nach seiner künftigen Rolle in den sich neu ordnenden Wertschöpfungsketten. Neben die Frage seiner Marktausrichtung mit Kostenposition und Produktdifferenzierung tritt nun die Frage seiner Machtposition und Kompatibilität bei der Ausrichtung auf die elektronischen Kanäle.

Der Zerfall bestehender Strukturen innerhalb der Wertschöpfungsketten bewirkt, daß neben den etablierten Märkten neue Formen von „Markt-Machern" entstehen. In einem „Viele-zu-Viele"-Environment – für das das heutige Internet ein Beispiel ist – werden zwangsläufig

▶ Informations-Börsen,

▶ Navigations-Services,

▶ Such-Services,

▶ Multi-Funktions-Integratoren

entstehen. Diese neuen „Spieler" treten in Konkurrenz zu den bisherigen und werden eine neue Wettbewerbsdynamik auslösen.

Ein Unternehmen muß entscheiden, ob es sich selber aktiv als „Integrator", „Bündeler" oder „Vermittler" etablieren kann, um so die neu entstehenden Strukturen innerhalb einer Wertschöpfungskette mitzugestalten, oder ob es kampflos seine „go-to-market"-Strategie diesen neuen Strukturen unterordnet.

Wachsende Informationsintensität

Network Computing führt zu einer wachsenden Informationsintensität von Geschäftsprozessen und Produkten in jeder Branche. Besonders betroffen werden jedoch die Branchen sein, in denen Produkte und Prozesse aus „reiner" Information bestehen. Dort, wo Geschäftsprodukt und Geschäftsprozess zusammenfallen und wo die Wertschöpfung des Unternehmens künftig „uno actu" im Dialog mit dem Kunden entsteht, muß sich zwangsläufig eine besonders explosive Situation ergeben.

Dies wird beispielsweise in der Finanz- und Versicherungswirtschaft, sowie Informations- und Medienwirtschaft der Fall sein.

In diesen Branchen kommt es zu dramatisch wachsenden Größen- und Breitenvorteilen. Network Computing löst hier eine Tendenz zu

▶ Zentralisation,

▶ Aggregation,

▶ horizontaler und vertikaler Integration

aus. Neue Formen von multifunktionalen Dienstleistern werden die bisherigen Branchengrenzen sprengen. Je niedriger die Transaktionsfriktionen sein werden, desto stärker wird die Sogwirkung in größere Unternehmensverbände und in die Zentralisation werden.

 Helmut Holst

In den sogenannten „produktionsintensiven" Branchen, wie Grundstoff-, Prozeß- und Fertigungsindustrie wird es umgekehrt sein. Die verbesserten Transaktionsbedingungen verstärken hier die Tendenz zur

▶ Dezentralisation,

▶ Fragmentierung,

▶ Disaggregation

der Wertschöpfungsketten. Neue Formen von virtuellen Firmen und Branchen-Communities bilden den Kitt, der die real auseinanderfallenden Strukturen zusammenhält.

Branchen, in denen die „Informationslogistik" die eigentliche Wertschöpfung steuert, wie Transport und Touristik oder Handel und Distribution, stehen in der Mitte dieser gegensätzlichen Entwicklung. Sie müssen die Vorteile kleinerer flexibler Unternehmenseinheiten auf der Seite der materiellen Wertschöpfung in Balance bringen mit den ständig wachsenden Größenvorteilen auf der Seite der elektronischen Integration.

Informationswert des Geldes

Der Kampf um das „Elektronische Geld" ist ein Beispiel für den sich abzeichnenden „Informationskrieg". Digitales Geld ist reine Information. Es zeichnet sich u. a. dadurch aus, daß es mit jeder anderen digitalen Information wie z. B. Kundendaten und Produktdaten beim Kauf einer Ware verknüpfbar ist.

Diese Daten stehen dem Verkäufer bei künftigen Verkaufsvorgängen zur Verfügung. Er kann Bonität und Profitabilität des Kunden besser einschätzen. Er kann auf dessen individuelle Wünsche und Bedürfnisse eingehen. Er kann dem Kunden individuelle Konditionen anbieten. Das Geld ist das Medium, mit dem sich für ihn alle kundenrelevanten Informationen in Beziehung setzen lassen.

Der „Informationswert" des Geldes ist für ihn also höher als der rein „materielle" Wert, der den Gegenwert der gekauften Ware darstellt. Der Informationswert steigt, je umfangreicher und wichtiger die Verknüpfungen mit anderen Informationen sind. Diese Informationen für Dritte zu sammeln und bereitzustellen wird zu einem immer lukrativeren Geschäft, das keine Branchen- und Ländergrenzen kennt. Um diesen „Informations-Mehrwert" muß zwangsläufig ein Kampf entbrennen, der in Wirklichkeit ein Kampf um die Kenntnis der Kunden und ihrer Verhaltensprofile ist.

In diesem Kampf treten viele gegeneinander an: Banken, Kreditkartenunternehmen, Handelsketten, Softwareanbieter und Netzwerk-Betreiber. Niemand kann heute vorhersagen, wie dieser Kampf ausgehen wird. Aber an seinem Ende wird es nur wenige große Gewinner geben. Neue globale Firmenzusammenschlüsse und völlig neue Branchenzusammenhänge werden entstehen.

Strategien für Online-Kunden

Ein wesentliches Merkmal von Network Computing ist die direkte Einbindung von Konsumenten und Klein-Unternehmen. Dies hat weitreichende Konsequenzen für Marketing und Sortimentspolitik der Unternehmen.

Network Computing eröffnet den Unternehmen die direkte Interaktion mit Haushalten und sogenannten „Small Office" und „Home Usern": Dadurch verschieben sich der „Point of Interest" und der „Point of Sale" in deren Sphäre.

Die erste Konsequenz daraus ist, daß der künftige Verkaufsdialog weniger durch Angebots-PUSH sondern mehr durch Nachfrage-PULL geprägt sein wird.

Daraus wiederum ergibt sich die Konsequenz, daß der Kunde in dem Bestreben, seine eigenen Transaktionskosten zu minimieren, möglichst viele seiner Bedürfnisse über einen Dialogkanal mit einer einheitlichen Kommunikationsschnittstelle abwickeln möchte. Er wird dazu tendieren, „Voll-Sortiments-Anbieter" anderen Online-Anbietern vorzuziehen. Er erwartet Konkurrenz- und Komplementärangebote über den gleichen Kanal.

Das bedeutet, daß der Begriff „Voll-Sortiment" sich auf

- Güter und Dienstleistungen,

- Finanz- und Versicherungsdienstleistungen,

- Informationen und Lernen,

- Unterhaltung und Spiele

erstrecken wird.

Folglich wird keines der bestehenden Unternehmen alleine mehr in der Lage sein, über den elektronischen Kanal seine Kunden zufriedenzustellen. Es kann dies nur noch im Zusammenwirken mit anderen Unternehmen tun. Die entscheidende Frage wird sein, wer dieses Zusammenwirken organisiert. Neue branchenübergreifende Organisationsformen werden entstehen. Sie reichen von lockeren Zusammenschlüssen, z. B. in einer Internet-Mail, bis hin zu „Virtuellen Unternehmen" in Form von strategischen Partnerschaften.

Auf elektronischen Marktplätzen wird eine – globale – Transparenz der Angebote und Preise herrschen. Dies führt zwangsläufig zu einem massiven Preiswettbewerb. Gewinnen kann langfristig nur das Unternehmen, das in der Lage ist, sein Angebot durch eine gezielte Kundenorientierung zu differenzieren. Dies zwingt dazu, auf jede Kundengruppe mit einer besonderen „Ökonomie der Aufmerksamkeit" zuzugehen.

Elektronische Märkte werden keine Massenmärkte sein. Der elektronische Kanal ist kein „Broadcasting-Kanal". Die Logik der

Interaktion zwingt zu Mikromarketing und „Narrow-" bzw. „Point-Casting" in der Kundenansprache. Ein besonderes „Customer-Relationship-Management" mit Funktionen wie

▶ Kontakt-Management,

▶ Dialog-Management,

▶ Opportunity-Management,

▶ Angebots-Management,

▶ Management der Kundenzufriedenheit

entscheidet über den Wettbewerbserfolg. Basis dafür wird ein „Datenwarenhaus" mit allen relevanten Kunden- und Sortimentsdaten sein, sowie entsprechenden Werkzeugen für die Online-Analyse „in Echtzeit" und die hypothesenfreie Erkennung von Verhaltensmustern.

Dort, wo es um den Kauf materieller Güter geht, wird der Lieferlogistik eine besondere Bedeutung zukommen. Ihre Geschwindigkeit und Abwicklungsqualität wird zu einer wichtigen Waffe im Wettbewerb. Während bei den Online-Transaktionen tendenziell globale „Economies of Scale and Scope" herrschen, muß die Lieferlogistik tief in die regionale Fläche hineinreichen. Dies ist die Chance der bestehenden Handels- und Distributionskanäle. Neue Distributionskonzepte werden versuchen, die Synergien zwischen stationärem Handel und Online-Handel zu erschließen.

Jeder Online-Kunde kann auch Kunde im stationären Handel sein. Nahezu jeder Kaufprozeß im stationären Handel hat im Pre-Sales- und After-Sales-Bereich auch Informationsprozesse, die online abgewickelt werden können. Jeder Online-Kauf hat, mit der physischen Bereitstellung bzw. Lieferung Elemente, die in bestehende Distributionsstrukturen integriert werden könnten. (z. B. Show-Room, Service-Center, Pick-Up-Center).

 Helmut Holst

Vernetzung von Wertschöpfungsketten

Das eigentliche revolutionäre Potential von Network Computing liegt in der „Interaktion in Echtzeit", welches zu veränderten Wertschöpfungsketten führt: Künftig agiert das interaktive Unternehmen in komplexen Wertschöpfungsnetzen.

Network Computing als „Realtime Response Enabler" schafft reziproke Abhängigkeiten. Unternehmen, die interaktiv in Echtzeit miteinander verkehren, müssen als *ein* sozio-ökonomisches System betrachtet werden. Alle existierenden unabhängigen Unternehmen basieren auf Friktionen in Raum und/oder Zeit. Wenn diese Friktionen verschwinden, entstehen neue Systemzusammenhänge, die nur noch mit Denkmustern der „Systems Theory" erklärt werden können.

Als Beispiel kann die Reise- und Touristikbranche gelten. Ein Kunde, der online sein komplettes Reisepaket, z. B. aus Flug, Hotel und Mietwagen, selbst zusammenstellen kann, ist nicht mehr auf die traditionellen Vermittler und Paketierer wie Reisebüros und Reiseveranstalter angewiesen. Er kann direkt mit regionalen und globalen Buchungszentralen der Fluggesellschaften, Hotelketten und Mietwagen-Firmen in Kontakt treten. Die traditionelle Wertschöpfungskette mit aufeinander abgestimmten Verantwortlichkeiten zerfällt. Jeder Anbieter kann mit dem Konsumenten in Dialog treten. Eine neue Promiskuität entsteht: Jeder kann jeden anderen buchen und mit seinem eigenen Angebot als Paket verschnürt dem Verbraucher anbieten. Neue Anbieter wie Last-Minute-Vermarkter und Optimierungs-Services kommen hinzu und machen die Wertschöpfungszusammenhänge noch unübersichtlicher.

Eine bislang gut aufeinander abgestimmte Wertschöpfungskette mit eindeutigen Rollen und eindeutigen Markt- und Machtstrukturen wird zu einem

▶ offenen und

▶ dynamischen System mit

▶ nicht-linearen Systemzusammenhängen,

das nicht mehr stabil ist und dessen Entwicklung für den einzelnen nicht mehr vorhersehbar ist.

Grundsätzlich agiert das interaktive Unternehmen in einem komplexen Netzwerk von mindestens drei Wertschöpfungsketten gleichzeitig:

Wertschöpfungskette der Kunden

▶ Pre-Sales-Phase

▶ Sales-Phase

▶ After-Sales-Phase

Wertschöpfungskette der „Neuen Medien"

▶ Inhalte-Bündeler

▶ Vermittler-Services

▶ Netzwerk-Dienste-Anbieter

Wertschöpfungskette der eigenen Branche

▶ Traditionelle Zulieferer- und Abnehmerbeziehungen sind nicht mehr stabil.

In diesen Wertschöpfungsnetzen werden Wettbewerber gleichzeitig zu Partnern und bisherige Partner treten als Wettbewerber auf. Es gelten die komplizierten Regeln der „Co-opetition". Vom Unternehmen werden neue Handlungsstrategien erwartet.

Das Verhalten komplexer Systeme ist grundsätzlich nicht vorhersehbar. Aufgrund der vielfältigen Rückkopplungen können bereits geringfügige Präferenzunterschiede bei Kunden oder Geschäftspartnern zu weitreichenden Akzeleratorprozessen führen. Die sogenannten „Netzwerkexternalitäten" – die besagen, daß der Nutzen der Beteiligten in netzwerkbasierten Geschäften mit der Anzahl der Beteiligten wächst – bestärken einen einmal willkürlich entstandenen Trend.

Dennoch lassen sich für die Entwicklung von „chaotischen" Wertschöpfungsnetzen generelle Muster vorhersagen. Sie leiten sich aus der allgemeinen Systemtheorie ab, die diese Muster in komplexen gesellschaftlichen und biologischen Systemen gefunden hat. Einige dieser Muster sind:

Interaktion führt zu Fragmentierung

„Jeder-mit-Jedem" ist eine Fiktion. Kein individuelles System kann offen sein für alle. Dies führt zur bewußten Selektion von Geschäftspartnern und zur Konzentration auf bestimmte Kunden. Mikromarketing-Strategien ersetzen Massenmarketing. Präferenzstrategien ersetzen Gleichbehandlungs-Grundsätze.

Interaktion führt zu funktionaler Differenzierung

In einem interaktiven Wertschöpfungsnetz müssen sich die Beteiligten auf ihre „Leit-Differenz", die sie von anderen unterscheidet, konzentrieren. Nur das Unternehmen kann in der neuen Übersichtlichkeit von Produkten und Preisen überleben, das zumindest komperative Kostenvorteile hat. Ein Rückzug auf die jeweiligen Kernkompetenzen ist die Folge.

Interaktion führt zu Mittler-Rollen

Auf der einen Seite werden die bestehenden Mittler-Rollen in den bestehenden Wertschöpfungsketten durch die elektronischen Kanäle in Frage gestellt. Auf der anderen Seite werden aber in einem „Viele-zu-Viele"-Netzwerk ab einer bestimmten Größenordnung neue „Mediatoren" entstehen. Die Transaktionskosten sind für alle Beteiligten geringer, wenn Informationsbörsen und Informationsmakler als „Kommunikations-Drehscheiben" auftreten.

Interaktion an der Kundenschnittstelle führt zu Multi-Funktions-Anbietern

Um die Komplexität der Interaktion mit vielen Anbietern zu reduzieren, erwartet der Kunde an dem „virtuellen Ort" seiner Kommunikationsschnittstelle ein „Voll-Sortiment" von Angeboten. Dies führt zu neuen horizontalen Integrationsstrategien anstelle der bisher vorherrschenden vertikalen Branchen-Integration.

Interaktion an der Kundenschnittstelle führt zu Interaktion im gesamten Wertschöpfungsnetz

Ein interaktives Unternehmen muß versuchen, seine prinzipielle Unsicherheit über das Konsumentenverhalten durch Bedarfs-PULL orientierte Wertschöpfungskonzepte aufzufangen. „Just-in-Time"-Abrufe helfen die Komplexität zu reduzieren. Ein Unternehmen wird sich tendenziell eher mit solchen Partnern verzahnen, die ihm auf diese Weise helfen, seine Unsicherheit zu bewältigen.

Interaktion führt zu immer schnelleren Regelkreisen

Der Wettbewerb von interaktiven Unternehmen im Netzwerk, verbunden mit anderen interaktiven Unternehmen, findet in den Rückkopplungsprozessen statt. Hier schneller zu sein als jeder andere, wird zur wichtigsten Waffe im Wettbewerb. Alle Regelkreise des Unternehmens sind davon betroffen.

Evolutionsregeln für Geschäftsprozesse

Für das interaktive Unternehmen gelten die Evolutionsgesetze. Um zu überleben, muß es seinen ökonomischen Egoismus begrenzen. Ein interaktives Unternehmen kann nicht mehr nach dem Muster der Geschäftsprozeß-Analyse:

Eingabe – Verarbeitung – Ausgabe

als „lineare Maschine" gesehen werden. Das traditionelle Geschäftsprozeß-Modell mit klaren Schnittstellen zur Umwelt und eindeutigen kausalen Abhängigkeiten ist absolut.

Das interaktive Unternehmen ist einerseits Teil eines komplexen Wertschöpfungsgefüges und andererseits selber ein komplexes System. Die Umwelt wirkt direkt in das Unternehmen hinein. Aktion und Reaktion fallen in seinen Rückkopplungsschleifen zusammen. Ursache und Wirkung sind in den Regelkreisen nicht mehr trennbar. Für das interaktive Unternehmen gelten die Baumuster kybernetischer Systeme:

Perception – Kognition – Aktion

Für sein Überleben in turbulenter Umwelt gelten die Regeln der Evolution, wie z. B.:

Überleben durch Anpassung

Nicht der Größte oder Stärkste wird sich tendenziell durchsetzen, sondern der, der am anpassungsfähigsten ist. In den interaktiven Wertschöpfungsnetzen „kompatibler" und „offener" zu sein als jeder andere wird zu einem entscheidenden Wettbewerbsvorteil.

Autonomie durch Integration

Die eigene Eigenständigkeit durch die Integration in die Rückkopplungsschleifen von Kunden und Partnern sicherstellen.

Stabilität durch Flexibilität

Die eigene Beständigkeit durch flexible Anpassung an äußeren Druck sicherstellen.

Gewinnen durch Teilen

Um in Partnerbeziehungen erfolgreich zu sein, muß ein Unternehmen seinen eigenen ökonomischen Egoismus begrenzen. In einer Netzwerk-Partnerschaft ist der Nutzen für alle am höchsten, wenn jeder in seinen Handlungsoptionen zurücksteckt und nur die wählt, die auf die Handlungen der Partner abgestimmt sind. An Stelle der kurzfristig profitorientierten Unternehmensausrichtung tritt die langfristig orientierte Sicherung der eigenen Lebensfähigkeit (bei angemessenen Profiten).

Neuer Management-Fokus

Das interaktive Unternehmen muß gesehen werden als ein System, das in einem größeren System agiert. Mit zunehmender Interaktion und Komplexität muß sich der Fokus seiner Unternehmensführung wandeln. Die Theorie komplexer Systeme zeigt dafür den „natürlichen" Entwicklungspfad auf:

Aktion	Fokus	Zielorientierung
Rollen-Differenzierung	Produkt-Kosten Produkt-Differenzierung	Märkte
Interne Organisation	Prozeß-Kosten Prozeß-Qualität	Geschäftsprozesse
externe Integration	Transaktionskosten	Geschäftspartner
Netzwerk-Identität	Wissen, Lernen	Geschäftsintelligenz
neue generative Differenzierung	Kreativität, Innovation	Erneuerungsfähigkeit

Ein Unternehmen, das bereits auf einer höheren Ebene agiert, wird sich anderen Unternehmen gegenüber durchsetzen.

Die meisten Unternehmen befinden sich heute noch in der Phase der internen Organisation ihrer Geschäftsprozesse. Wenige sind bereits dabei, z. B. unter dem Schlagwort ECR (Efficient Consumer Response), branchenübergreifende Integrationskonzepte gemeinsam mit Geschäftspartnern zu gestalten.

 Helmut Holst

Die Identität eines vernetzten Unternehmens hängt im wesentlichen von seinem Wissen über Märkte, Kunden, Partner und Wettbewerber ab. Nur auf der Basis dieses Wissens und seiner Fähigkeit schneller zu lernen als andere, kann es Kreativität und Innovation zur Erhaltung seiner langfristigen Lebensfähigkeit einsetzen.

Das interaktive Unternehmen kann darüber hinaus nur in Partnerschaften überleben. Die Symbiose mit anderen Unternehmen wird zwangsläufig immer enger werden. Network Computing fördert im ersten Schritt zwar die Zerschlagung bestehender Wertschöpfungsketten. Im zweiten Schritt bewirkt es jedoch ihre Neuaggregation. In der komplexen Umwelt interaktiver Netze kann ein Unternehmen nur in Partnerschaften mit anderen Unternehmen existieren. Die Entwicklung elektronischer Partnerschaften folgt einem vergleichbaren Evolutionsschema, wie das bei der Entwicklung des interaktiven Unternehmens. Der Management-Fokus der beteiligten Unternehmen muß sich mit zunehmender Unternehmensintegration wandeln:

▶ Interaktions-Kompatibilität

▶ abgestimmte Rollendifferenzierung

▶ gemeinsames Geschäftsprozeß-Verständnis

▶ gemeinsame Ziele

▶ gemeinsames Wissen, gemeinsames Lernen

▶ gemeinsame Investitionen, gemeinsame Re-Organisation

Der Evolutionspfad von relativ unorganisierten Formen der Zusammenarbeit zu strategischen Partnerschaften und „Virtuellen Unternehmen" ist zwangsläufig. Zunehmende Interaktion in einem Wertschöpfungsnetz führt zu zunehmendem Wettbewerb. Um diesem Druck zu entgehen, werden die Unternehmen dazu neigen, ihre Rollen aufeinander abzustimmen. Die Interaktion zwischen bestimmten Rollen erfordert Regeln. Eine gemeinsame Geschäftsprozeß-Modellierung ist erforderlich. Um den Nutzen „gerecht" zu verteilen, sind aufeinander abgestimmte Ziele erforderlich. Gemeinsamer Nutzen erfordert gemeinsames Wissen. Die Sicherung dieses Wissens kann nur über gemeinsames organisatorisches Lernen erfolgen. Dies geht am besten in einer neuen gemeinsamen Organisation.

In dem sich abzeichnenden Wettbewerb von „Unternehmens-Netzwerken" mit anderen Netzwerken von Unternehmen wird die Koalition gewinnen, die auf einer höheren „Entwicklungsstufe" agiert als ihre Konkurrenten. Daraus ergibt sich zwangsläufig ein Re-Aggregationsprozeß in neue Formen von Unternehmens-Konfigurationen. Das interaktive Unternehmen ist damit einem doppelten Selektionsdruck ausgesetzt: dem Wettbewerbsdruck des Marktes und dem Anpassungsdruck der Netzwerk-Gemeinschaft.

Strategische Neuausrichtung

Für das interaktive Unternehmen ist es lebensgefährlich den traditionellen Mustern einer Unternehmensstrategie zu folgen

Die traditionelle Unternehmensplanung folgt dem Schema: Ziele – Wege – Mittel. Nach diesem Schema bestimmt die Strategie die Unternehmensstruktur und diese definiert den Technikeinsatz. Aber in Zeiten technologischer Revolutionen mit den damit verbundenen Gefahren strategischer Überraschungen ist dieses Vorgehen existenzgefährdend.

In Wirklichkeit hat dieses Vorgehensschema auch nur „ceteris paribus" in stabilen Umwelten seine Berechtigung. Das Wettbewerbsumfeld des interaktiven Unternehmens ist eher mit einem Schach- oder Go-Spiel vergleichbar, in dem mehrere Spieler gleichzeitig gegeneinander antreten, aber auch untereinander Koalitionen bilden können. Bereits nach wenigen Zügen ist jede Ausgangsstrategie obsolet. Alleine die in der aktuellen Situation verfügbaren Mittel und Fähigkeiten bestimmen den möglichen Weg und die realistischen Ziele des Handelns.

Auf die zunehmende Komplexität ihrer Umwelt versuchen viele Unternehmen nun mit zunehmender Komplexität ihrer eigenen Organisation zu reagieren (z. B. durch die sog. Network-Organisation). Sie laufen damit Gefahr, nicht mehr überschaubar und steuerbar zu sein. In dieser Situation hat das interaktive Unternehmen zwei grundlegende strategische Optionen:

Reduktion der externen Komplexität durch

- Einschränkung der eigenen Ziele

- Konzentration auf das Kerngeschäft

- Konzentration auf bestimmte Kunden- und Produktgruppen

Erhöhung der eigenen Fähigkeiten zur Komplexitätsbewältigung durch

- Ausbau der eigenen Fähigkeiten und Mittel

- Ausbau der eigenen „politischen" Rolle im Wertschöpfungsnetz

Bei der Verbesserung der eigenen Fähigkeiten gilt für das interaktive Unternehmen – frei nach Clausewitz – zunächst der Grundsatz der

Dominanz der Mittel

Entsprechende Strategien sind z. B.:

- Netzwerk-Kompatibilität

- netzbasierte Produktdifferenzierung

- netzbasierte Geschäftspartner- und Kundeneinbindung

- Wissens-Vernetzung und organisatorisches Lernen

Die Theorie der Spiele lehrt uns aber, daß der eigentliche Hebel für den Geschäftserfolg in komplexen Umwelten darin liegt, auf der „politischen" Ebene anzusetzen, um die Gesamtausrichtung des Systems mitzubestimmen. Wer nicht das Gewicht hat, diesen alleine zu bewerkstelligen, muß es im Verbund mit Partnern versuchen: Es gilt der Grundsatz:

Primat der Politik

Entsprechende Strategien sind z. B.:

▶ Beeinflussen von Normen und Standards

▶ Organisation elektronischer Märkte

▶ Übernahme von Vermittler- und Integrator-Rollen

Der Informationsverarbeitung kommt eine völlig neue Rolle zu. Kaum eine Informations-System-Abteilung ist wirklich darauf vorbereitet. Das interaktive Unternehmen muß verschiedene neue Fähigkeiten als einzusetzende Vorteile im Wettbewerb erwerben:

Netzwerkbasierte Produkt-Differenzierung

▶ Anreicherung des eigenen Produkt-Portfolios um netzbasierte Service-Komponenten

▶ Kreieren von neuen Produkt- und Service-Ideen

Interaktive Geschäftsprozesse

▶ Aufbau von externen Verbindungen

▶ Aufbau von internen Synapsen

▶ Organisation der Rückkopplungsschleifen

▶ Erhöhung der Geschwindigkeit von Perception – Kognition – Entscheidung – Aktion

Interfusion mit Kunden und Partnern

- dialogorientiertes „Customer Relationship Management"

- Regelkreis-orientiertes „Partner-Relationship-Management"

- virtuelle Arbeitsgruppen und Geschäftseinheiten

- Aufbau einer differenzierten „Ökonomie der Aufmerksamkeit" für die unterschiedlichen Dialogpartner

Organisatorisches Wissen und Lernen

- Strukturelle Koppelung von Geschäftsprozessen und Lernprozessen

- Aufbau von Wissens-Datenbanken

- Aufbau von Unternehmens- und Umweltmodellen zur Simulation von Entscheidungen

- Fähigkeit zur frühen Erkennung von Verhaltensmustern bei Kunden, Konkurrenten und Partnern

Bei allen diesen Ansätzen kommt der Informationsverarbeitung eine besondere Rolle zu. Ein interaktives Unternehmen – insbesondere in den informationsintensiven Branchen – kann nicht mehr zwischen

- Geschäftsprodukten

- Geschäftsprozessen

- IS-Lösungen

- IS-Prozessen

beim Betrieb der IS-Lösungen unterschieden werden. Sie müssen gemeinsam betrachtet werden. Die Fähigkeit zu ihrer integrierten Gestaltung bildet den eigentlichen regenerativen Kern des interaktiven Unternehmens.

Keine IS-Abteilung ist heute wirklich darauf vorbereitet, einen Teil der eigentlichen Kernkompetenz des interaktiven Unternehmens zu bilden.

Es ist Aufgabe der Unternehmensberatung, im Rahmen von „Network Computing" und „Neuen Medien" Denkmuster für die erfolgreiche Synchronisation dieser vier bisher getrennten Bereiche zu liefern.

Kapitel 2:

Die neue Welt der vernetzten Wirtschaft

Praxisbeispiele und Lösungskonzepte

Die Bahn hat die Weichen für die Zukunft schon gestellt

Multimedia- Eine Strategie der DB

Diethelm Sack

Bei der Eisenbahn kann man dank des technologischen Potentials mit Recht von einer ›Renaissance der Schiene‹ sprechen. Die Eisenbahn als Kern eines universellen Verkehrskonzeptes der Zukunft ist ohne weiteres denkbar. Die Integration der verschiedenen Verkehrsmittel und ein übergreifendes Zusammenarbeiten der Verkehrsanbieter sind die Grundlagen für den zukünftigen Erfolg der Bahn – sowohl im Personen- als auch im Güterverkehr.

Im Personenverkehr müssen leistungsfähige Einzellösungen in attraktive Leistungspakete überführt werden, die den Kunden das Reisen so angenehm wie möglich machen.

Im Güterverkehr werden die Kunden vor, während und nach dem Bahntransport intensiv über den jeweiligen Status seines Auftrages informiert. Dieser Service gewährleistet dem Kunden höchste Dispositionssicherheit.

In den wenigen Jahren seit der Privatisierung hat die Bahn große Schritte in Richtung des kundenzentrierten Verkehrsdienstleisters gemacht. Die moderne Kommunikations- und Informationstechnik (KIT) in ihrer integrativen und integrierten Ausprägung als

Multimedia-Technologie kann der Deutschen Bahn dabei helfen, die Zukunft zu gestalten.

Bei der Realisierung kommt es dabei weniger darauf an, was technisch alles machbar wäre, sondern es muß das umgesetzt werden, was dem Kunden hilft, ihn bei der Bahnbenutzung möglichst effizient unterstützt und ihn in seinem Bahnerleben bestärkt. Keinesfalls darf dabei der direkte Kontakt zum Kunden durch den Kontakt zum elektronischen Terminal substituiert werden.

Die multimediale Vision der Bahn

Bei der Bahn geht es in erster Linie darum, Personen und Güter zuverlässig und pünktlich von A nach B zu transportieren. Es ist selbstverständlich, daß die Bahn ihre Dienstleistungen mit einem Höchstmaß an Sicherheit erstellt.

Wenn in diesem Zusammenhang von Multimedia gesprochen wird, bedeutet dies, daß das bereits verfügbare Angebot der Bahn durch den Einsatz von multimedialen Komponenten konsequent und nachhaltig verbessert wird. Damit kann das individuelle Kommunikationsbedürfnis jedes Reisenden ebenso wie das Informationsbedürfnis der Kunden im gewerblichen Bereich befriedigt werden.

Die Möglichkeiten des Einsatzes liegen noch in der Zukunft. Sie sind aber bereits bekannt unter Bezeichnungen wie:

▶ Multi-Service

▶ Multi-Funktionalität

▶ Multi-Lingualität

Alle drei „Multies" könnten salopp als Multi-Vitamine für das zukünftige Bahngeschäft bezeichnet werden. Wie wirken sie?

Multi-Service

Der Einsatz von Multimedia wird die Entwicklung des Basisangebotes der Bahn wie z. B. POI/POS (Point of Interest/Point of Sale)
zu Multi-Service-Systemen nicht nur erheblich beschleunigen, sondern grundlegend verändern. Man stelle sich nur folgende Kunden-
Dienstleister-Relation vor:

▶ Öffnungszeiten spielen keine Rolle,

▶ Informationsbeschaffung über die angebotenen Services ist ein
einziges Vergnügen,

▶ individuelle Beratung erfolgt zu Hause/im Büro via Videokonferencing,

▶ umfassende, transparente Lösungen sowie aktuelle und attraktive Offerten sind selbstverständlich.

Multi-Funktionalität

Aufgrund der vielfältigen Lösungsmöglichkeiten der Informationstechnologie stellen wir uns als Lösung eine – in gewisser Weise
unheimliche – Einrichtung vor, die hier als ›Kiste‹ bezeichnet wird:
klein und handlich, leicht bedienbar und auf unterschiedlichste
Einsatzprofile abstimmbar.

Man denke dabei an ein Kommunikationsgerät, das den Menschen
die Nutzung der ohnehin existenten drahtlosen Infrastruktur erlaubt. Das Gerät macht es dem Dienstleister möglich, das gesamte
Serviceangebot mit allen Preisinformationen mobil vorzuhalten
und auch alle wesentlichen Transaktionen wie Ticketbuchungen
oder Cashing Vor-Ort vorzunehmen.

Dabei ist dieses Kommunikationsgerät ein „Alleskönner": ein
Sachbearbeiter beendet gerade seine Halbtagstätigkeit und seine

Kollegin übernimmt die famose „Kiste". Die Bearbeitung ihrer
aktuellen Serviceaufgaben erfordert eine geänderte DV-Unterstüt-
zung. Kein Problem – mit einer bislang unerreichten Flexibilität
kann das neue Business-Bedürfnis in kürzester Zeit sichergestellt
werden.

Multi-Lingualität

Völlig neue Services werden mit Hilfe dieser ›Kiste‹ denkbar. Die
Einsatzmöglichkeiten sind z. B. in der fortschreitenden Internationalisierung des Reiseverkehrs zu sehen. Maschinelle Übersetzung
wird einen hohen Grad an Genauigkeit und Zuverlässigkeit erreichen.

Die Verständigung und damit die Auskunftsfähigkeit in beliebigen
Fremdsprachen wird kein Problem mehr sein. Ein Reisender kann
beispielsweise seine Wünsche mündlich oder auch handschriftlich
in beliebiger Sprache auf einem Display mitteilen. Ein Online-Ser-
vice übernimmt die automatische Übersetzung für den Kundenbe-
treuer. Seine Antwort wird automatisch in die Sprache des Reisenden übersetzt.

DV-Infrastruktur im Spiegel von Sicherheit und Qualität – der Zug der Zukunft ist schon startklar

Die DB ist dabei, ein anspruchsvolles Programm zur Entwicklung
einer umfassenden und einheitlichen DV-Infrastruktur zu realisieren.

Das Ziel ist, allen Nutzern (intern und extern) einheitliche Basis-
funktionen sowie Lösungen ihrer geschäftsspezifischen Erforder-

nisse bereitzustellen, um sie in die Lage zu versetzen, die Geschäftsabläufe kostengünstiger und effizienter abzuwickeln.

Besserer Service durch bessere Information (Transposition der Automatisierung auf Bürotätigkeiten)

In den Geschäftsabläufen ist der Wunsch nach geplanten und wohlgeordneten Abläufen diametral entgegengesetzt zur Notwendigkeit, schnell und flexibel auf die sich ändernden Anforderungen reagieren zu können. Hierbei handelt es sich nicht um eine Neugestaltung von Geschäftsprozessen und deren Umsetzung in Informationssysteme sondern vielmehr um die Vereinheitlichung von Standardfunktionalitäten. Mit den modernen Produkten der Bürokommunikation (z. B. Lotus Notes basierend) lassen sich mindestens 80 Prozent der sogenannten „sich rasch ändernden Anforderungen" individuell und effizient lösen.

Eine Optimierung der Geschäftsabläufe wurde durch die Vernetzung von rund 30 000 Arbeitsplätzen erzielt. Den Mitarbeitern steht an allen Arbeitsplätzen eine anwenderfreundliche grafische Benutzeroberfläche mit vollständiger Office-Software, Mail-Funktionalität und teilweise Groupware-Lösungen zur Verfügung.

Die bestehenden Insel-Lösungen wurden im Rahmen dieser Aktivitäten vollständig substituiert. Parallel dazu steigt der Automatisierungsgrad. Die Anwender werden einerseits von den Datensicherungsaufgaben entlastet, andererseits wird die Nutzung technischer Ressourcen wie Daten- und Printserver durch die Betriebsführung optimiert.

Diese Installation stellt eine wichtige Basis für den unternehmensweiten Kommunikations- und Informationsverbund dar, mit dem sich beispielsweise auch neue Anwendungen aus dem Multimedia-Bereich fortschrittlich erstellen lassen.

Wichtig beim Einsatz von Multimedia ist die Grund- bzw. die kontinuierliche Weiterbildung der Mitarbeiter. Wenn ein System für zehntausende Mitarbeiter eingeführt wird, können die Multimedia-Lernsysteme erheblich zur Vereinfachung des Wissenstransfers beitragen (z. B. CD-Roms für Computer based Trainings (CBT)). Der Vorteil gegenüber konventionellen Trainingsseminaren liegt darin, daß die Mitarbeiter bei Bedarf CBT-Sessions durchführen können, dann, wenn es die individuelle Arbeitssituation erlaubt bzw. erfordert.

Die DB auf dem Daten-Highway

Die unternehmensinterne DV-Infrastruktur ist selbstverständlich nicht isoliert zu betrachten. Es existieren Anbindungen an wichtigste Online-Dienste und an das Internet. Damit werden unternehmensübergreifende Kommunikation sowie neue Formen der Zusammenarbeit möglich.

Mit einem hohen Vernetzungsgrad der DB und dem weltweiten Siegeszug des Internet ergibt sich eine neue Option für die DB: die Realisierung eines flächendeckenden privaten Internets – eines *Intranets*. Dazu werden jedoch häufig folgende Bedenken geäußert:

▶ das Internet bewege sich (zumindest in Deutschland) an den Grenzen der Kapazität,

▶ ein rascher Ausbau könne nicht realisiert werden,

▶ Sicherheitsrisiken seien nicht absehbar,

▶ das weltumspannende Netz sei hochgradig chaotisch, technisch nicht ausgereift, moralisch bedenklich und zudem viel zu teuer.

Das ist die eine Seite der Medaille. Die andere ist, daß die Web-Browser auf den Clients der Kunden kaum noch etwas kosten – sie sind bereits Heute „Goodies" für die gesamte DV-Branche. Das DV-Netz ist eine nahezu selbstverständliche Ressource wie bereits

Gas-, Wasser-, Strom- und Telefonnetze. Die Datenbanken in den Unternehmen enthalten bereits heute die erforderlichen Basisinformationen für das gewünschte und zu vermarktende Informationsangebot.

Dabei besteht das Kunststück darin, die Schnittstellen zu definieren und die Webserver effizient zu füttern. Die betrieblich operativen Systeme stellen die Basis für einen Mehrwert an Informationen dar. Mitarbeitern und Kunden stehen die leistungsfähigen Arbeits- und Kommunikationsmittel zur Verfügung. Informationen können im Intranet von Arbeitsplatz zu Arbeitsplatz bzw. von System zu System in quasi Echtzeit verschoben, gezogen oder auch zentral verteilt werden. Die angeschlossenen Mitarbeiter erhalten bereits heute relevante Informationen gemäß den spezifischen Erfordernissen der Unternehmensbereiche.

Die Frage dabei ist: wer ist der optimale Träger? Ein Mailing-System oder das Netz selbst mit seinen Komponenten, die es zum Intranet machen? Dies ist eine Frage, die sich noch nicht abschließend beantworten läßt. Wie auch immer – mit dem Netz sind die Weichen auch bei der DB auf Zukunft gestellt.

Umbrüche der Märkte:
Alles dreht sich nur um den Kunden

Im Dienstleistungssektor zeichnen sich deutliche Veränderungen ab. Geschwindigkeit und Intensität dieser Umbrüche werden noch zunehmen. Dies gilt insbesondere für den Verkehrsmarkt. Einerseits werden die Positionen über den Preis bezogen, andererseits verbessern alle Anbieter kontinuierlich ihre Produkte und Angebote. Wer in der Zukunft mitbestimmen will, muß leistungsstark, kundenorientiert und möglichst immer einen Schritt schneller als die anderen sein.

Die Positionierung am Markt erfolgt daher immer durch interessante und wettbewerbsfähige Angebote. Aber nicht nur das – die Kunden müssen auch über die Vorteile der Angebote informiert werden. Dabei kommt Multimedia wieder ins Spiel und zwar in allen internen und externen Bereichen eines Unternehmens, die hierbei von Bedeutung sind.

Für alle Marketingmaßnahmen, für alle Informations- und Absatzkanäle der Unternehmen wird Multimedia im erweiterten Sinne eine Schlüsselrolle spielen. Multimedia eröffnet alle Möglichkeiten, dem Kunden Dienstleistungsangebote umfassend und qualitativ hochwertig zu präsentieren. Fokus ist dabei die möglichst attraktive Gestaltung der Beziehung zwischen Kunden und Dienstleister.

Multimedia in Bahnhöfen und Zügen – Arbeitsplatz Zug

Die Attraktivität der Bahn konnte in den letzten Jahren deutlich erhöht werden. Das hat zum einen technische Gründe: neu gebaute Trassen und moderne Züge bieten gesteigerten Fahrkomfort bei verkürzten Reisezeiten. Eine verbesserte Abstimmung des Taktes zwischen unterschiedlichen Verkehrssystemen und konsequente Direktanbindungen, sowie auch das verbesserte Serviceangebot tragen ebenfalls dazu bei.

Die zentrale Lage der Bahnhöfe ist ein Vorteil, der durch besondere Serviceeinrichtungen auch für geschäftliche Meetings interessant wird – unabhängig von der Nutzung eines bestimmten Verkehrsträgers. So werden derzeit an wichtigen Bahnhöfen spezielle VIP-Lounges eingerichtet, die die Möglichkeit bieten, in angenehmer Atmosphäre zu arbeiten und Geschäftspartner zu treffen. Ausgestattet mit Großbildprojektoren, Videokonferenzsystemen, Internet-PCs und allem, was zur modernen Konferenz- und Bürotechnik gehört, entsteht ein Rundum-Angebot, das den Bedürfnissen von Geschäftsleuten in idealer Weise entgegenkommt.

 Diethelm Sack

Das Konzept der VIP-Lounge läßt sich auch auf den fahrenden Zug übertragen. Die Einrichtung von Einzelarbeitsplätzen mit PCs, Fax- und Onlinekommunikation, verbunden mit dem Einloggen in firmeninterne Netze via Remote-Zugang ist dabei eine naheliegende Lösung. Für den Kunden ist die Kompatibilität mit seinen eigenen vorhandenen Geräten (Notebook-PC, Mobiltelefon etc.) wichtig.

Letztlich soll der Kunde in die Lage versetzt werden, sein Notebook am Sitzplatz in eine Kommunikationsschnittstelle einzuklinken bzw. auch ohne einen mitgebrachten PC sich über den vorliegenden Netzanschluß ins Internet oder sein Firmennetz einzuklinken. Dann kann er an seinem Sitzplatz genauso wie in seinem Büro arbeiten.

Multi-Service für den Reisenden

Die Deutsche Bahn betreibt ein integriertes Informations-/Verkaufs- und Buchungssystem für den Personenverkehr für den nationalen Bereich aber auch für wichtige ausländische Bahnen. Dieses System stellt die wesentliche Schnittstelle zwischen Kunde und Dienstleister dar und bildet eine solide Basis für die Zukunft.

Das System wird permanent um wesentliche Funktionen erweitert wie den mobilen Fahrscheinverkauf im Zug inkl. Kreditkartenakzeptanz. Zusätzlich sind Sitzplatzreservierungen auch bis kurz vor Abfahrt des Zuges möglich. Nicht nur an ausgewählten Point-of-Sales sondern generell sind über das Ticketing auch spezielle Angebote von Reiseveranstaltern oder Versicherungen verfügbar. Auf der Informationsschiene wurde das „Home-Ticketing" über BTX, Internet, CompuServe, T-Online sowie Fahrauskünfte via Videotext der dritten Fernsehprogramme realisiert.

Fahrgastinformationen besitzen einen erheblichen Stellenwert, weil sich ein gut informierter Kunde wohlfüht. So wird ein Reisenden-

Informationssystem geschaffen, das als Informationsquelle die bestehenden operativen Systeme nutzt. In den Informationsfluß sind z. B. Fahrplandaten so integriert, daß mittels eines passenden Servers Plan-Ist-Abweichungen detektiert und Entscheidungen über die Information von Reisenden automatisiert getroffen werden. Danach erfolgt ein konsistenter Informationstransfer an die unterschiedlichen internen und externen Empfänger.

Und es geht weiter: Beispielsweise mit dem insgesamt kundenfreundlicheren Nahverkehrsfahrplan und den elektronischen Auskunftssystemen für Preise, Fahrplandaten, kulturelle Angebote der jeweiligen Region und Wegweiser zu Veranstaltungsorten sowie Multimedia-Bildschirm und multifunktionalem Bistro mit Bedienung in der Hauptverkehrszeit und Automaten in der übrigen Zeit.

Diese Entwicklung zeigt deutlich, daß auch in der automobilen Gesellschaft die Bahn nicht zum alten Eisen gehört, wenn sie verwöhnte Ansprüche erfüllen kann. Hier spielen Qualität und Preis eine Rolle, genauso aber Prestige, Zweckmäßigkeit und nicht zuletzt Tempo. So leistet der ICE einen doppelten Beitrag: Zum einen holt er mehr Verkehr auf die Schiene und hilft, die Verkehrsströme besser zu verteilen, zum anderen liegt er voll auf der strategischen Linie der DB, die Passagiere mit attraktiven Leistungen zu überzeugen.

Über die Top-Technik hinaus wird die Bahn als Erfolgsfaktoren im Personenverkehr neue maßgeschneiderte Angebote für die unterschiedlichsten Zielgruppen brauchen, um sich die Märkte zu erschließen. Dazu gehören Überlegungen für Geschäftsreise-Shuttlezüge, die ohne Zwischenhalt zwei Ballungszentren wie Köln und Frankfurt verbinden, ebenso wie das Angebot komfortabler Hotelzüge als zeitgemäße Renaissance bewährter Schlafwagen-Tradition. Sie dienen nicht zuletzt der Aufwertung des Bahntourismus. Auf diesem Geschäftsfeld hat sich bereits die Netzkarte „Ferienticket" als Mobilitätsmittel im Urlaub durchgesetzt. Ebenso zu wünschen wäre der Erfolg für marktgerechte Autoreisezüge.

Full-Service für den Cargo-Kunden durch Multimedia

Kernstück des Full-Service für den Cargo-Kunden ist die Pflege der Kundenbeziehungen über ein bundesweit vernetztes Kunden-Service-Zentrum in Duisburg. Zwei entscheidende Funktionen sind hier im Rahmen der Konzeption „one Face to the Customer" konzentriert: Informationsdrehscheibe rund um alle Produkte des Frachtverkehrs und eine durchgehende Auftragsabwicklung mit gleichzeitiger Disposition der Transportvorgänge.

Im Kunden-Service-Zentrum sind alle Arbeitsplätze mit einer einheitlichen Kommunikations- und Informationstechnik vernetzt. Die internen Geschäftsprozesse werden auf eine durchgehende Basis gestellt und Durchlaufzeiten drastisch reduziert. Hier werden die kundenrelevanten Informationen für die Produktion aufbereitet und verfügbar gemacht. Soll-Ist-Vergleiche sind ständig online vorhanden, so daß erforderliche Dispositions- und Steuerungsmaßnahmen dadurch wesentlich beschleunigt werden. Mehr noch: Der Workflow zwischen Teams kann gleichmäßig eingestellt werden und entsprechende Informationssysteme stellen dabei sicher, daß nicht nur terminkritische sondern alle Aufträge zielgerichtet erfüllt werden.

Und welche Rolle spielt dabei Multimedia? Die DB Cargo präsentiert sich seit Juni 1996 im Internet und in T-Online. Schnellerer Kundenkontakt durch elektronische Kommunikation (E-Mail) und umfangreiche Informations- und Angebotsvermittlung sind die wesentlichen Pluspunkte, die über die Datenautobahn im Netz in einem ersten Schritt gewonnen werden.

In eigens gestalteten Internet-Pages werden die logistischen Dienstleistungsangebote und Produkte von DB Cargo dargestellt. Aktuelle Neuerungen komplettieren das Informationsangebot. Künftig ergänzen und erweitern Java-Anwendungen im Internet den elektronischen Dialog, weil auf diese Weise vorgeprüfte formatierte Daten und damit strukturierte Informationen übermittelt werden können. Aber auch das Erkennen nicht-formatierter Daten, wie z. B. Telefax, wird dann durch den Einsatz von Verfahren zur automatischen Schrifterkennung automatisiert.

Natürlich bleibt auch in Zukunft das Telefon ein wichtiges Instrument. Durch automatisches Routing wird sichergestellt, daß jeder Kunde einen freien Ansprechpartner findet. Es gibt eine automatische Zuordnung zum richtigen Telefonagenten durch Anruferkennung auf ISDN-Basis. Die Integration von Telefon und Computer ermöglicht eine automatische Anzeige ausgesuchter Informationen auf dem Bildschirm des angesteuerten Telefonagenten, die für das Gespräch mit dem identifizierten Kunden benötigt werden.

Spätestens 1998 sollen alle Transportaufträge der DB-Cargo-Kunden vom Eingang bis zur Auslieferung abgewickelt werden. Die Kunden wählen dann, wie die zum Auftrag gehörenden Informationen ausgetauscht werden sollen: Per EDI, Internet, E-Mail, Telefax oder per Telefon. Verlader und Empfänger können sich jeweils ganz aktuell über den Transportstand auf dem laufenden halten, die Ankunft der Sendung avisieren und damit die Bahn fit machen für Logistiksysteme, die den Zulieferverkehr zwischen den Zweigwerken großer Konzerne „just in time" besorgen. Es geht in diesem Zusammenhang nicht darum, sich auf eine spezifische Medienklasse zu konzentrieren. Man muß vielmehr auf einen leistungsfähigen Einsatz aller bedeutenden elektronischen Medien zum Informationsaustausch setzen.

Es wird wohl noch etwas Zeit vergehen, bis der Kunde sich per Chipkarte im Zug identifiziert und gleichzeitig die monetäre Transaktion für die Dienstleistung erfolgt. Mit der Einführung und dem Ausbau einer einheitlichen und flächendeckenden Netzwerkinfrastruktur existiert jedoch die entscheidende Grundlage für moderne Informationssysteme. Die Vernetzung ist dabei im Grunde ein Spiegel des Vernetzungsgedankens, der sowohl eine moderne Unternehmensstruktur wie auch ein integriertes Verkehrsnetz der Zukunft beschreibt.

Gleichzeitig steht allen anderen Branchen eine technische Basis zur Verfügung, so daß künftig auf deren Grundlage Serviceangebote übergreifend integriert werden können. Mit Multimedia-Lösungen entstehen deshalb nicht Kostenfaktoren sondern Erfolgsfaktoren für neuestes Business. Multilaterale Standardisierungen und internationale Zusammenarbeit liefern hier wertvolle Beiträge und Impulse. Sicher erkennen dies alle relevanten Kräfte nicht nur im Verkehrsmarkt und werden eine gemeinsame Multimedia-Zukunft verwirklichen. Denn: Was für den Kunden gut ist, ist auch gut für jeden Dienstleister.

Elektronische Dienstleistungen für Steuerkanzleien

Multimedia und Informationssysteme

Dieter Kempf und Walter Lösel

Information Highway und Multimedia – zwei Schlagworte, die seit geraumer Zeit in aller Munde sind und in immer neuen Variationen „die Szene" dominieren. Keine Messe, auf der nicht Hard- und Software-Innovationen vorgestellt werden, die nun definitiv den Eintritt unserer Gesellschaft ins Informationszeitalter, in die multimediale Zukunft, ermöglichen sollen. Unbestritten sind wir heute in der Lage, die grundlegenden Ideen, die hinter Multimedia und globaler Vernetzung stecken, technologisch umzusetzen – wenn auch die Infrastruktur hier und da den gewaltigen Anforderungen, z. B. an die Übertragungskapazität der Netze, noch etwas nachläuft. Einigkeit herrscht aber auch darüber, daß der Durchbruch nur gelingen kann, wenn die neue Technik dem Anwender einen zusätzlichen Nutzen beschert. Das gilt für den Consumer- und erst recht für den Business-Bereich.

Gesucht sind also Anwendungen, die unter Ausnutzung moderner Datenverarbeitungs- und Telekommunikationstechniken eine neue Qualität der Informationsverarbeitung ermöglichen und dazu beitragen, Prozeßabläufe in den Unternehmen und über die Unternehmensgrenzen hinaus effizienter zu gestalten. Electronic Banking sei beispielhaft als Vertreter der elektronischen Dienstleistungen genannt, die den Kern des nahenden Informationszeitalters bilden werden. Die folgenden Ausführungen konzentrieren sich auf elektronische Dienstleistungen für eine ganz bestimmte Zielgruppe: den Steuerberater und das von ihm beratene Unternehmen.

Seit ihrer Gründung im Jahre 1966 verfolgt die DATEV eG das Ziel, ihre Mitglieder, ausschließlich Angehörige des steuerberatenden Berufs, durch elektronische Datenverarbeitung und damit verbundene Dienstleistungen in ihrer Aufgabenerfüllung zu unterstützen. Im Vordergrund steht dabei die Unterstützung in den Kernbereichen der Dienstleistung des steuerberatenden Berufs:

▶ der Auftragsbuchführung und Jahresabschlußerstellung,

▶ der Steuerdeklarationsberatung,

▶ der Steuergestaltungsberatung,

▶ der allgemeinen betriebswirtschaftlichen Beratung.

Das Konzept des DATEV-Dienstleistungsangebots zielt darauf ab, durch Nutzung aller technischen Möglichkeiten einem zweidimensionalen Verbundgedanken Rechnung zu tragen, nämlich dem technischen Verbund zwischen Großrechner und PC, sowie dem arbeitsteiligen Verbund zwischen allen an der Dienstleistung beteiligten Prozeßteilnehmern. Dem Rechenzentrum kommt dabei erheblich mehr Bedeutung zu als nur die Aufgabe große Datenmengen schnell und zuverlässig zu be- oder verarbeiten. Es wird zunehmend zum Kommunikations- und Logistikzentrum.

Wesentliche Voraussetzung für dieses Dienstleistungsangebot ist neben einem leistungsfähigen Zentralrechner ein unternehmenseigenes Datennetz, das den gesamten geographischen Bereich des Dienstleistungsangebots abdeckt. Über dieses Datennetz werden gegenwärtig täglich im Mittel 5 Gigabyte zu verarbeitende Daten von den angeschlossenen Mitgliedern an das zentrale Rechenzentrum in Nürnberg und zurück übertragen.

Nach einer kurzen Beschreibung des unternehmenseigenen Datennetzes soll im folgenden anhand von ausgewählten Anwendungs-
beispielen gezeigt werden, mit welchem Angebot elektronischer
Dienstleistungen die Arbeit der steuerberatenden Berufe in den
oben genannten Aufgabenbereichen unterstützt wird und wie die
DATEV Multimedia zur Verbesserung der Kommunikation mit
ihren Anwendern wie auch der unternehmensinternen Kommunikation einsetzt.

Corporate Networking

Mit der Ankündigung des Einstiegs in die Datenfernverarbeitung
auf der Hannover-Messe 1974 legte die DATEV den Grundstein
für eines der größten Corporate Networks in Deutschland. Der
Ausbaustand zur Jahresmitte 1997 wird anhand der Abbildung 1
deutlich.

Rückgrat des Datennetzes ist das sogenannte Trägernetz, das die
Zentrale in Nürnberg mit den 10 größten Geschäftsstellen auf der
Basis von 2-Mbit/s-Leitungen verbindet. An den jeweiligen End-
punkten dieser Leitungen arbeiten Sprach-/Daten-Multiplexoren.
Über diese Standardfestverbindungen, die von der Deutschen Telekom AG gemietet werden, sind die Kopfstellen für die Datenfernverarbeitung, die lokalen Netze der Geschäftsstellen und die
TK-Anlagen für die Sprachkommunikation mit der Zentrale in
Nürnberg verbunden. Über das Trägernetz fließen somit die gesamten bundesweiten Kommunikationsströme zwischen den verschiedenen Standorten des Unternehmens.

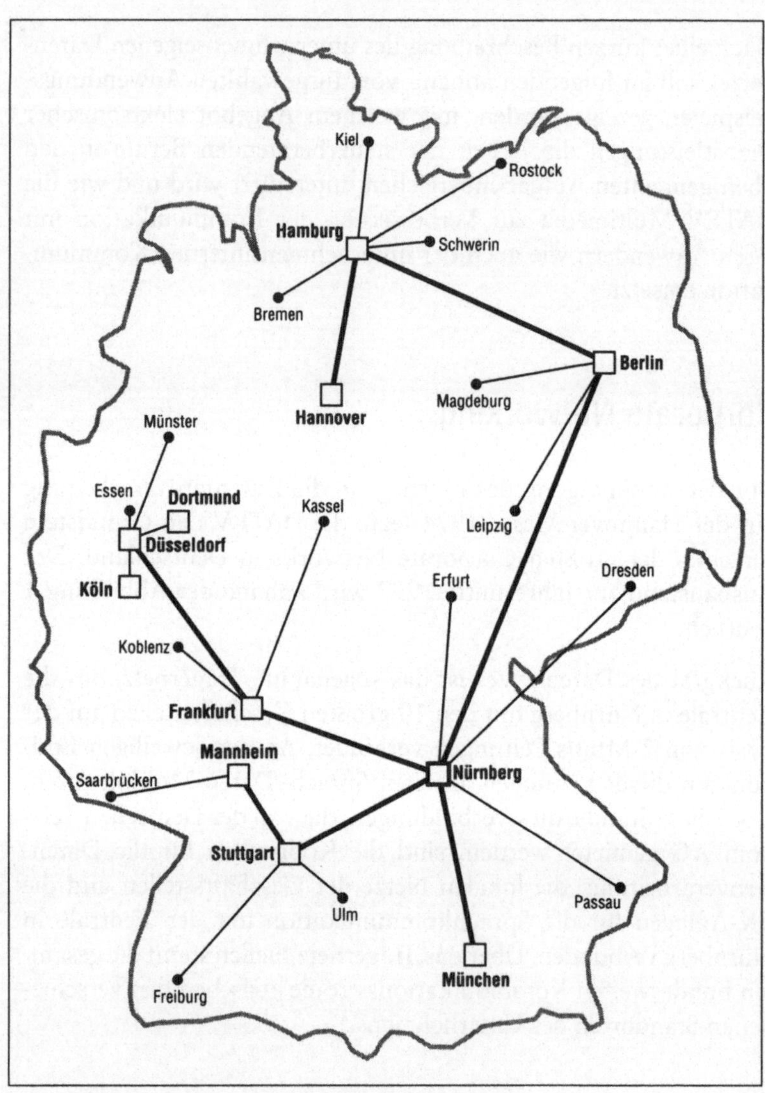

Abbildung 1:   Das Genossenschaftsnetz der DATEV

 Dieter Kempf und Walter Lösel

Datenfernverarbeitung

Von den über 200 000 Anwender-PCs in den Steuerkanzleien sind etwa 59 000 per DFÜ-Einrichtung (ISDN-Karte oder Modem) über das analoge bzw. digitale Telefonnetz direkt mit dem Rechenzentrum verbunden. Eine große Zahl weiterer PCs, die in Kanzlei-Netzwerken zusammengeschlossen sind, stellt die Verbindung zum Rechenzentrum über sogenannte Kommunikationsserver her. Diese haben die Funktion, für alle vernetzten PC-Arbeitsplätze in der Kanzlei den Online-Verbund mit den Rechenzentrumsprogrammen herzustellen, wobei nur ein einziger ISDN-Anschluß belegt wird.

Die Mitglieder der Genossenschaft schalten sich im Schnitt acht- bis zehnmal täglich an das Rechenzentrum an. Sie

- übermitteln Finanz- oder Lohnbuchhaltungsdaten zur Verarbeitung ins Rechenzentrum,

- lassen sich die Ergebnisse in die Kanzlei zurückübertragen,

- holen Buchhaltungs- oder Steuererklärungsdaten zur Weiterverarbeitung an den PC,

- recherchieren online in Steuerrechts- oder Wirtschaftsdatenbanken,

- bestellen online Arbeitsmittel,

- korrespondieren per Electronic Mail mit der DATEV-Zentrale,

- lassen sich die neuesten Versionen der DATEV-PC-Software übertragen.

In den etwa fünf Millionen Anschaltungen monatlich fließen Datenbestände von wenigen Bytes bis hin zu mehreren Megabytes je Anschaltung über die Leitung.

Für die wirtschaftliche Bewegung solcher Datenmengen empfiehlt sich die Nutzung von ISDN. Schon seit 1990 stellt die Genossenschaft deshalb ISDN-Zugänge zum Rechenzentrum und die erforderlichen ISDN-Adapterkarten für PCs zur Verfügung. Daneben können verschiedene Modemtypen benutzt werden. Der Durchdringungsgrad von ISDN bei den DFÜ-Einrichtungen betrug im Juni 1997 etwa 66 Prozent (ca. 38 000 Einheiten), das per ISDN übertragene Datenvolumen macht bei steigender Tendenz bereits über 90 Prozent des Gesamtvolumens aus.

Bundesweite LAN-Vernetzung aller Standorte

Die Mitarbeiter in den Geschäftsstellen sind mit ihren PCs über die lokalen Netze mit dem Netz in der Zentrale verbunden. Damit verfügen sie über dieselben Informationen und Hilfsmittel wie die Mitarbeiter in der Zentrale. Sie sind also vollständig in das firmenweite E-Mail-System eingebunden und haben Zugriff auf die zentralen Informationsdatenbanken. Für das LAN-Verkehrsaufkommen wird auf den acht 2-Mbit/s-Trägernetzstrecken eine Kapazitätsbandbreite benötigt, die entsprechend dem Bedarf dynamisch zugeordnet wird. Die restlichen, kleineren Geschäftsstellen sind mit 64-kbit/s-Monopolübertragungswegen der Deutschen Telekom AG an die jeweils nächstgelegene Trägernetzkopfstelle angebunden.

TK-Anlagen-Verbund zwischen Geschäftsstellen und Zentrale

Über die Trägernetzleitungen sind auch die TK-Anlagen der einzelnen Geschäftsstellen mit der Zentrale verbunden. Die Mitarbeiter in den Geschäftsstellen sind also auch telefonisch vollständig in den Infomationsfluß des Unternehmens integriert.

Mit der Corporate-Network-Verfügung schuf das Bundesministerium für Post und Telekommunikation Anfang 1993 die rechtliche Voraussetzung für wesentliche Verbesserungen auch bei den telefonischen Dienstleistungen. Auf der Basis dieser Verfügung erhielt DATEV die Genehmigung, Sprachvermittlung für die geschlossene Benutzergruppe der Mitglieder der Genossenschaft anzubieten. Es ist nun zulässig, Telefonate mit Mitgliedern von der Geschäftsstelle in die Zentrale oder umgekehrt zu routen.

Zum Beispiel können jetzt durch den Einsatz des Leistungsmerkmals *Automatic Call Distribution* Telefonate standortübergreifend an die zuständigen Mitarbeiter vermittelt werden, die zum betreffenden Zeitpunkt gerade erreichbar sind.

Darüber hinaus erlaubt es das Leistungsmerkmal *Least Cost Routing*, Telefonate der Nürnberger Zentrale mit Mitgliedern über das Corporate Network und die eigenen dezentralen TK-Anlagen zu führen und erst am Endpunkt in das öffentliche Netz zu verzweigen. So können beispielsweise die vielfältigen und umfangreichen Auskünfte und Hilfestellungen der telefonischen Anwenderbetreuung weitgehend zu Gebühren des Nahbereichs erbracht werden.

Elektronische Dienstleistungen

Lohn- und Gehaltsabrechnung im Mandantenauftrag

Die besondere Problematik bei der Lohn- und Gehaltsabrechnung ergibt sich durch die hohe Änderungshäufigkeit gesetzlicher Vorschriften und sonstiger Rahmenbedingungen. Die Fülle der zu beachtenden Vorschriften und die Häufigkeit ihrer Änderung macht die Lohn- und Gehaltsabrechnung zu einem Musterbeispiel für das Outsourcing dieser Aufgabe vom mittelständischen Unternehmer auf seinen steuerlichen Berater. Gerade für den steuerlichen Berater, der in der Regel Mandanten unterschiedlicher Branchen und Größen betreut, kommt jedoch eine weitere Erschwernis hinzu: Er muß alle Änderungen von Vorschriften kennen und beachten, auch wenn sie nur bestimmte Branchen oder Größenklassen betreffen. Für die EDV-unterstützte Lohn- und Gehaltsabrechnung bedeuten diese Rahmenbedingungen eine hohe Änderungshäufigkeit der Berechnungsprogramme. In diesem Zusammenhang bringt die in einem Rechenzentrum zentralisierte Abwicklung der Lohnbuchführung gegenüber einer Im-Haus-Lösung eine ganze Reihe von Vorteilen:

▶ Die *zentrale Softwarewartung* ermöglicht es, trotz der in kurzen Abständen erforderlichen Programmanpassungen eine stets den aktuellen gesetzlichen Anforderungen genügende Programmversion zum Einsatz zu bringen.

▶ Das *zentrale Handling verschiedenster Vordrucke und Formulare*, die ihrerseits zudem unterschiedliche Drucksysteme voraussetzen, läßt sich – im Gegensatz zur Steuerkanzlei – in einem Service-Rechenzentrum erheblich wirtschaftlicher organisieren.

▶ *Zentrale Kommunikationsverbindungen* zu Sozialversicherungsträgern und anderen externen Partnern bündeln die Informationsflüsse und schaffen so die Voraussetzung für die elektronische Datenübermittlung.

Dabei darf jedoch ein Nachteil traditioneller RZ-Verarbeitung nicht übersehen werden: Der Zeitbedarf zwischen dem Eingang der zu verarbeitenden Information und dem Rückempfang der verarbeiteten Information beim Unternehmen. Dies ist um so bedeutsamer, wenn durch das Outsourcing dieser Aufgabe der Steuerberater als weiterer Prozeßbeteiligter zwischengeschaltet ist. Eine ganz wesentliche Aufgabe besteht also darin, durch Einsatz modernster Kommunikationstechniken diesen vordergründigen Zeitnachteil einer zentralisierten Verarbeitung zu vermeiden.

In der von DATEV angebotenen Lösung werden die mit einem PC-gestützten Erfassungsprogramm in der Steuerkanzlei oder direkt im Unternehmen des Mandanten erfaßten oder aus einem Erfassungssystem übernommenen Abrechnungsdaten zunächst über das Datennetz zur Probeabrechnung an das Rechenzentrum übertragen. Die Ergebnisdaten der Probeverarbeitungsläufe, die gestaffelt in Abständen von nur wenigen Minuten starten, werden automatisch über das Datennetz an den jeweiligen Absender zurückübertragen. Hierzu muß sich die empfangende Workstation nicht im Wartezustand befinden, da der Datenempfang über die aktive ISDN-Karte im Hintergrund abgewickelt wird. Der Anwender kann also nach dem Absenden der Abrechnungsdaten an das Rechenzentrum die Bearbeitung einer neuen Aufgabe mit einem anderen Programm beginnen. Der Eingang der Ergebnisdaten der Probeabrechnung wird lediglich anhand einer Meldung signalisiert. Nachdem die Auswertungen in der Kanzlei durch den Steuerberater auf Vollständigkeit und Richtigkeit überprüft worden sind, kann die tatsächliche Verarbeitung der Daten im Rechenzentrum mit dualem Versand der gedruckten Auswertungen an Unternehmer und Berater angestoßen werden. Mit dem Ende der Verarbeitung können alle elektronisch zu übertragenden Daten (z. B. Lohnsteueranmeldungsdaten, Sozialversicherungsdaten, etc.) direkt vom Rechenzentrum an die jeweiligen Empfänger übermittelt werden.

Attraktivität der Auftragsbuchführung

Will der mittelständische Unternehmer zur Steuerung seines Unternehmens zeitnah auf Informationen aus seiner Buchführung zugreifen, so scheint dies auf den ersten Blick der Abwicklung seiner Buchführung durch einen Dritten zu widersprechen. Im Sinne einer Konzentration auf die Kernkompetenzen seines Unternehmens wäre es jedoch sicherlich der falsche Weg, nur deshalb die Buchführung selbst erledigen zu wollen. Denn benötigt werden *Informationen* aus der Buchführung, nicht jedoch die Buchführung selbst.

Um sicherzustellen, daß die Auslagerung der Buchführungserstellung an den Steuerberater nicht dem Ziel der zeitnahen Informationsversorgung zuwiderläuft, ist eine Form der Auftragsbuchführung gefordert, die beide Ziele gleichrangig nebeneinander berücksichtigt.

Wichtig sind vor allem:

▶ eine arbeitsteilige Organisation der Buchführung zwischen Mandant und Berater,

▶ eine Vernetzung der betreffenden Informationssysteme,

▶ die weitgehende Vermeidung von Medienbrüchen durch Nutzung der Möglichkeiten elektronischer Datenübertragung mit den anderen Prozeßbeteiligten.

Arbeitsteilige Organisation der Buchführung

Das Produkt- und Dienstleistungsangebot der DATEV im Bereich des Rechnungswesens ermöglicht es dem Steuerberater, ein verteiltes Informationssystem zu implementieren, das individuell auf die Informationsbedürfnisse seines Mandanten ausgerichtet ist. Ein auf Anwender ohne Buchführungskenntnisse zugeschnittenes Programm hilft dem Unternehmer die Geschäftsvorfälle belegorientiert zu erfassen und nach vorab definierbaren Kategorien zu ordnen. Auswertungen auf diesen Datenbestand, wie z. B. eine Übersicht zur Zahlungsdisposition oder eine Kostenstrukturanalyse, sind zu jedem Zeitpunkt abrufbar.

In regelmäßigen zeitlichen Abständen werden die erfaßten Belegdaten an die Steuerkanzlei übertragen, wo eine Nachbearbeitungskomponente die erfaßten Geschäftsvorfälle analysiert und entsprechende Kontierungsvorschläge generiert, soweit die vorliegenden Informationen dies erlauben. Der Steuerberater kontrolliert den aufbereiteten Buchungsstoff und nimmt eventuelle Korrekturen vor, die im „lernenden System" der Nachbearbeitungskomponente gespeichert werden. Auf diese Weise können wiederkehrende Geschäftsvorfälle künftig mit hoher Qualität buchhalterisch korrekt vorbereitet werden. Ferner werden durch den Steuerberater jene Teile des Buchungsstoffes ergänzt, die nur mit seinem handels- und steuerrechtlichen Wissen zuverlässig und richtig bearbeitet werden können, wie z. B. die Erfassung von Abschreibungen, die Bewertung von Inventurbeständen oder die Bildung von Rückstellungen. Dem Steuerberater bleibt damit mehr Zeit für die betriebswirtschaftliche Interpretation zeitnah erstellter Auswertungen und die darauf aufbauende betriebswirtschaftliche Beratung.

Die Daten bereits abgeschlossener Buchungsperioden können optional an das Rechenzentrum übertragen werden, das sie in den bestehenden Kontext der gespeicherten Buchführung integriert. Das Massenspeichersystem hält die Daten der drei jüngsten Buchungsjahre für den Fall einer Rückübertragung in die Steuerkanzlei im direkten Zugriff, während die Daten weiter zurückliegender Buchungsjahre optional in ein Archiv überführt werden, das die Reproduzierbarkeit aller gesetzlich geforderten Auswertungen über einen Zeitraum von zehn Jahren garantiert.

Vernetzung der Informationssysteme

Die Übertragung der Daten zwischen Mandant und Steuerberater wird aus wirtschaftlichen Gründen auf der Basis von Wählverbindungen erfolgen. Voraussetzung für die Übermittlung per File Transfer ist, daß die Kommunikationsausstattung auf der Seite des

Unternehmers wie auch auf der Seite des Steuerberaters identisch ist, das heißt es müssen miteinander kompatible Modems oder ISDN-Karten und Übertragungsprogramme vorhanden sein. Da man jedoch davon ausgehen kann, daß diese Voraussetzung in der Praxis in den seltensten Fällen gegeben ist, bietet sich als Alternative zum File Transfer die Übermittlung der Daten per E-Mail an. Hier könnte z. B. ein Online-Dienst wie T-Online zum Einsatz kommen, der von den Kommunikationspartnern möglicherweise bereits für Electronic Banking genutzt wird. Neben die Entscheidungsfreiheit bezüglich der Hardware und des Übertragungsprogramms tritt ein weiterer wesentlicher Vorteil: Zum Zeitpunkt des Sendens von Daten muß der PC des Kommunikationspartners nicht – wie etwa beim File Transfer – zwingend empfangsbereit sein. Vielmehr können die in den elektronischen Briefkasten eingestellten Dateien vom Empfänger genau dann entnommen werden, wenn der Arbeitsablauf dies erfordert.

Vermeidung von Medienbrüchen

Sämtliche Geschäftsvorfälle eines Unternehmens werden zum Zweck der Rechnungslegung in dessen Buchführung erfaßt. Die Buchführung stellt damit eine geradezu ideale Informationsbasis zur Gewinnung entscheidungsrelevanter Informationen für das Management dar. Jedoch vergeht vom Entstehen eines Geschäftsvorfalls bis zum Vorliegen des entsprechenden Buchungssatzes oftmals annähernd ein Monat. Dabei beträgt die reine Bearbeitungszeit weniger als eine Stunde. Verantwortlich für dieses krasse Mißverhältnis sind vor allem Transport- und Liegezeiten, die durch wiederholte Medienbrüche entstehen.

Deutlich wird dies, wenn man sich z. B. den Zahlungsverkehr als Prozeßkette mit den Prozeßpartnern *Kunde, Lieferant, Bank des Kunden, Bank des Lieferanten* und *Steuerberater* vorstellt (siehe Abbildung 2).

 Dieter Kempf und Walter Lösel

So werden die Zahlungsverkehrsdaten des Überweisungsformulars von der Bank des Kunden elektronisch erfaßt und nach erfolgter Transaktion von der Bank des Lieferanten wieder als Kontoauszug ausgedruckt. Eine erneute Erfassung dieser Daten in das Buchführungssystem erfolgt dann beim Steuerberater. Schießlich wandert die Information in Form einer gedruckten Auswertung wieder zum Lieferanten.

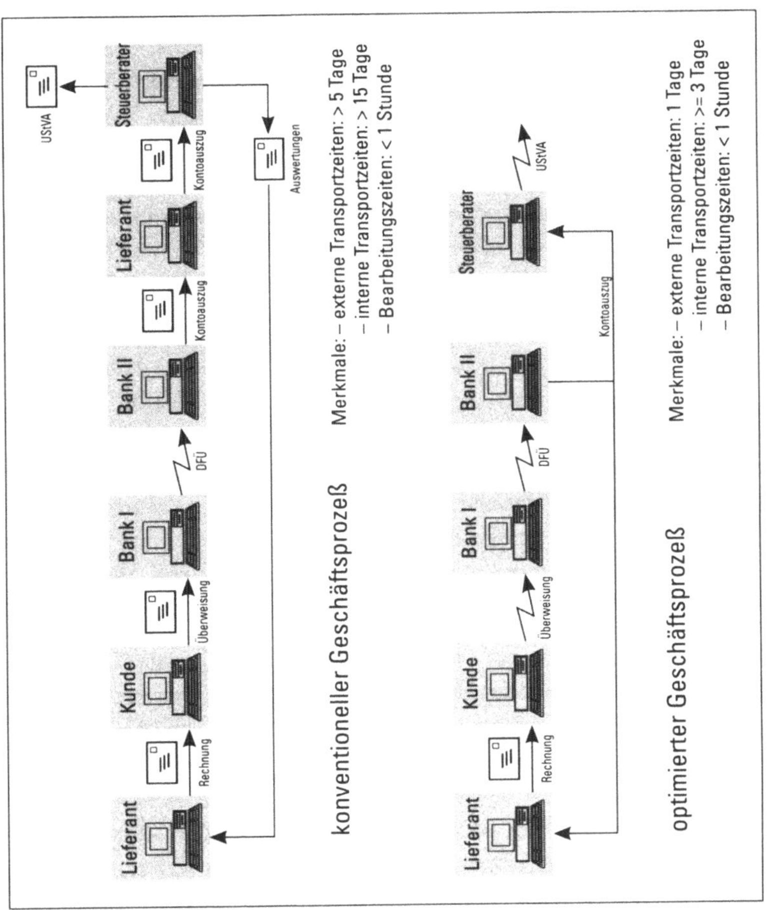

Abbildung 2: Zahlungsverkehr als Prozeßkette

Über zwei Ansatzpunkte läßt sich hier eine wesentliche Verkürzung des Gesamtprozesses erreichen:

▶ Zunächst ist zur Beseitigung von Medienbrüchen mit der Folge von Mehrfacherfassungen zwischen den beteiligten Stellen die Übermittlung der Daten in elektronischer Form zu etablieren. Während im betrachteten Beispiel der Kunde elektronische Überweisungen inzwischen problemlos mit bankspezifischer Software ausführen kann, stellt sich für den Steuerberater das Problem, daß er mit einer Vielzahl von Geschäftsbanken kommunizieren müßte, um die jeweiligen Kontoauszugsinformationen in die von ihm betreuten Finanzbuchhaltungen übernehmen zu können. Hier bietet die DATEV eine Lösung an, bei der das Rechenzentrum als Konzentrator fungiert, das heißt die von den Geschäftsbanken kommenden Informationsströme aufnimmt, sortiert und der Steuerkanzlei in einem einheitlichen Format für die Weiterverarbeitung in der Buchführung zur Verfügung stellt.

Der einen bestimmten Zahlungsvorgang dokumentierende Kontoauszug enthält in der Regel alle Informationen, die zur Verbuchung des zugrundeliegenden Geschäftsvorfalls erforderlich sind. In der überwiegenden Zahl handelt es sich zudem um wiederkehrende Zahlungsvorgänge mit gleich- oder ähnlichlautenden Buchungstexten. Hier setzt die DATEV mit einem selbstlernenden Expertensystem an, das mit großer Zuverlässigkeit zutreffende Kontierungsvorschläge generiert und die Steuerkanzlei von zeitaufwendiger Routinearbeit befreit.

Der Datenaustausch zwischen dem Unternehmer, seiner Geschäftsbank und seinem Berater ist jedoch nur ein Beispiel für die Nutzung elektronischer Datenübertragung zur Erhöhung der Attraktivität der Auftragsbuchführung. Mit der elektronischen Übertragung des Buchungsstoffes in das Rechenzentrum erschließen sich der Unternehmer und sein Berater auch den Vorteil der Teilnahme an verschiedenen Datenübermittlungsverfahren. Zu nennen sind hier insbesondere die Übermittlung der Daten der Umsatzsteuervoran-

 Dieter Kempf und Walter Lösel

meldung und der sogenannten zusammenfassenden Meldung. In beiden Fällen ersetzt die elektronische Übertragung vollständig die Meldung auf amtlichen Vordrucken. Dies erspart dem Berater nicht nur das Vorhalten, Drucken und Verschicken länderspezifischer amtlicher Vordrucke, sondern auch die Überwachung der gesetzlich vorgeschriebenen Abgabefristen.

Data Warehousing

Viele Unternehmen haben erkannt, daß fundiertes Wissen über das eigene Unternehmen, den Markt und die Mitbewerber, vor allem aber über das Verhalten der Kunden die wichtigste Voraussetzung ist, um Entwicklungsstrategien umsetzen, ja überhaupt erst klar formulieren zu können. Und obwohl die meisten Unternehmen operative Systeme zur Datenverarbeitung und Datenverwaltung einsetzen, werden die Anforderungen der Entscheidungsträger an die Verfügbarkeit gerade dieser Informationen nicht ausreichend befriedigt.

Obwohl in den verschiedenen operativen Systemen Unmengen von Daten gespeichert sind, sind sie als Basis für Ad-hoc-Analysen und Entscheidungen denkbar schlecht geeignet, weil die Daten

▶ transaktionsorientiert statt themenorientiert gespeichert sind,

▶ in unterschiedlichen Codierungen, Formaten und Speichermedien vorliegen,

▶ inhaltlich gar nicht oder nur unzureichend beschrieben sind,

▶ sich nur für begrenzte Zeit im Online-Zugriff halten lassen und

▶ nicht mit geeigneten Endbenutzer-Werkzeugen ausgewertet werden können.

Hier setzt das Data Warehouse-Konzept an. Kernstück eines Data Warehouse ist ein eigenständiges Datenbanksystem, das in regelmäßigen Zeitintervallen, in der Regel täglich, mit Daten aus den verschiedenen operativen Systemen des Unternehmens, z. B. Auftragsbeständen, Produkt-, Kunden- oder Lieferantenstammdaten, eventuell ergänzt um Daten aus externen Quellen wie Börseninformationsystemen oder Wirtschaftsdatenbanken, versorgt wird. In der Regel bleibt bei der Einspielung der neuen Daten der bisherige Datenbestand erhalten, so daß eine Datenhistorie mit dokumentierten Zeitbezügen entsteht.

Die Datenbank selbst ist jedoch nur die eine Seite. Was ein leistungsfähiges Data Warehouse auszeichnet, sind funktionelle und flexibel einsetzbare Endbenutzer-Werkzeuge – intuitiv bedienbare, graphisch unterstützte Abfrage-Tools mit vielfältigen statistischen und analytischen Funktionen. Das Data Warehouse wird damit zu einem ›Informationslager‹, in dem produktive, historische und externe Daten miteinander vernetzt sind und im Kontext ausgewertet werden können.

Ein weiteres Merkmal eines Data Warehouse ist es, die Informationen auf einer möglichst detaillierten Ebene abzubilden. Damit läßt sich hinreichende Flexibilität gegenüber sich ändernden Informationsbedürfnissen gewinnen. Ziel ist es, bei entsprechenden Suchabfragen – dem Drill-down – bis auf die Ebene des einzelnen Geschäftsvorfalls vordringen zu können. Aggregierte Darstellungen lassen sich bei Bedarf mit den Analysewerkzeugen dann leicht aus den Grunddaten entwickeln.

Bei der technischen und organisatorischen Auslegung des Systems stehen nicht die Anforderungen, die an ein operatives System zu stellen sind, wie z. B. Transaktionssicherheit oder das Recovery, im Vordergrund, sondern einzig die Fähigkeit, komplexe Suchanfragen möglichst schnell zu bearbeiten. Weil auf die Daten nur lesend zugegriffen wird und daher Datenmanipulationen ausgeschlossen sind, kann diese Optimierungsstrategie umgesetzt werden ohne Datensicherheitsaspekte zu vernachlässigen.

 Dieter Kempf und Walter Lösel

Diesen grundsätzlichen Überlegungen folgt auch die DATEV beim Aufbau ihres Data Warehouse-Angebots. Das Data Warehouse wird zunächst mit Daten gefüllt, die bereits im Rechenzentrum gespeichert sind. All diese Datenbestände liegen heute in einer Speicherform vor, die im Hinblick auf die Massendatenverarbeitung auf dem Großrechner optimiert wurde. Eine davon abweichende Auswertung dieser Daten ist nur mit speziellen Programmen möglich. Ziel des Data Warehouse ist es daher, dem Steuerberater die Daten seiner Mandanten über das Netz in einer Form bereitzustellen, die eine flexible Auswertung und Weiterverarbeitung in Standardprogrammen auf dem PC ermöglicht. In einer weiteren Ausbaustufe wird das Data Warehouse-Angebot um verschiedene Verbundkomponenten ergänzt, um auch Datenbestände mit einzubinden zu können, die nicht im Rechenzentrum der DATEV, sondern vor Ort in der Steuerkanzlei gespeichert sind. Die Vision ist, mit dem Data Warehouse ein differenziertes Angebot zu schaffen, das vom einfachen PC-Auskunftssystem in der Kanzlei bis hin zum betriebsstätten-übergreifenden, vernetzten Informations- und Analysesystem den Informationsbedürfnissen des Steuerberaters gerecht wird.

Ein Novum ist auch die Oberfläche, über die der Anwender auf das Data Warehouse zugreifen können wird. DATEV bedient sich hierbei einer Technologie, wie sie auch im Internet – genauer: im World Wide Web – zum Einsatz kommt: HTML (Hypertext Markup Language) hat sich bereits weltweit als Standard für die Präsentation multimedialer Information auf dem PC durchgesetzt.

Ohne hier im Detail darstellen zu wollen, welche Bandbreite von Auswertungsmöglichkeiten auf der Basis des Data Warehouse möglich sein werden, soll zumindest an einem kleinen Beispiel gezeigt werden, wie die Sache funktioniert.

Unter der Rubrik 'Aktuelle Informationen' wird der Steuerberater über ausgewählte gesetzliche Neuerungen oder Änderungen wie

z. B. das Jahressteuergesetz, aber auch über bestimmte Förderprogramme des Bundes oder der Europäischen Union informiert. Neu daran ist, daß diese Informationen nicht statisch und isoliert, sondern dynamisch im Kontext der vorhandenen Mandatsverhältnisse des Steuerberaters dargestellt werden. Wenn z. B. ein neu aufgelegtes Förderprogramm der Europäischen Union Fördermittel für mittelständische Unternehmen in Aussicht stellt, die einen Umsatz von 100 Millionen ECU per anno und eine Mitarbeiterzahl von 200 nicht überschreiten, wird der Anwender nicht nur diese Information bekommen. Vielmehr werden dazu gleich alle Mandantenbetriebe aufgelistet, die die formellen Kriterien des Förderprogramms erfüllen – die dynamische Selektion aus dem Data Warehouse macht es möglich.

Der Steuerberater hat also ohne lange zu suchen, quasi auf Knopfdruck, genau die Informationen zur Hand, die er braucht, um entscheiden zu können, ob einer oder mehrere seiner Mandanten für diese spezielle EU-Förderung in Betracht kommen.

Multimedia

Videokonferenztechnik

Mit dem flächendeckenden Einsatz der Videokonferenztechnik werden die bestehenden elektronischen Kommunikationswege Telefon und E-Mail um eine multimediale Variante ergänzt, die die ortsversetzte Kommunikation weiter verbessern wird. Erste Wirtschaftlichkeitsrechnungen belegen, daß sich der Investitionsaufwand für die Beschaffung und Einführung dieser Technik in relativ kurzer Zeit amortisiert.

DATEV setzt im Bereich der Videokonferenztechnik drei unterschiedliche Systemtypen ein:

- Raumvideokonferenzsysteme

- Desktop-Videokonferenzsysteme

- Portable Raumvideokonferenzsysteme

Unterstützung der internen Kommunikation

Neben den drei Standorten der Unternehmenszentrale in Nürnberg sind die acht größten der insgesamt 26 Geschäftsstellen mit einem Raumvideokonferenzsystem ausgestattet. Alle übrigen Geschäftsstellen kommunizieren über Desktop-Videokonferenzsysteme.

Die flächendeckende Ausstattung aller Standorte der DATEV mit Videokonferenztechnik sichert einen schnellen und effizienten Informationsaustausch zwischen Außendienst und Unternehmenszentrale. Gerade bei der Vermarktung komplexer Softwareprodukte mit hohem Integrationsniveau und sich verkürzenden Produktzyklen ist ein optimaler Informationsfluß zwischen der Produktentwicklung, den zentralen Marketingstellen und den Mitarbeitern des Außendienstes von höchster Bedeutung.

Besprechungen bzw. Abstimmrunden im Rahmen des Tagesgeschäfts eignen sich am besten für die Abwicklung über ein Videokonferenzsystem. Die positiven Erfahrungen wurden mit den unterschiedlichsten Varianten gemacht: Konferenzen zwischen zwei Personen, zwischen einer Person und einer Gruppe, zwischen zwei Gruppen. Nach einer kurzen Eingewöhnungsphase laufen diese Besprechungen genauso flüssig ab wie bei persönlicher Anwesenheit aller Gesprächspartner. Entscheidend ist, daß die Technik für den Nutzer in den Hintergrund tritt und Bedienvorgänge einfach bzw. weitgehend automatisiert ablaufen.

Auch für Schulungsmaßnahmen und Vorträge für die Außendienst-mitarbeiter, insbesondere für die kurzfristige Vermittlung von Hintergrundwissen zu steuerrechtlichen Neuerungen oder Programmvorführungen, hat sich die Videokonferenztechnik bislang überwiegend gut bewährt. Ganz wesentlich trägt hier die Möglichkeit zur Interaktion mit dem Vortragenden zur Akzeptanz bei den Teilnehmern bei.

Gezeigt hat sich jedoch auch, daß kommunikationsintensivere Schulungsmaßnahmen für eine Abwicklung über Videokonferenztechnik weniger geeignet sind. Dazu zählen EDV-Schulungen, die Vermittlung von Fertigkeiten wie z. B. Präsentationstechnik oder Projektmanagement und schließlich die Durchführung von Verhaltenstrainings. Also überall dort, wo die Teilnehmer eine aktivere Rolle einnehmen bzw. sich an der Erarbeitung von Inhalten beteiligen.

Zu berücksichtigen ist auch, daß Vorträge bzw. Schulungseinheiten nicht 1 : 1 für die Durchführung über Videokonferenztechnik übernommen werden können. In der Regel ist eine Überarbeitung bzw. Neukonzeption bezüglich Dauer, Dramaturgie, Lehrmethode, Übungen, Unterlagen und Medieneinsatz erforderlich, um zufriedenstellende Ergebnisse zu erzielen. Abgesehen von höherem Vorbereitungsaufwand kommt auf den Referenten zudem auch Schulungs- bzw. Einarbeitungsaufwand hinsichtlich der Systembedienung sowie der Methodik und Didaktik des Tele-Teaching zu.

Unterstützung der Kommunikation mit dem Kunden

Die Eignung der Videokonferenztechnik zur Unterstützung der externen Kommunikation, also der Kommunikation mit DATEV-Anwendern, ist bereits in verschiedenen Varianten getestet worden. Obwohl die Erfahrungen bislang positiv ausfielen, darf nicht übersehen werden, daß diese Technik für viele Kunden einen momentanen Neuheitswert besitzt und deshalb schon aus sich heraus interessant wirkt. Abgesicherte Erfahrungswerte lassen sich erst durch den routinemäßigen Einsatz des Mediums über einen längeren Zeitraum gewinnen.

Die regelmäßig stattfindenden Kundenveranstaltungen in den Geschäftsstellen, etwa zur Präsentation eines neuen Produkts oder einer neuen Programmversion, bieten z. B. einen guten Ansatzpunkt für den Einsatz von Videokonferenztechnik. Obwohl ein vor Ort anwesender Referent durch entsprechenden Medieneinsatz nicht vollständig substituiert werden kann – und auch nicht soll, läßt sich einer solchen Veranstaltung durch Hinzuschalten eines oder mehrerer Experten aus der Unternehmenszentrale eine besondere Note geben. So könnte z. B. der zuständige Projektleiter der Entwicklung bei der Vorstellung eines neuen Produkts Fragen des Publikums zu technischen oder betriebswirtschaftlichen Detaillösungen per Videokonferenz beantworten. Den Kunden wird hierdurch deutlich signalisiert, daß sie nicht zu einer „Verkaufsshow" eingeladen worden sind, sondern zu einer Veranstaltung, die ihnen ein Optimum an Information bieten will.

Durch den Einsatz eines portablen Videokonferenzsystems wird dieser Ansatz aufgegriffen und variiert. In speziellen Informationsveranstaltungen werden den Mitgliedern und Kunden nicht nur Fachvorträge zu aktuellen Themen geboten, sondern auch die Möglichkeit, bestimmte Fragestellungen im direkten Gespräch mit Fachmitarbeitern oder der Geschäftsleitung zu erörtern. Der besondere Vorteil liegt nun darin, daß diese Gesprächspartner der Veranstaltung ortsversetzt und temporär zugeschaltet werden können.

Ein weiterer Ansatz für den Einsatz der Videokonferenztechnik wurde bereits im Rahmen der CeBIT 96 auf dem Messestand der DATEV erprobt. Die Idee ist, ein in der Unternehmenszentrale in Nürnberg stattfindendes Expertengespräch über ein aktuelles Thema live zum Messestand zu übertragen und – in einem etwas abgeschirmten Teil des Standes – auf einem Großbildschirm zu zeigen. Interessierte Messebesucher können sich dann in die Gesprächsrunde einklinken und selbst Diskussionsbeiträge oder Fragen zum Thema beisteuern, die von den Experten beantwortet werden.

Mit zunehmender Verbreitung der PC-gestützten Videokonferenzsysteme im Markt kommt deren Anwendung auch als Service-Werkzeug in Betracht. So lassen sich z. B. bei der Betreuung komplexer und hochintegrierter Anwendungssoftware schwierige Fragen zur Systemkonfiguration oder Programmanwendung im Dialog zwischen Steuerberatungskanzlei und zentraler Servicestelle klären. Mit Hilfe des *Application Sharing*, einer Funktion, die es zwei miteinander verbundenen Kommunikationspartnern (PCs) erlaubt, gemeinsam auf eine lokale Anwendung zuzugreifen, können beide Seiten Konfiguration und aktuelles Anwendungsprogramm auf ihren Bildschirmen abbilden und die einzelnen Arbeitsschritte zur Modifikation oder Ausführung detailliert nachvollziehen. Aus Sicherheitsgründen werden dabei alle Aktivitäten der jeweiligen Partner des Application Sharing detailliert protokolliert und können damit zu jedem beliebigen Zeitpunkt exakt nachvollzogen werden.

Unterstützung der Kommunikation zwischen Berater und Mandant

Der Einsatz von Desktop-Videokonferenzsystemen kann die oben geschilderte arbeitsteilige Organisation der Buchführung in hervorragender Weise unterstützen. In diesem Szenario verfügen der Berater und sein Mandant über ein derartiges Konferenzsystem. Detailfragen zu übermittelten Geschäftsvorfällen, zum verarbeiteten Buchungsstoff oder den daraus abgeleiteten Beratungshinweisen können damit ortsversetzt optisch und akustisch besprochen und erläutert werden. Beratungshinweise können vor den Augen des Mandanten entwickelt und gemeinsam auf seine ganz spezifische Situation hin optimiert werden.

Computergestützter Unterricht

Ein breites Einsatzfeld für interaktive, multimediale Anwendungen bietet der computergestützte Unterricht (Computer Based Training = CBT). Auch hier gilt es, Kommunikationsprozesse durch den Einsatz geeigneter Medien zu optimieren – Kommunikationsprozesse, die zwischen dem Lernenden und dem Lernprogramm ablaufen. Nicht zuletzt hängt davon der Lernerfolg ab.

Die Vermittlung von Lerninhalten über verschiedene Medien kombiniert mit der Möglichkeit der Interaktion kommt dem natürlichen Wahrnehmungsvermögen und den Lerngewohnheiten des Menschen entgegen. Der Lernende steht dabei im Mittelpunkt des Geschehens und bestimmt selbst, welche Information er wann aufnimmt, indem er – systematisch oder intuitiv – die jeweils nächste Information selektiert. CBT wird damit den individuellen Lernbedürfnissen in einem hohen Grad gerecht.

Selbstlernprogramme für die Aus- und Weiterbildung der Mitarbeiter ergänzen bei der DATEV bereits seit langem das breite Angebot konventioneller Schulungen. Dabei wird CBT vor allem zur Vorbereitung auf bestimmte Seminare wie z. B. zur objektorientierten Softwareentwicklung eingesetzt, da sich die Mitarbeiter oft mit unterschiedlichen Voraussetzungen und Erwartungen für ein Seminar anmelden. Hier schafft der vorgeschaltete CBT-Kurs einen höheren Grad an Homogenität. Ein weiterer wesentlicher Aspekt liegt in der Optimierung des zeitlichen Ablaufs, da Schulungen häufig „just in time" durchgeführt werden müssen und die Zielgruppe mitunter recht groß ist. Durch den Einsatz von CBT lassen sich die Präsenzphasen für den Lernenden verkürzen und dafür zeitliche Freiräume im eigentlichen Seminar schaffen, die für die Behandlung schwierigerer Fragestellungen erforderlich sind.

Ein Informationssystem, das wöchentlich aktualisiert wird, informiert die Mitarbeiter über das gesamte Schulungsangebot einschließlich Termine und über die aktuelle Belegung der einzelnen Seminare. Die Anmeldung selbst läuft über ein elektronisches Formular, das per E-Mail an die Schulungsabteilung verschickt wird. Lernprogramme erhält der Mitarbeiter dann auf CD-ROM zugeschickt bzw. kann er über das LAN von einem Fileserver auf seinen eigenen PC herunterladen, falls dieser über die erforderlichen Ausstattungsmerkmale verfügt und es sich um Lerninhalte handelt, die eine Bearbeitung direkt am Arbeitsplatz sinnvoll erscheinen lassen. Andernfalls stehen entsprechend ausgestattete Multimedia-PCs sowie Fachkräfte zur Beratung und Betreuung in den Schulungszentren des Unternehmens zur Verfügung. Selbstverständlich ist auch das Ausleihen von CBT-Software für das häusliche Studium möglich.

Die Bandbreite der multimedialen Lernprogramme reicht von Sprachkursen über Softwareentwicklungstechniken bis hin zu allgemeinen Arbeitsplatztechniken wie das professionelle Telefonieren. Unterschiedlich stark ausgeprägt ist dabei die Medienunterstützung, die sich in den verschiedenen Kursen von graphischen Animationen über Ton- und Videosequenzen bis hin zur Spracheingabe über Mikrophon erstreckt.

Festzuhalten bleibt, daß bei der Auswahl multimedialer CBT-Software für die betriebliche Aus- und Weiterbildung – abgesehen von den inhaltlichen Qualitätsanforderungen – auf einen den Lerninhalten und -zielen angemessenen Medieneinsatz zu achten ist. Eine Überforderung des Lernenden darf nicht eintreten. Wichtig ist die Kombination und Integration verschiedener Formen des Lernens: Der Lernende muß alternative Möglichkeiten haben, sich Inhalte anzueignen, um einen optimalen Lernerfolg erzielen zu können.

 Dieter Kempf und Walter Lösel

Multimediale Präsentationssysteme

Das derzeit wohl bekannteste und sich mit rasender Geschwindigkeit verbreitende multimediale Präsentationssystem ist das World Wide Web, die „multimediale Abteilung" des Internet. Die herausstechendste Eigenschaft des Web ist es, Informationen jeglicher Art, ob Text, Bild, Ton- oder Videosequenzen, weltweit verfügbar zu machen. Durch die konsequente Anwendung des Seitenbeschreibungsstandards HTML bei der Definition der sogenannten Web-Seiten ist die Information unabhängig von der Betriebssystemplattform auf jedem PC darstellbar. Benötigt wird lediglich ein Browser-Programm wie z. B. der Netscape Navigator oder der Internet Explorer von Microsoft, das für die Wiedergabe der Information auf dem Bildschirm sorgt und die Navigation im Internet unterstützt. Durch vielfältige Verknüpfungen, sogenannte *Hyperlinks*, die der Anwender per Tastendruck aktivieren kann, sind die Informationsbestandteile miteinander vernetzt. Dabei spielt die Frage nach dem geographischen Ort der Informationsspeicherung keine Rolle mehr. Durch einfaches Anklicken der Hyperlinks bewegt sich der Anwender interaktiv durch Informationsseiten, die auf einem lokalen Netzcomputer oder aber auf einem Computer gespeichert sein können, der weit entfernt z. B. in den USA oder in Japan steht. Da es keine gesicherten Erkenntnisse über die Größe des Web und seines Informationsangebots gibt, ist man auf Schätzungen angewiesen, die in 1996 ein Volumen von ca. 50 bis 100 Millionen Informationsseiten unterstellen. Innerhalb dieses scheinbar unbegrenzten und schier unüberschaubaren Informationsangebots helfen elektronische Suchmaschinen und Ordnungssysteme, an die gewünschten Informationen heranzukommen.

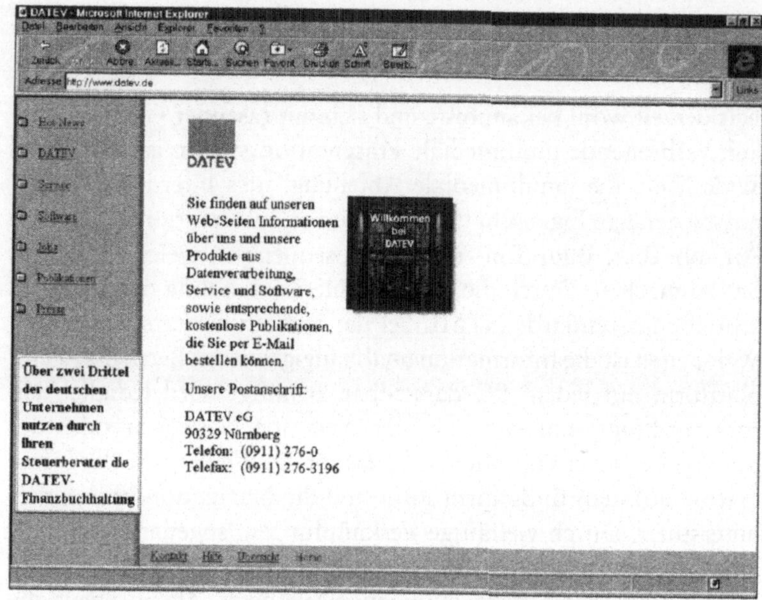

Abbildung 3: Die Homepage der DATEV im Internet (http://www.datev.de)

Unbestritten eignet sich das Internet vorzüglich für multimediale Unternehmenspräsentationen. Insbesondere Produktspektrum und Vertriebskanäle lassen sich markt- und zielgruppengerecht darstellen. So umfaßt das Online-Informationsangebot der DATEV im Internet inzwischen rund 100 Seiten. Es wendet sich zum einen an Personen, zu denen bereits Geschäftsbeziehungen bestehen, also z. B. DATEV-Mitglieder, die DATEV-Produkte und -Dienstleistungen nutzen, oder PC-Händler, die als zertifizierte Systempartner Komplettlösungen vermarkten und pflegen. Diese Zielgruppe wird zeitnah über Neuerungen im Produkt- und Dienstleistungsangebot sowie über aktuelle Themen und Termine informiert. Aber auch die interessierte Allgemeinheit findet reichlich Information zum Unternehmen selbst und dessen Historie. Studenten können sich über Praktikantenplätze und Einstiegschancen informieren. Speziell auf Journalisten zugeschnitten ist das Angebot von Pressemitteilungen, Kurzinfos, Redebeiträgen und Bildmaterial.

 Dieter Kempf und Walter Lösel

Die Web-Seiten sind hierarchisch strukturiert und können, ausgehend von der Einstiegsseite, bequem über ein dreistufiges Menü erreicht werden. Zusätzlich sind die Inhalte durch Hyperlinks miteinander verknüpft, um dem Anwender auch eine themenorientierte Navigation innerhalb des Informationsangebots zu ermöglichen (siehe Abbildung 3).

Als Gegenstück zum Online-Medium Internet stellt die CD-ROM das ideale Offline-Medium für multimediale Anwendungen dar. Aus dem CD-ROM-Angebot der DATEV sei hier nur kurz der elektronische Produktkatalog genannt, der den Anwender interaktiv auf der Basis von Text, Bild und animierter Graphik durch das Produkt- und Dienstleistungsangebot führt (siehe Abbildung 4). Auf dieser Plattform sind weitere Ausbaustufen mit Ton- und Videosequenzen denkbar, in denen z. B. typische Anwendungs- oder Problemszenarien und deren Lösungen dargestellt werden.

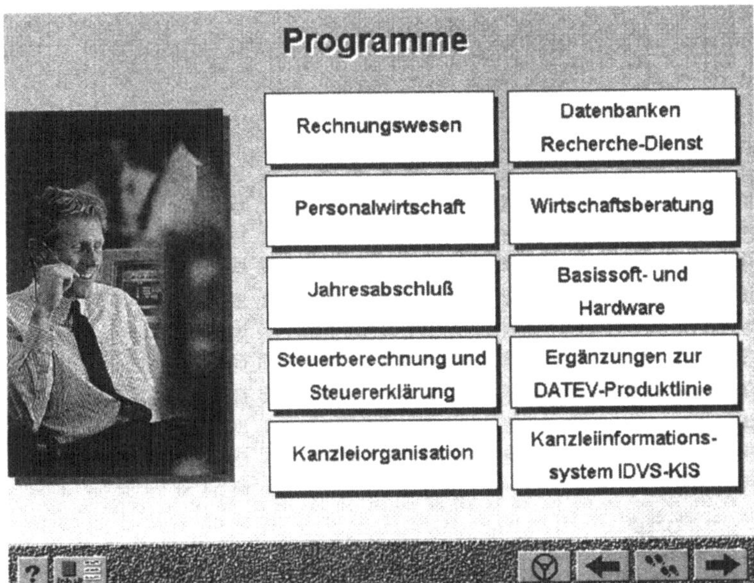

Abbildung 4: Elektronischer Produktkatalog auf CD-ROM

Zukunftsmodelle

Derzeit befinden sich eine ganze Reihe weiterer Multimedia-Anwendungen bei DATEV in der Erprobung. Davon sollen nur einige aus der Sicht des Unternehmens erfolgversprechende Ansätze skizziert werden.

Ausbaufähig in verschiedene Richtungen ist sicherlich das Thema Teleteaching. Im Rahmen des Nürnberger Citynetz-Projektes, ein Teilprojekt der Initiative Bayern Online, werden z. B. unterschiedliche Ansätze für das sogenannte *Learning on demand* erprobt. Hierbei handelt es sich um eine spezielle Ausprägung des computerunterstützten Lernens, bei der die gewünschte Lerneinheit erst auf Anforderung (on demand) von einem zentralen Server über das Netz an den PC des Lernenden übertragen wird. Auf der Basis der breitbandigen Verkabelung ist z. B. auch das Abspielen von Videosequenzen in Echtzeit möglich.

Der Trend zu immer größerer Funktionsvielfalt und Komfort in den Anwendungsprogrammen hält unvermindert an. Die damit verbundene zunehmende Komplexität der Programme muß jedoch auch für den ungeübten oder sich erst einarbeitenden Anwender handhabbar sein. Die bisherigen Erfahrungen zeigen, daß rein textorientierte Hilfesysteme von vielen Anwendern nicht angenommen werden. „Intelligente" Assistenten können hier Abhilfe schaffen, indem sie den Anwender interaktiv per Fragetechnik durch die gewünschten Arbeitsabläufe führen. Bei auftretenden Problemsituationen könnte zudem eine *sprechende Hilfe* die Ursachen des Problems erläutern und Hinweise zur Behebung bzw. Umgehung der Situation geben.

Ziel der von DATEV angebotenen Organisationsberatung ist es, Arbeitsabläufe und Geschäftsprozesse in der Steuerkanzlei optimal zu gestalten. Zu Demonstrationszwecken werden hier künftig auch die Möglichkeiten der sogenannten *Virtuellen Realität* herangezogen. Mit Hilfe eines virtuellen Kanzleimodells soll der Zusammenhang zwischen den von DATEV angebotenen Produkten und Dienstleistungen und deren Nutzen für den Kanzleiinhaber und seine Mitarbeiter visualisiert werden [5]. „Besucher" der virtuellen Kanzlei sehen z. B., wie sich der Arbeitsablauf vom Beleg zur Bilanz oder die Dokumentenorganisation unter Einsatz von DATEV-Produkten gestalten läßt. Dabei werden auch die Dienstleistungen Beratung, Schulung und Produktsupport in den Gesamtzusammenhang von Aufbau- und Ablauforganisation der Kanzlei gestellt. Virtuelle Kanzleimitarbeiter erläutern, welche Aufgaben sie innehaben und welche organisatorischen Regelungen in der Kanzlei getroffen sind.

Abbildung 5: Virtuelle Realität

Die Verbreitung von Multimedia wird auf der Anwenderseite begünstigt durch die technische Entwicklung und den Preisverfall auf dem Markt für PC-Systeme, der Multimedia-PCs mit entsprechenden Sound- und Graphikprozessoren, hochauflösenden Bildschirmen und Lautsprechern fast schon als Standard vermarktet. Vertreter der neuen Betriebssystemgeneration wie z. B. Windows 95 unterstützen den Betrieb von Multimedia-Komponenten durch Plug-and-Play-Installation und integrierte Treibersoftware. Auf der anderen Seite werden die Werkzeuge zur Erstellung von multimedialen Anwendungen wie z. B. Autorensysteme immer leistungsfähiger und damit auch komfortabler in der Handhabung. Die Voraussetzungen für eine weitere Zunahme des Angebots an Multimedia-Anwendungen sind daher ebenfalls günstig.

Die technischen Voraussetzungen für das Multimedia-Zeitalter sind geschaffen. Entscheidend für eine breite Akzeptanz auf dem Markt ist jedoch die Frage, ob es gelingen wird, dem Anwender durch die Integration multimedialer Bestandteile in seine gewohnte Informationsverarbeitungsumgebung einen zusätzlichen Nutzen zu verschaffen. Unter diesem Aspekt muß auch die DATEV prüfen, bei welchen ihrer elektronischen Dienstleistungen der Einsatz zusätzlicher Medien nicht nur technisch machbar ist, sondern dem Anwender eine höhere Qualität der Informationsverarbeitung bringt.

 Dieter Kempf und Walter Lösel

Neue Medien im Versandhandel

Wertschöpfungskette in der neuen Medienwelt

Dieter Schoch

Quelle, als Europas größtes Versandhaus, bedient im Jahr über zehn Millionen Kunden mit Waren und Dienstleistungen. Der Versandhandel unterscheidet sich in zwei wesentlichen Merkmalen von der stationären Form des Einzelhandels:

▶ Das Angebot erfolgt mit Hilfe von Medien, der umworbene Kunde hat also die angebotene Ware nicht direkt vor sich.

▶ Es besteht eine räumliche Trennung zwischen Anbieter und Nachfrager. Der persönliche Verkauf, wie er im stationären Handel üblich ist, entfällt.

Eine Optimierung des Marktauftritts im Versandhandel bedeutet also: Suche und Nutzung informierender und ansprechender Medien sowie die Verminderung der Nachteile der räumlichen Trennung.

Das Telefon kann hier nur bedingt Abhilfe schaffen. Zwar gibt es die Möglichkeit der persönlichen Kommunikation, die Darstellung der Ware ist jedoch nicht möglich. Gleichwohl spielt die telefonische Bestellannahme im Universalversand eine herausragende Rolle. Bei Quelle werden täglich etwa 100 000 telefonische Kundenbestellungen angenommen.

Dialog mit dem Kunden

Auf der Suche nach Kommunikationsformen, die auf die Bedürfnisse des Kunden besser ausgerichtet sind, werden von Quelle zunehmend die sogenannten Neuen Medien eingesetzt. Sie erlauben im Idealfall eine ansprechende Darstellung des Angebotes und Erklärung der Produkte sowie eine individuelle Angebotsgestaltung und problemlose Bestellmöglichkeit – und dies alles im Dialog mit dem Kunden. Die Entwicklung der Neuen Medien hat erst vor einigen Jahren begonnen. Quelle war bei dieser Entwicklung von Anfang an einer der Vorreiter. Dabei wird die Geschwindigkeit, mit der sich diese Entwicklung vollzieht, immer höher. Chronologisch lassen sich bei den Neuen Medien folgende Instrumente unterscheiden:

▶ Online Dienste

▶ Teleshopping

▶ CD-ROM

▶ ITV (Interaktives Fernsehen)

Online-Dienste

Bereits 1979 bot Quelle, als weltweit erstes Versandunternehmen, Waren über BTX an. BTX erlaubt es, sowohl Angebote der Quelle abzurufen, als auch über dieses Medium zu bestellen. Der Erfolg, der diesem Online-Dienst vorausgesagt wurde, blieb zunächst aus. BTX erlebt heute jedoch einen deutlichen Aufschwung. Dies ist vor allem auf eine mittlerweile perfektionierte Technik mit höheren Übertragungsgeschwindigkeiten zurückzuführen. Quelle hat darüber hinaus auch die Informationsmöglichkeiten für den Kunden verbessert. Nun können auch detaillierte Konto- und Lieferauskünfte abgerufen werden und auf Alternativ- und Zusatzangebote wird hingewiesen.

Im Jahre 1994 wurde als Alternative zur textorientierten Oberflä-
chengestaltung, eine grafische Benutzeroberfläche (ähnlich Windows) neu angeboten. Diese grafische Oberfläche, welche mit KIT
(Kernsoftware für intelligente Terminals) entwickelt wurde, hat
sich heute noch nicht vollständig durchgesetzt. Derzeit werden
beide Oberflächen gleichrangig nebeneinander genutzt.

Sicherlich bietet BTX noch eine Reihe von Möglichkeiten und wird
deshalb, auch aufgrund der wachsenden Teilnehmerzahl, noch an
Bedeutung gewinnen. Die Zukunft dieses Mediums im Versandhandel wird aber auch davon abhängen, wie schnell das interaktive
Fernsehen genutzt werden kann.

Quelle war im August 1995 an der Internationalen Funkausstel-
lung als erster deutscher Versender mit einer Homepage, einem
Produktangebot, allgemeinen Unternehmensinformationen und
Kommunikationsmöglichkeiten über E-Mail, im *Internet* vertre-
ten. Die Darstellung der Produkte erfolgte kombiniert in Text und
Bild mit Optionen für Video und Sound.

Diese wurde konsequent ausgebaut. Heute ist Quelle mit einer
neugestalteten Homepage im Internet-Design mit einem Sortiment
von ca. 600 Artikeln vertreten, so daß ein echtes interaktives
Shopping möglich ist. Der Kunde hat die Möglichkeit über eine
Suchfunktion nach bestimmten Produkten zu suchen, für ausge-
suchte Artikel kann er auf einen elektronischen Merkzettel zurückgreifen und zum Abschluß seine Bestellung aufgeben.

Nach Installation von Sicherheitssystemen wird ein Online-Be-
stellsystem an den Internet-Server angebunden. Die Realisierung
eines solchen Online-Systems wird eine sofortige Verifizierung der
Kundennummer und eine direkte Präsenzauskunft über den bestell-
ten Artikel möglich machen. Ein angeschlossenes Bestellsystem
ermöglicht dann auch eine sofortige Weiterleitung der Bestellung
(Nutzung des 48-Stunden Bestellservice!). Eine Zukunftsvision ist
es, das gesamte Katalog-Sortiment über Internet zugänglich zu
machen.

Die fortschreitende Vernetzung wird räumliche und zeitliche Grenzen relativieren, so daß eine neue Unmittelbarkeit der Kommunikation ermöglicht wird. Das Internet wird in Zukunft eine große Relevanz erfahren, da die neuen Medien der Information und der Kommunikation alle in Richtung Internet zusammenwachsen. Vor allem die jüngeren Menschen stellen hierbei eine wichtige Zielgruppe.

Der Nutzer hat die Möglichkeit, selbst über die konsumierten Inhalte zu bestimmen. Für Quelle bietet der Multimedia-Markt die Chance, das Kerngeschäft zu stärken und durch innovative Produkte und Dienstleistungen Zukunftspotentiale aufzubauen.

Teleshopping

Das Teleshopping bzw. Direct Response TV wurde bereits Ende 1987 von Quelle als erstem Anbieter in Deutschland in Zusammenarbeit mit Eureka gestartet. Dadurch konnten im Teleshopping wertvolle Erfahrungen gesammelt werden, wie z. B. über Art und Zusammensetzung des Angebotes und das Kundenverhalten in bezug auf Bestellungen und Retouren. Wegen schlechter Programmplätze, unzulänglicher Reichweiten und vor allem wegen der starken zeitlichen Beschränkungen des Teleshopping auf eine Stunde pro Tag stellte Quelle die Aktivitäten auf diesem Gebiet 1991 ein.

Auf den bisherigen Erfahrungen im Bereich Neue Medien aufbauend, hat Quelle zu Beginn des Jahres 1995 einen neuen Anlauf im Teleshopping gestartet. Gemeinsam mit PRO 7 haben wir die Firma H.O.T. (Home Order Television) gegründet. Die Ausweitung der Kabelkanäle, Verbesserungen bei der Satellitentechnik sowie Liberalisierungstendenzen auf europäischer Ebene haben diesen Schritt erleichtert. H.O.T. ging erstmalig im Oktober 1995 auf Sendung.

Die neue Teleshopping-Aktivität wird uns weitere Erfahrungen zur Vorbereitung unseres Einstieges in das interaktive Fernsehen liefern.

CD-ROM

Seit 1996 ist Quelle mit der dritten Generation der CD-ROM auf dem Markt. Die CD-ROM zeigt eine eigenständige Form der Produktdarstellung und ist somit kein Abbild des Kataloges. Die CD-ROM ist nicht nur auf reines Shopping/Verkaufen ausgerichtet, sondern zeigt einen Mix aus Unternehmenspräsentation, Information und Unterhaltung.

Mit ihrer hohen Speicherkapazität für Text, Ton, Stand- und Bewegtbilder stellt sie das Bindeglied dar zwischen dem traditionellen Teleshopping und dem interaktiven Fernsehen der Zukunft. In der Art der Warenpräsentation ist ein gewisses Maß an Interaktivität bzw. Individualität angelegt, da der Kunde nach eigenen Vorstellungen Artikel aufrufen und sich präsentieren lassen kann. Eine direkte Verbindung zum Quelle-Zentralrechner kann durch BTX aufgebaut werden. Damit kann der Kunde alle Bestell- und Informationsfunktionen nutzen, die auch bei BTX und Internet möglich sind.

ITV (Interaktives Fernsehen)

ITV ist die Integration von Fernsehen, PC und Telekommunikation zu einer Einheit. Damit ergibt sich die Möglichkeit der Online-Kommunikation zwischen Anbieter und Nachfrager in Echtzeit, multimedial, vom Fernsehsessel aus. In der Endausbaustufe werden verschiedenste Programm-, Waren-, Dienstleistungsangebote zur Verfügung stehen, so daß der Nutzer sich seine individuelle Programm- und Angebotspalette zusammenstellen kann. Er ist dabei nicht nur Reagierer sondern kann aktiv tätig werden und sich individuell beraten lassen. Für den Nutzer besteht die Möglichkeit der Kombination mit Bewegtbild und Ton. Der Benutzer bestimmt aktiv, zu welchen Produkten er Informationen haben möchte. Auch beim Interaktiven Fernsehen wird dem Kunden eine eigenständige Form der Produktdarstellung angeboten. Eine direkte Online-Anbindung an unser Bestellsystem soll aufgebaut werden.

Durch ITV werden eventuelle Nachteile des Versandhandels gemildert bzw. aufgehoben ohne auf die Vorteile verzichten zu müssen. Darüber hinaus unterstützt diese Technik die Internationalisierung eines Versandunternehmens, denn die Anpassung an andere Sprachräume kann mit geringem Zusatzaufwand vorgenommen werden. Da ein Unternehmen wie Quelle das Logistik-Know-how mitbringt, das sich andere Nutzer von ITV erst mühsam und kostenträchtig aneignen müssen, stellt ITV eine erhebliches Potential zur Verbesserung der Wettbewerbsposition dar. Um bereits frühzeitig Know-how im Bereich Interaktives Fernsehen aufzubauen, beteiligt sich Quelle an verschiedenen Feldversuchen, unter anderem in Nürnberg und Stuttgart. Quelle strebt den bundesweiten Auftritt mit interaktivem Fernsehen noch vor dem Jahr 2000 an.

Der Schlüssel zum Konsumenten

Die vielfältigen Einsatzmöglichkeiten
der SmartCard

Helmut Schmid

Mit der Chipkarte, die auch oft als SmartCard bezeichnet wird, ist es wie mit vielen wichtigen Erfindungen. Ihre kurzfristigen Auswirkungen werden drastisch überschätzt, ihre langfristigen Auswirkungen werden deutlich unterschätzt. Die kurzfristige Wirkung kann nur begrenzt sein, da SmartCards nicht für sich alleine nutzbar sind, sondern eine breite Infrastruktur brauchen. Außerdem wurde zwar die Idee für die SmartCard schon 1968 geboren, sie ist aber erst jetzt mit der entsprechenden Chiptechnologie sinnvoll einsetzbar.

Die langfristige Bedeutung der SmartCard leitet sich aus ihrer unglaublich breiten Einsatzmöglichkeit ab.

Was ist eine SmartCard?

Vereinfacht ausgedrückt ist eine SmartCard nichts anderes als ein PC, den man so flach gemacht hat, daß man ihn z. B. in eine Scheckkarte einbauen kann.

Die ein Quadratzentimeter große Goldfläche, die man dabei sieht, ist nicht der Chip, sondern nur die Kontaktfläche. Der Chip selbst hat heute eine Größe von ca. 20 Quadratmillimetern.

Der „SmartCard-PC" hat die üblichen Bestandteile eines PCs, nämlich: 1/0-Ports, CPU und Speicher. Über die schon angesprochenen Kontakte erfolgt die Stromversorgung und der Datenaustausch. Die CPU sorgt für die Verarbeitung. Derzeit geht das mit einer Verarbeitungsgeschwindigkeit von bis zu fünf Millionen Arbeitsschritten pro Sekunde. Das Betriebssystem ist in einem ROM-Speicher hinterlegt. Es läßt sich nicht mehr verändern, wenn es erst einmal eingebracht ist und bleibt auch ohne Strom erhalten. Als Arbeitsspeicher dient ein kleines RAM-Modul und als Datenspeicher ein EFPROM.

Hier liegen die Daten, die es zu bewahren, zu transportieren oder zu verarbeiten gilt. Heute sind hier bis zu 8 Kilobytes möglich, in Zukunft sicher sehr viel mehr.

Natürlich gibt es nicht nur einen SmartCard-Typ, sondern entsprechend den Einsatzgebieten verschiedene Ausprägungen.

Es gibt Karten, die kontaktlos arbeiten. Sie müssen nicht eingesteckt werden, sondern reagieren durch vorbeiführen an einem Lesegerät. Es liegt auf der Hand, daß diese Karten zwar für Zugangssysteme ideal sind, nicht aber für eine elektronische Geldbörse. Man könnte einem sonst, sozusagen im Vorbeigehen an der Haltestelle, das Geld aus der Tasche ziehen.

Die kontaktnutzende Karte gibt es als Speicherkarte und als Prozessorkarte. Speicherkarten haben ihre Einsatzbereiche dort, wo es darum geht, größere Datenmengen in einfacher Art zu transportieren und zu verarbeiten. Dieser Teilmarkt wird noch gewaltig wachsen und sehr stark den Konsumentenbereich verändern. Im Fotobereich könnte z. B. eines Tages der Film durch eine SmartCard ersetzt werden.

Prozessorkarten sind der Teil SmartCard, der landläufig mit diesem Ausdruck eigentlich gemeint ist:

Einsatzbereiche und Anwendungen

Eines ist sicher: Es sind noch lange nicht alle Einsatzbereiche erkannt. Durch neue Anwendungsideen werden sich immer neue Felder für die SmartCard eröffnen.

Heute schon selbstverständlich sind in der Telekommunikation die einfachen Telefonkarten und die Handykarten. Sehr schnell wird es hier einen neuen Typ geben, mit dem man ein beliebiges Telefon in einer Nebenstellen-Anlage zu seinem persönlichen Telefon mit allen Funktionen machen kann.

Ein noch sehr wenig erschlossenes Gebiet ist die Informationsspeicherung. Hier wird die CD-ROM eine starke Konkurrenz durch das preiswerte, robuste und kleine Medium SmartCard erfahren. Der geringe Stromverbrauch der SmartCard prädestiniert sie geradezu für den mobilen Einsatz.

Im Verkehrswesen gibt es bereits einige Pilotprojekte – vielleicht schon zu viele, vor allem da diese nicht untereinander kompatibel sind. Es wäre schön, wenn man mit einer Karte jedes öffentliche Verkehrsmittel und jedes Parksystem nutzen könnte.

Das Gesundheitswesen ist sicher der vom Datenschutz her sensibelste Bereich. Trotzdem wird sich aus Insel-Lösungen heraus hier die SmartCard als Patientenkarte durchsetzen. Das Medium ist einfach viel zu praktisch.

Das am weitesten gefächerte Spektrum an Lösungen wird im Bereich der Identifikation realisiert werden. Es gibt hier von der persönlichen Identifikation für Online-Dienste, über die Autoidentifikation für den Werkstattbetrieb (Kfz-Historie) über Maschinen-Historie beliebig viele Einsatzgebiete.

Bei all diesen Anwendungen öffnen sich Möglichkeiten und Vorteile, die dem „schnellen Realisieren" neue Wettbewerbsvorteile schaffen.

Die Chipkarte als Geldkarte

Aufgrund der hohen Sicherheitsstandards eignet sich die Chipkarte gerade auch für den Bereich der Geldkarten.

Eines ist bei dieser Gelegenheit deutlich festzustellen: Es wird keine private Ersatzwährung durch „Cybergeld" oder sonstige klingende Namen geben. Die europäischen Staatsbanken haben ganz klar ausgesagt, daß neue Technologien nicht die Hoheit der Geldschöpfung verändern. Es geht soweit, daß sogenannte Geldbörsen, das sind allgemein verwendbare und nicht auf einen Herausgeber beschränkte Börsen, nur unter Bankaufsicht realisiert werden dürfen. Die Einsatzbereiche innerhalb dieser Grenzen sind jedoch noch groß genug, um entscheidende Veränderungen im zukünftigen Zahlungsverkehr erwarten zu können.

Das deutsche Kreditgewerbe startete Anfang 1996 in Ravensburg die Piloteinführung der ec-Karte als Chipkarte. Ab 1997 wird jede neue ec-Karte als Chipkarte herausgegeben. Die ec-Karte als Chipkarte stellt die Funktionen elektronische Börse, PIN-Prüfung offline und PIN-Nutzung online bereit. Damit kann der Handel auf das, dem jeweiligen Bedarf angepaßte und preiswerteste Verfahren zurückgreifen.

Die großen Kreditkartenorganisationen haben sich zusammengetan, um einen gemeinsamen Standard zu realisieren. Bleibt zu hoffen, daß diese Projekte auch europaweit zusammengeführt werden.

In der Übergangsphase entstanden viele regionale Geldkartenprojekte. Es ist sicher schön, mutige Bürgermeister, fortschrittliche Landräte und Verkehrsdirektoren zu sehen, die von Anfang an bei der Realisierung der Chipkarte in ihrer Region dabeisein wollen, aber zur Zeit wird hier ziemlich viel Geld für Insel-Lösungen riskiert. Die Chipkarte der Kreditinstitute bietet hier als Regionalkarte eine interessante Alternative.

Nicht zuletzt sollte man die Vorzüge der SmartCard als Handelskarte in Betracht ziehen. Damit werden völlig neue Möglichkeiten des Marketings, der Rabattgewährung und der Kundenbindung eröffnet.

Die ec-Chipkarte und die notwendige Infrastruktur

Am Beispiel der ec-Karte als Chipkarte kann man auch die Bedeutung einer funktionierenden, preiswerten Infrastruktur für die SmartCard darstellen.

Das beginnt bei der Herstellung und Personalisierung. Es ist nicht sonderlich wirtschaftlich, innerhalb eines Jahres 35 Millionen ec-Karten herzustellen und dann diese Kapazitäten bis zum nächsten Ausgabetermin nur geringfügig zu nutzen. Es ist aber praktisch unmöglich innerhalb eines Jahres eine Terminalinfrastruktur aufzubauen, die eine flächendeckende Nutzung erlaubt.

TeleCash, als einer der ganz großen Anbieter solcher Dienstleistungen, hat dabei den Vorteil ca. 40 000 Geräte mit Chipkartenlesern installiert zu haben. Diese werden durch Laden neuer Software schnell für die neuesten Möglichkeiten aktiviert.

Neu aufzubauen sind Geräte, an denen die Chipkarte aufgeladen werden kann. Das sind entweder online-Terminals, wie die bekannten Electronic-cash-Geräte oder umgerüstete Geldausgabeautomaten. Im Handel wird es dann Börsenterminals geben, die die Karte lesen und den Kaufbetrag abbuchen.

Hier ist ebenfalls ein weites offenes Feld für Neuentwicklungen, für Stand-alone-Geräte im Einzelhandel, für an Kassen angeschlossene

Geräte, für Automatenterminals, für den Taxieinsatz usw. Diese Infrastruktur aufzubauen wird seine Zeit brauchen. Die Chipkarte kann nur dann ein Erfolg werden, wenn schnellstens die richtigen Automatenterminals zur Verfügung stehen. Nicht zuletzt wird der Erfolg der ec-Chipkarte von der Gebührenpolitik des Kreditgewerbes und der Preispolitik der Gerätehersteller sowie Dienstleister abhängen. Auch hier ist die „Infrastruktur" ein hartes Stück Arbeit.

Das Thema Infrastruktur gilt natürlich für jeden Anwendungsbereich und muß mit größerer Aufmerksamkeit umgesetzt werden, als die SmartCard selbst.

Die Multimediawelt und die SmartCard

Sicher, PCs gibt es schon lange, und Multimedia PCs werden auch langsam häufiger, aber richtig schön werden die Anwendungen erst mit der SmartCard: Wenn man überraschend einen PC braucht, entweder auf Reisen im Hotel oder bei seinem Geschäftspartner dessen PC genauso nützen will wie den eigenen PC.

Mit der SmartCard erkennt der PC bei jedem Benutzer dessen Benutzerprofil sowie die Kommunikationswünsche für den Datenaustausch oder für eine persönliche Rückfrage per Telefon. Aufgrund der in der SmartCard gespeicherten Informationen werden die Verbindungen automatisch hergestellt. Auf der persönlichen SmartCard hat man die wichtigsten Daten gespeichert und ruft diese zum Verarbeiten ab. Das ist keine ferne Zukunft mehr, sondern beginnt Realität zu werden. Internet-Zahlungen werden letztlich ebenfalls über Chipkarten erfolgen und dadurch zusätzlich sicher gemacht wie Zahlungen an Multimedia-PCs.

 Helmut Schmid

Die Bedeutung der SmartCard für jeden einzelnen

Aus den vielfältigen Einsatzmöglichkeiten der SmartCard ist erkennbar, daß sie in allen Wirtschaftsbereichen eine große Bedeutung erreichen wird. Als Telefonkarte, im Handy oder als Krankenversichertenkarte ist sie jedem schon zur Selbstverständlichkeit geworden. Als Ausweissystem wird sie noch heiße Diskussionen in bezug auf den Datenschutz auslösen – und sich dennoch durchsetzen.

Bedeutender für Unternehmen ist aber die Frage: Wie wird die SmartCard die Wettbewerbslandschaft verändern? Der geringe Energiebedarf bei der Nutzung macht sie in vielen Anwendungsfällen der CD-ROM überlegen.

Niemand kann die Auswirkungen für die einzelnen Geschäftsfelder genau vorhersagen, aber an einigen Beispielen kann man Tendenzen aufzeigen.

Bücher, Fotos, CDs kommen eines Tages auch als SmartCards zu uns. Schaltpläne für Servicetechniker, Stadtpläne für Autofahrer werden uns als SmartCards geliefert. Telefone oder PCs werden weltweit durch SmartCards personalisiert werden, d. h., jeder kann diese Geräte für die Nutzungsdauer zu seinem persönlichen Gerät machen. Geldtransfer in den weltweiten Netzen wird durch SmartCards gesichert. Geldbörsen werden durch „Chipbörsen" ersetzt werden. Persönliche Informationen und Dokumente werden auf einfache und dennoch sehr sichere Weise damit transportiert. In jeder Branche werden sich spezifische SmartCards etablieren und neue Lösungen ermöglichen.

Die wichtigsten Aspekte von SmartCards kann man in nur drei Aussagen zusammenfassen:

▶ SmartCards werden in enormer Vielfalt nebeneinander entstehen. In vielen Bereichen werden sie nicht nur ein praktisches „Werkzeug" sein, sondern für den Verbraucher ein attraktives

▶ „Lifestyle"-Produkt. Es wird allerdings auf absehbare Zeit keine Karte geben, die eine echte Multifunktionskarte ist. Dieses Zusammenwachsen wird nur langsam stattfinden.

▶ Zur Nutzung von SmartCards bedarf es einer ausgereiften, breitgefächerten Infrastruktur. Diese muß je nach Anwendung, z. B. beim Geldverkehr, extrem sicher sein. Nur wenn diese Infrastruktur gleichzeitig mit der Kartenverbreitung preiswert angeboten wird, kann die jeweilige SmartCard erfolgreich sein.

▶ Aufgrund der Anwendungsvielfalt, der Funktionalität eines PCs und der einfachen Handhabung für den Nutzer, wird die Bedeutung der SmartCard die der PCs erreichen.

Elektronisches Verkaufen

Elektronische Vertriebskanäle

Harald R. Rost

„Der eine wartet, bis die Zeit sich wandelt,
der andere packt sie kräftig an und handelt."
Dante

„Die Zukunft entsteht, indem man sie herstellt."
Maturana

Permanent wird darüber berichtet: Internet – das Phänomen der neunziger Jahre, ein Medium zur Kommunikation und Präsentation – schlägt alle Rekorde. Kaum ein Unternehmen, das sich nicht damit beschäftigt, dieses Medium als Verkaufsunterstützung zu nutzen, und einige dieser Firmen erkennen bereits das Potential, das dieses Netz besitzt, um die Regeln des Handels zu revolutionieren. Doch wie sollte vorgegangen werden, welches sind die entscheidenden Fragen aus Sicht der Geschäftsführung, die beantwortet sein sollten, bevor die Informations-Systeme-Abteilung mit der Realisierung beauftragt wird?

Heutiger Erlebniseinkauf aus Konsumentensicht

Wer hat diese Situation noch nicht erlebt? Die Zeit ist knapp bemessen, aber es müssen noch dringend einige Einkäufe für den täglichen Bedarf getätigt werden. Nur noch wenige Minuten, und das Ladenschlußgesetz – auch in der überarbeiteten Fassung – zeigt einmal mehr, wie kunden- und serviceorientiert unsere heutige Dienstleistungsgesellschaft sich in Deutschland tatsächlich verhält. Der Verkehr auf den Straßen läßt ein Überholen nicht zu, und die Parkplätze sind auch wieder alle besetzt. Die Regale präsentieren lediglich Restbestände, dem Verkäufer ist offensichtlich der pünktliche Feierabend wichtiger als sein Kunde, und vor den wenigen noch nicht geschlossenen Kassen bilden sich lange Warteschlangen.

So oder ähnlich empfinden heute viele Verbraucher den Einkauf als Streß, insbesondere, wenn es sich um Güter des täglichen Bedarfs handelt, die schnell, günstig und unproblematisch eingekauft werden wollen.

Der elektronische Vertriebskanal

Lange Zeit unbeachtet vollzog sich das Heute als Entwicklung eines technologischen Trends und eine mögliche Antwort auf die Anliegen der Verbraucher: das Internet. Dieses auch als „Netz der Netze" bezeichnete Kommunikationsmedium trägt ein revolutionäres Potential in sich, das die bisherigen Regeln des Handels brechen wird, denn

▶ es ist jederzeit verfügbar, 24 Stunden am Tag und 365 Tage im Jahr,

▶ jeder Ort der Welt ist von jedem anderen Ort erreichbar,

▶ Verbreitung und Akzeptanz nehmen ständig zu,

▶ einzelne Prozeßstufen (z. B. Zwischenhändler) können substituiert bzw. eliminiert werden,

▶ die angebotene Ware muß nicht mehr im Verkaufsraum physisch ausgestellt werden und

▶ das Kaufverhalten der Kunden wird transparent und kann für proaktives, individuell auf die speziellen Bedürfnisse des Kunden zugeschnittenes Marketing genutzt werden (1 : 1 Marketing).

Die Argumente sind überzeugend, so daß in den USA bereits einige Online Shopping Services etabliert sind, und auch in Deutschland positionieren sich die ersten Handels- und Industriekonzerne. Die Zielsetzung ist jedoch unterschiedlich und reicht von der reinen Präsenz im Internet als Marketingunterstützung bis hin zum virtuellen Marktplatz, auf dem sich potentielle Kunden informieren, Produkte bestellen und auch bezahlen können. Viele Unternehmen folgen der allgemeinen Euphorie, beauftragen 2 oder 3 Mitarbeiter mit der Realisierung einer „Homepage" und sind anschließend erstaunt, daß die in „Visits" oder „Hits" gemessenen Besuche sich nur schwer oder gar nicht in wirtschaftlichen Erfolg umrechnen lassen. Der Grund hierfür liegt in der Ad-hoc-Vorgehensweise und in der oftmals ungenügenden konzeptionellen Planung des elektronischen Vertriebskanals aus geschäftsorientierter Sicht.

Gesamtkonzept zur Realisierung des elektronischen Vertriebskanals

Bevor ein Unternehmen die Entscheidung zur Realisierung trifft, sollten zwei Grundsatzfragen beantwortet werden:

1. Was sind die konkreten Zielsetzungen des Engagements?

2. Wie können diese erreicht werden?

Dies klingt zunächst trivial, und doch zeigt sich immer wieder, daß diesen beiden Fragen zuwenig Aufmerksamkeit entgegengebracht wird. Die vorgestellte Vorgehensweise orientiert sich maßgeblich an dieser Fragestellung und beantwortet diese in vier Schritten (als

Schwerpunkte werden die geschäftsorientierten Fragestellungen behandelt):

▶ Business Context Analysis,

▶ Business and I/T Blueprint,

▶ Solution Concept und

▶ Construction.

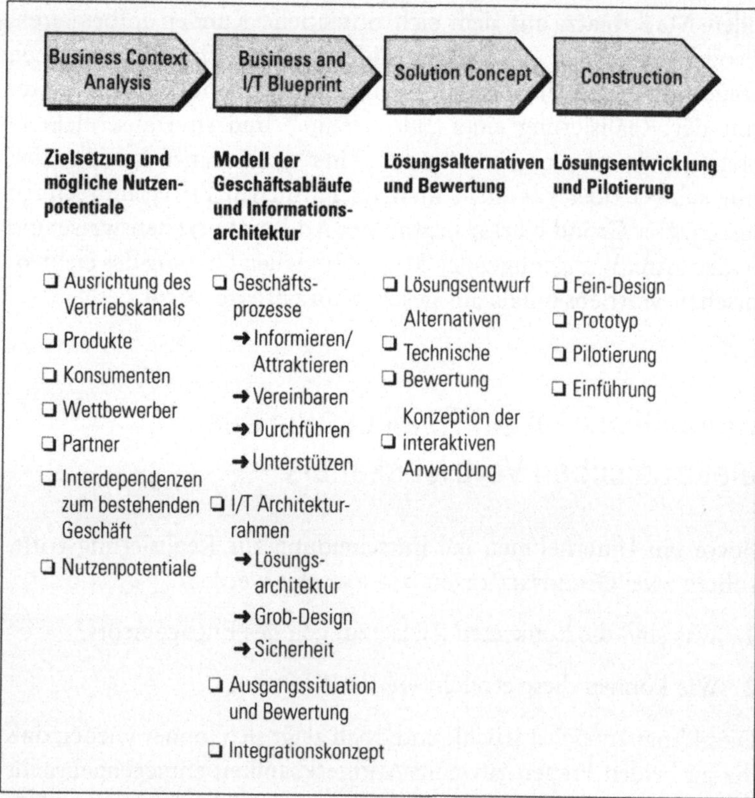

Abbildung 1: Ansatz zur Vorgehensweise
Quelle: IBM Unternehmensberatung GmbH 1996

Business Context Analysis

In der ersten Phase des Business Context Analysis gilt es, die Zielsetzung und mögliche Nutzenpotentiale für das Unternehmen zu definieren. Hierbei sollten u. a. folgende Fragen beantwortet werden:

Mit welcher Zielsetzung soll der elektronische Vertriebskanal eingesetzt werden?

Es ist von entscheidender Bedeutung für die weitere Vorgehensweise, sehr früh Transparenz darüber zu erzielen, wie das neue Medium für die Vertriebsstrategie eingesetzt werden soll. Die reine Darstellung des Unternehmens durch eine „Homepage" kann als zusätzliche Werbemaßnahme den potentiellen Kundenkreis stark ausdehnen – dient also hauptsächlich der Vergrößerung des Bekanntheitsgrades und der Penetration. Wird diese Darstellungsfunktion um die Integration in bestehende Kundenservice-Prozesse erweitert, müssen bereits erste organisatorische sowie informationstechnische Vorbereitungen getroffen werden. Richtig spannend und entsprechend komplex in der Realisierung ist jedoch die vollständige Nutzung als elektronischer Marktplatz mit Bestellungs- und Abrechnungsfunktion. Die Bequemlichkeit für einen potentiellen Konsumenten ist hier sehr hoch, denn der Kaufprozeß wird nicht durch Medienbrüche gestört. Welches Profil besitzt nun ein potentieller Konsument aus der entsprechenden Zielgruppe? Prognosen hierüber lassen sich nur sehr schwierig erstellen. Konsumenten kaufen irrational und wollen individuell angesprochen werden, so lautet die These und verbreitet Unsicherheit unter den Marketiers. Ist es auch in Zukunft der gutverdienende, akademisch ausgebildete Endzwanziger, der hauptsächlich das Internet nutzt?

Sicher erscheint vor allem, daß das Markenmanagement zentraler Bestandteil insbesondere für den elektronischen Markt sein wird, um Kunden zu binden. Vertrauensbildung in die Marke (Trust), und das Erzeugen von Spannung (Trendmarketing) werden zum entscheidenden Erfolgsfaktor.

Welche Produkte und Services werden nachgefragt und welche eignen sich für den elektronischen Vertrieb?

Um diese Frage zu beantworten, erscheint es nützlich, die Anlässe und Motivatoren beim Kaufprozeß zu durchleuchten. Es zeigt sich, daß Konsumenten im wesentlichen aus drei Gründen kaufen (Polarisierung):

▶ *Ersetzen von Verbrauchsgütern und geringwertigen Gebrauchsgütern (staple shopping);* hierzu zählen z. B. Güter des täglichen Bedarfs wie Grundnahrungsmittel, aber auch Tonträger, Sport-, Kosmetik- und Haushaltsartikel. Charakteristisch sind das repetitive Kaufverhalten und der geringe Bedarf an Verkaufsunterstützung (low involvement), denn der Konsument ist bereits gut über die Produkte informiert oder aber diese Informationen sind relativ unwichtig für die Kaufentscheidung. Der Kauf dieser Güter bereitet den meisten Konsumenten jedoch kaum Vergnügen und wird daher eher als notwendige Zeitverschwendung angesehen.

Suchen nach Lösungen (solution shopping); der Konsument hat einen Bedarf, der zunächst einen Entscheidungsprozeß für die eine oder andere Lösung voraussetzt. Beispielsweise wird von den meisten Konsumenten vor dem Kauf einer Stereoanlage ein Preis-/Leistungsvergleich durchgeführt. Das Kaufverhalten hat im wesentlichen Einmal-Charakter und ist nicht repetitiv.

Unterhaltungsbedarf befriedigen (entertainment shopping); hier setzen die neuen Vertriebskonzepte an, die das Kaufen zum Erlebnis gestalten wollen. Wichtig für diese Konsumentengruppe (oder besser Konsumentenrolle: eine der möglichen Rollen, in denen sich ein Konsument zur Zeit gerade befinden kann), ist das Befriedigen von Unterhaltungsbedarf und Sozialkontakten. Der elektronische Vertriebskanal eignet sich besonders für Pro-

 Harald R. Rost

▶ dukte, die von Konsumenten der Kategorie „staple shopping" nachgefragt werden. Sicherlich wird dieser auch im „solution shopping" eine bedeutende Stellung einnehmen, insbesondere für modische und schnellebige Produkte.

▶ Die Produktpositionierung nach dem Kaufverhalten von Konsumenten substituiert mehr und mehr die Positionierung nach starren Kundenmerkmalen, wie Alter, Einkommen etc., da die Konsumenten trotz einheitlichem Profil eines Segmentes unterschiedliche Rollen einnehmen. So wird der teure Porsche-Kauf für einige zum „staple"-Kauf, während der Lebensmitteleinkauf für das abendliche Diner „solution"- oder sogar „entertainment"-Charakter einnimmt.

Wer sind die Wettbewerber auf diesem neuen Terrain?

Die Eintrittsbarrieren für die Teilnahme an diesem Geschäft sind sehr niedrig. Im wesentlichen werden benötigt: verläßliche Lieferanten, ein stabiles Liefersystem und Software. Im Extremfall agiert das Unternehmen lediglich als Broker, der für jeden Teil der Wertschöpfungskette Partner einbindet. Die niedrigen Eintrittsbarrieren werden zunächst zu einer „Überschwemmung" von Anbietern führen, die dann durch eine Konzentrationsphase selektiert werden. Vorwärts- und Rückwärtsintegration werden diesen Effekt noch verschärfen. Konzentrationsprozesse sind im allgemeinen dort zu erkennen, wo geringe Grenzkosten dazu zwingen, möglichst große Massen anzusprechen. Der Preiskampf um diese Massen führt dann zwangsläufig zur Ausdünnung der Anbieter („Leerer Kern").

Jeder, der diesen Markt betritt, muß also davon ausgehen, daß der Wettbewerb auf dem elektronischen Markt zunehmend global und sehr ausgeprägt sein wird.

Welche Partner können das Geschäft attraktiver gestalten?

Hier geht es um die Frage der Inhalte im elektronischen Vertriebskanäl. Untersuchungen haben gezeigt, daß mit der Breite des Angebotes die Attraktivität und damit auch die Zahl der potentiellen Konsumenten steigt. Wichtig ist also eine sinnvolle Bündelung von Sortimenten und Services (Multibranchenfähigkeit). Eine weitere Möglichkeit, das Angebot attraktiver zu gestalten, bietet auch die Zusammenarbeit mit Wettbewerbern auf bestimmten Teilmärkten (Coopetition). Zur Entscheidungsunterstützung über den sinnvollen Einsatz von Partnern auf anderen Gebieten kann die elektronische Wertschöpfungskette herangezogen werden (z. B. Zahlungsverkehr mit Clearing, Logistik, etc.).

Wie wird das bestehende Geschäft voraussichtlich beeinflußt?

Eine wichtige Frage, die sich insbesondere für Unternehmen stellt, die bereits im stationären Handel tätig sind. Die hohe Fixkostenremanenz zwingt hier zu einer genauen Abstimmung der Sortimente zwischen den beiden Vertriebskanälen, denn die Reduktion von lediglich einem Prozent stationärem Umsatz läßt den Gewinn um bis zu fünfzig Prozent sinken (Kannibalismus). Diese Gefahr geht natürlich nicht nur von einem eigenen Engagement im elektronischen Vertrieb aus, sondern wird ganz massiv von Wettbewerbern beeinflußt. Insofern sollte der Aufbau eines eigenen elektronischen Kanals als Chance verstanden werden, abziehende stationäre Umsätze hiermit wieder einzufangen.

Business und IT Blueprint

Die zweite Phase – Business and I/T Blueprint - hat zum Ziel, aus den Erkenntnissen der Business Context Analysis ein Modell der zukünftigen Geschäftsabläufe und der unterstützenden Informationsarchitektur zu entwickeln. Entlang der elektronischen Wertschöpfungskette wird definiert, welche Tätigkeiten – abhängig von der Zielsetzung und der Ausgangssituation – in welchen Geschäftsprozessen durchgeführt werden müssen. Die Hauptprozesse lassen sich in vier Gruppen zusammenfassen:

Informieren/Attraktieren

Einer der wesentlichen Erfolgsfaktoren des elektronischen Verkaufens ist es, das Angebot (also die Inhalte) und die Darstellung so spannend zu gestalten, daß der Konsument „gebunden" wird. Wenn er sich langweilt, reicht ein einfacher Maus-Klick aus, um beim Wettbewerb zu sein. Die Oberfläche muß also so unterhaltend aufgebaut sein, daß der Konsument sich wohlfühlt und bleibt. Dies bedeutet jedoch nicht, die Oberflächen zu komplex zu gestalten, insbesondere auch, weil dann der Bildschirmaufbau sehr viel Zeit in Anspruch nimmt.

Die Geschäftsprozesse dieser Gruppe entwickeln also die Inhalte, integrieren und aktualisieren diese entsprechend den Anforderungen.

Vereinbaren

Während dieser Phase wird die Transaktion abgewickelt, d. h. die Bestelldaten müssen aufgenommen, anschließend auf Verfügbarkeit geprüft (Verifikation) und als Bestellung aktiviert werden. Der Konsument erhält dann seinen Beleg, aus dem er gegebenenfalls auch das Lieferdatum entnehmen kann.

Wichtig in diesem Zusammenhang ist auch die Zahlungsabwicklung. Hierzu gibt es verschiedene Ansätze wie Bezahlen per Nachnahme, Kundenkarte, Kredit-/Debitkarte oder auch Cyber Cash, die alle erhöhten Sicherheitsanforderungen genügen müssen. Durch ein Clearing-Center müssen die Geldströme an alle beteiligten Partner weitergeleitet werden.

Durchführen

In der Durchführungsphase wird die Ware ausgeliefert oder bereitgestellt. Diese beiden Konzepte unterscheiden sich dahingehend, daß bei der Auslieferung die Ware direkt zu einer Adresse geliefert wird (z. B. durch einen Package Delivery Service), während bei der Bereitstellung der Konsument seine Ware in einem Pick-Up-Center abholt. Welches der beiden Konzepte gewählt wird, ist von der Zielsetzung und Positionierung abhängig.

Unterstützen

Die beschriebene primäre elektronische Wertschöpfungskette sollte durch folgende Prozesse unterstützt werden:

▸ Retouren abwickeln – ähnlich dem Versandhandel muß mit einer hohen Retourenrate gerechnet werden.

▸ Call Center zur telefonischen Unterstützung der Konsumenten.

▸ Konsumentenverhalten analysieren – durch Softwarewerkzeuge ist es möglich, genauestens Auskunft über das Kaufverhalten zu erhalten (Data Mining, Intelligent Agents). Die hieraus gewonnenen Erkenntnisse sollten in der Präsentation der Inhalte und in Form von Promotions schnell und flexibel umgesetzt werden.

▸ IT-Infrastruktur etablieren und betreiben zur Sicherstellung des Betriebes der Informationstechnologie und Trägersysteme (z. B. Kiosk).

Im Anschluß an die Entwicklung des Geschäftsprozeß-Modells wird der Architekturrahmen für die Informationsverarbeitung entworfen. Lösungsmodule werden zunächst auf logischer Ebene definiert und durch das Grob-Design entsteht ein erstes Regelwerk, wie diese Module untereinander und mit bereits bestehenden (z. B. Integration in die Warenwirtschaft- oder Logistik-Anwendungen) zusammenarbeiten sollen.

Zu den wichtigsten Anforderungen, die von einem solchen System erfüllt sein müssen zählen:

- Offenheit,

- Standardisierung,

- Multibranchenfähigkeit,

- Benutzerfreundlichkeit und

  Sicherheit.

Dem Sicherheitsaspekt sollte in elektronischen Netzen eine besondere Bedeutung beigemessen werden, insbesondere wenn der Zahlungsverkehr auch über den elektronischen Vertriebskanal abgewickelt wird. Mögliche Risikopotentiale lassen sich aus den Grundbedrohungen – Verlust von Vertraulichkeit, Integrität, Verbindlichkeit, Verfügbarkeit und Authentizität – ableiten. Durch die konkrete Bewertung der Risiken für jeden Geschäftsprozeß erhält man einen Anforderungskatalog, der die Basis für das Sicherheitskonzept darstellt.

Solution Concept und Construction

In der Phase des Solution Concept werden nun der Architekturrahmen verfeinert, alternative Lösungsbausteine bewertet und die interaktive Anwendung konzeptioniert. Dazu zählt der Entwurf des Kommunikations- und Kreativkonzeptes ebenso wie der Entwurf des Screenlayouts. Die Ergebnisse werden dann genutzt, um erste Prototypen in der Phase der Construction zu entwickeln und in Form von Piloten einzuführen.

Die Prognosen über Akzeptanz des elektronischen Verkaufens und die entsprechenden Umsätze differieren sehr stark, da eine Extrapolation aus historischen Daten oder Konsumentenumfragen zur Potentialermittlung von neuen Märkten mit größter Unsicherheit behaftet ist. Daher wurde in diesem Beitrag auf eine zahlenmäßige Darstellung verzichtet. Wenn jedoch in naher Zukunft fast jeder mit jedem vernetzt sein wird, tritt etwas ein, was Schumpeter mit „Prozeß der kreativen Zerstörung" beschrieben hat: Traditionelle Strukturen werden zerbrechen, um Neues zu schaffen.

Die Handlungsoptionen der Unternehmen heißen entweder den Trend zu ignorieren, die Entscheidung für oder gegen die Realisierung eines elektronischen Vertriebskanals zu treffen oder zunächst die Bedeutung für ihr jeweiliges Geschäft zu evaluieren. Neben stationärem Handel und Versandhandel beginnt insbesondere die Industrie, sich für den elektronischen Vertriebskanal zu interessieren, da hierdurch die gesamten Handelsprozesse substituiert werden können und die so erzielten Kostenreduzierungen durch Preissenkungen an die Konsumenten weitergegeben werden können. Dem Trend zur „Erotik des Preises" kann somit entsprochen werden.

Der Handel ist also zum Handeln aufgerufen!

 Harald R. Rost

Kapitel 3:

Die Telekommunikations-Infrastruktur

Informations- und Kommunikations-Infrastrukturen

Technik-Voraussetzungen für die multimediale Informationsgesellschaft

Herbert Weber

„Wir sind auf dem Weg zur Informationsgesellschaft". Das ist die nahezu einhellige Meinung von Politikern, Wirtschaftsführern, Wissenschaftlern und der Publizistik. Die Vorstellungen davon, was die Informationsgesellschaft wohl ausmacht, welche Lebensumstände in der Informationsgesellschaft herrschen werden, wie wir arbeiten, wie wir wohnen und wie wir uns versorgen werden, aber auch wie wir unsere Freizeit gestalten, Kulturangebote in Anspruch nehmen und die zwischenmenschlichen Beziehungen gestalten werden, gehen meilenweit auseinander. Das muß kein Unglück sein. Darin kommt immerhin zum Ausdruck, daß wir den Übergang in die Informationsgesellschaft nicht wie ein Naturereignis abwarten und hinnehmen, sondern daß wir an der Gestaltung des Übergangs und an der Ausgestaltung der Informationsgesellschaft aktiv beteiligt sind.

Sehen wir uns eine Facette der Vision *Informationsgesellschaft* genauer an: Die zukünftige Nutzung von Informations-, Kommunikations- und Medientechnik in der Wirtschaft, das heißt die Nutzung der (neuen) Technologien und nicht – obwohl das nicht immer klar zu trennen ist – deren „konsumtive" Nutzung. Es werden bewußt Fragen der Versorgung oder Überversorgung mit

Fernsehen und Unterhaltung, des Angebotes neuer Kulturformen, Fragen des Publizierens und des damit verbundenen Schutzes des geistigen Eigentums etc. ausgeklammert. Statt dessen rücken Fragen der Organisation von wirtschaftlichem Handeln, der Nutzung von Informations-, Kommunikations- und Medientechnik in der Neugestaltung wirtschaftlicher Abläufe bzw. Verfahren und in der Gestaltung neuer Produkte in den Vordergrund.

In den letzten drei Dekaden erfolgte die Entwicklung der Informationstechnik primär technologiegetrieben: Zu neuen Technologieangeboten sind neue Einsatzmöglichkeiten entwickelt worden. Es drängt sich der Eindruck auf, daß die bisherige Entwicklung zur Informationsgesellschaft und die sie vorantreibende Integration von Informations-, Kommunikations- und Medientechnik auch primär technologiegetrieben stattfindet. Als Folge davon werden zunehmend Akzeptanzprobleme sichtbar. Eine richtige Vorgehensweise stellt das Wechselspiel zwischen der Verbesserung des Angebotes und besonders der Erweiterung der Nachfrage in den Vordergrund.

Die Entwicklung zur Informationsgesellschaft erfordert konkrete, kurz- bzw. mittelfristig zu erfüllende Zielvorgaben, sie erfordert Baupläne für veränderte Aufbau- und Ablauforganisationen und erst zuletzt Systeme der Informations-, Kommunikations- und Medientechnik. Dies alles sind nicht zuerst technologische Aufgaben, sondern Aufgaben der Organisation im Vorfeld der Gestaltung der technischen Systeme.

Was sind Informations- und Kommunikations-Infrastrukturen?

Es hat sich in der Zwischenzeit eingebürgert, Information als einen neuen Produktionsfaktor zu bezeichnen, um damit zum Ausdruck zu bringen, daß Information neben Rohstoffen, Arbeit und Kapital der vierte große Wirtschaftsfaktor ist. *Information an sich ist wertlos.* Sie muß einem bestimmten Zweck zugeführt werden und dazu muß sie zum Zeitpunkt des Bedarfs verfügbar sein, sie muß einfach zugänglich sein und sie muß leicht zum Ort ihrer Benutzung transportierbar sein. Erst wenn diese Voraussetzungen erfüllt sind, kann man vom Nutzen von Information sprechen.

Daß viele der prinzipiell verfügbaren Informationen diesem Anspruch nicht gerecht werden, dürfte hinlänglich bekannt sein. Selbst der Großteil der über das Internet erreichbaren Informationen ist entweder obsolet oder bestimmte Informationen sind nicht auffindbar und andere im Übermaß verfügbare Information ist für den aktuellen Bedarf nicht nötig. Wir bevorzugen deshalb die Definition, wonach die Information zusammen mit der Informations- und Kommunikations-Infrastruktur, mit der jede beliebige Information zu jedem beliebigen Zeitpunkt an jeden beliebigen Ort gebracht werden kann, als einen neuen Produktionsfaktor.

Wir verlangen darüber hinaus, daß Informationen unter Nutzung der Informations- und Kommunikations-Infrastruktur zueinander in Beziehung gesetzt werden können, daß Programme existieren, mit denen Informationen verknüpft und analysiert werden können und damit neuer Nutzung zugeführt werden können.

Dieser zunächst sehr allgemeinen Einführung des Begriffs Informations- und Kommunikations-Infrastrukturen soll nunmehr eine präzisere Definition des Begriffs Infrastrukturen folgen. Der Brockhaus von 1992 definiert den Begriff Infrastrukturen als „Unterbau einer Organisation (...) Gesamtheit der Anlagen, Einrichtungen,

Gegebenheiten, die Wirtschaftseinheiten als Grundlage ihrer Aktivität vorgegeben sind."

Unsere praktische Erfahrung lehrt uns, daß Infrastrukturen, wie z. B. Verkehrsinfrastrukturen, Versorgungsinfrastrukturen für Wasser, Energie und Entsorgung, lebensnotwendig sind. Auch wenn der Begriff Infrastrukturen mit Informations- und Kommunikationstechnik in Verbindung gebracht wird, gelten diese Aussagen. Informationssysteme für die Personalverwaltung, für die Finanzverwaltung, für die Warenwirtschaft, sind unabdingbare Voraussetzung zur Organisation betrieblichen Handelns. Dispositions- und Entscheidungsunterstützungssysteme, wie z. B. Logistik-Systeme, Optimierungssysteme, Simulationssysteme, erlauben erst die Organisation komplexer Abläufe in Wirtschaft, Verwaltung und Öffentlichkeit. Bürokommunikations- und Dokumentenverarbeitungssysteme sind die Voraussetzung für die optimale Gestaltung von Verwaltungsabläufen.

Datenerhaltungs- und Datenverwaltungssysteme, wie Datenbanken, sind für die Speicherung und Wiederauffindung von Informationen in komplexen Datenbeständen unabdingbar. Rechnergestützte Führungs- und Leitsysteme erst ermöglichen effektive Produktionsplanung und Fertigung. Rechnergestützte Entwurfs- und Entwicklungssysteme erlauben dem Ingenieur die Vermeidung von Routinearbeiten und die Konzentration auf die schöpferische Tätigkeit. Rechnergestützte Steuerungs- und Überwachungssysteme schließlich garantieren kollisionsfreien Verkehr auf Straßen, auf Schienen und in der Luft und sorgen für weitgehend störungsfreie Bereitstellung von Dienstleistungen.

Diese Aufzählung kann nicht erschöpfend sein, sie soll lediglich deutlich machen, daß Informationssysteme nahezu alle Bereiche unseres Lebens durchdringen und damit Bestandteil einer unabdingbaren Infrastruktur geworden sind. Erst die Vernetzung solcher Systeme jedoch schafft die Voraussetzung dafür, mit einer solchen Infrastruktur Informationen auch an jeden beliebigen Ort

 Herbert Weber

zu transportieren. Die Informations-Infrastruktur wird also ergänzt durch eine Kommunikations-Infrastruktur zu dem entscheidenden vierten Wirtschaftsfaktor. Sie nämlich erlauben erst die effektive Versorgung ganzer Wertschöpfungsketten mit den benötigten Informationen.

Mit zwei Beispielen sollen die Charakteristika moderner Informations- und Kommunikations-Infrastrukturen verdeutlicht werden. Multimediafähige Informations- und Kommunikations-Infrastrukturen gewinnen zunehmend an Bedeutung als Informations- und Auskunftssysteme, als Verkaufs- und Marketing-Systeme, als Telearbeits-Systeme und als Systeme für Spiel- und Unterhaltung. Mit ihnen kann der Benutzer Informationen in Form von Texten, von Graphiken, Bildern und Bewegtbildern empfangen und senden. Er kann diese Informationen für seine Bedürfnisse nutzen, die Informationen verändern und ergänzen, um sie anderen Zwecken zuzuführen.

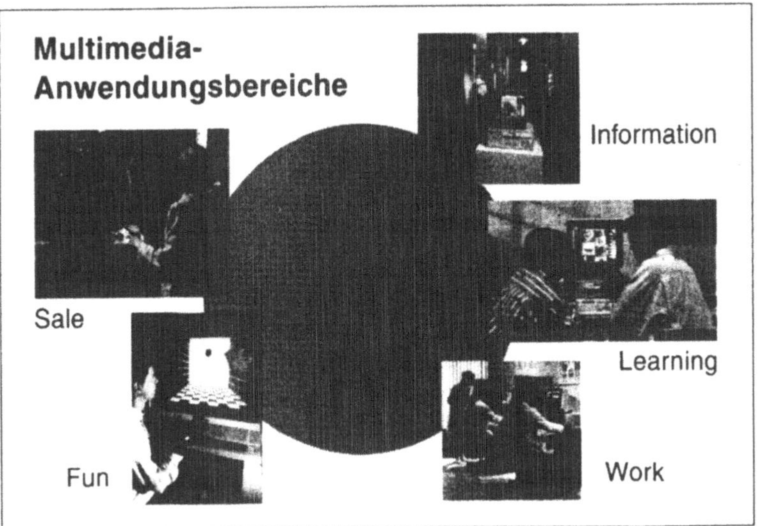

Abbildung 1: Point of Information

In dem dargestellten Beispiel werden Informationen über Immobilien über die Informations- und Kommunikations-Infrastruktur verfügbar gemacht. An Benutzerstationen kann der Benutzer die Information in Form von Graphiken, Bildern, Texten und Bewegtbildern sichtbar machen. Er kann dazu beispielsweise die Immobilie in verschiedenen Ansichten sichtbar machen, gleichzeitig Erklärungstexte hinzufügen und eine Video-Kommunikation über die im Bild sichtbare Immobilie mit einem entfernten Kommunikationspartner eröffnen.

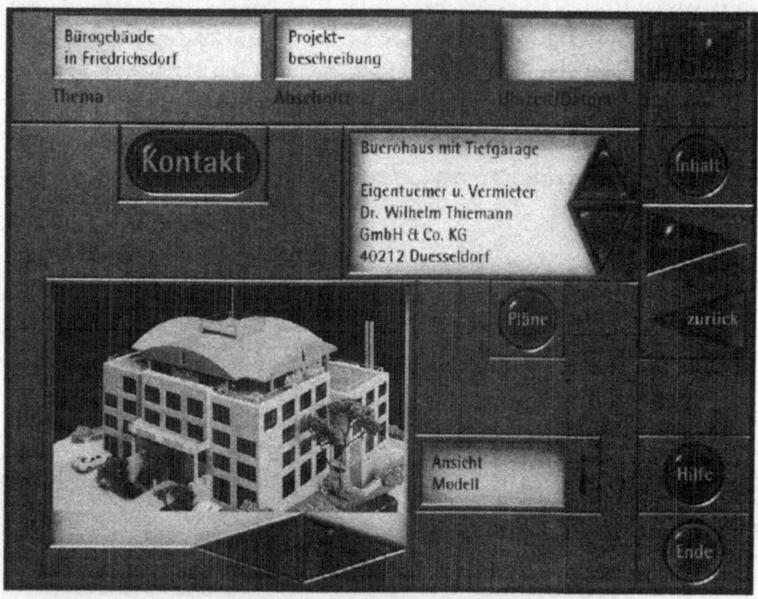

Abbildung 2: POI-Oberfläche Architektur

Die Informations- und Kommunikations-Infrastruktur kann neben der Benutzerstation eines Kunden, Benutzerstationen von Diensteanbietern, wie z. B. Maklern, Bauunternehmen oder Finanzierungsinstitutionen, aber auch die Benutzerstationen von Werbeagenturen umfassen, die die bestgeeignete Darstellung der Information entwickeln, dem Diensteanbieter zur Verfügung stellen.

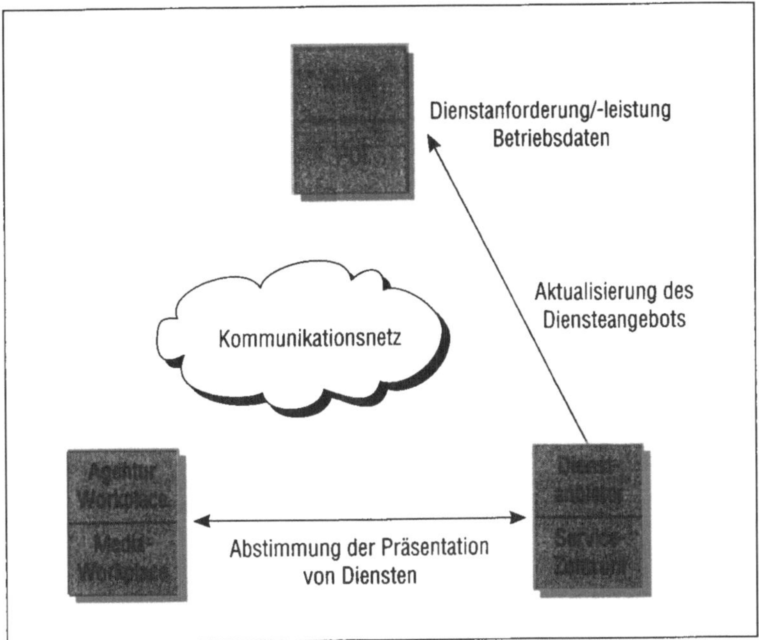

Abbildung 3: Kommunikationsnetz

Die Infrastruktur sorgt für die Bereitstellung gespeicherter Informationen, für deren Aktualisierung, aber auch für den unmittelbaren Austausch von Informationen zwischen Kunde, Diensteanbieter und Agentur.

Um diese Leistung erbringen zu können, müssen auf jeder der Arbeitsstationen Programme verfügbar sein. Diese Programme müssen durch den jeweiligen Benutzer zur Ausführung gebracht werden können, und der Benutzer muß die Möglichkeit haben, mit diesen Programmen zu interagieren, das heißt er muß in den Programmablauf steuernd eingreifen können.

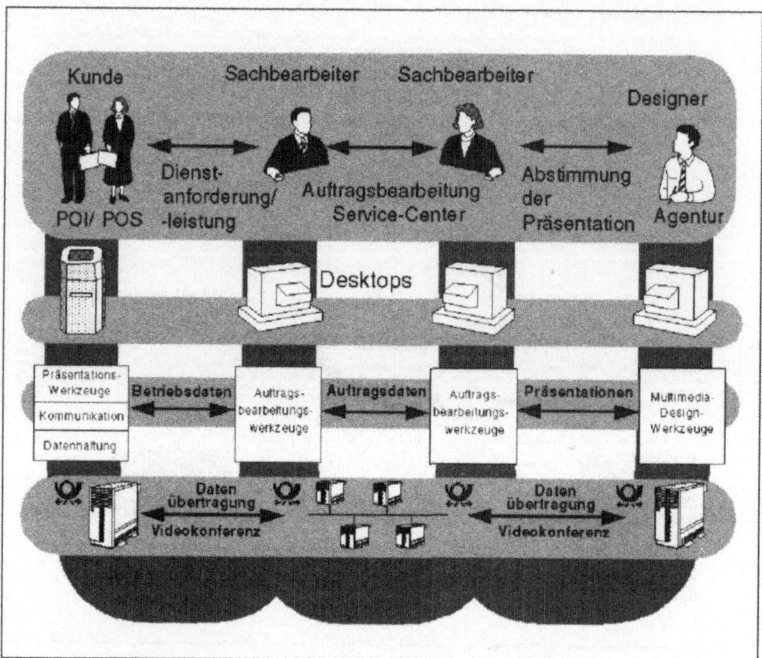

Abbildung 4: Software-Bus

Die Programme einer Arbeitsstation und die unterschiedlicher Arbeitsstationen müssen zusammenwirken können. Dazu müssen die Arbeitsstationen über entsprechende Kommunikationsnetze verfügen, um Daten auszutauschen.

In einem zweiten Beispiel werden Informations- und Kommunikations-Infrastrukturen für die Immobilien- und Bauwirtschaft beschrieben. Sie dienen dort dem sogenannten Facility Management und bilden dort einen ganzheitlichen informations- und kommunikationstechnischen Rahmen für koordinierte Programme, um Facilitäten mit ihren Infrastrukturen und Funktionalitäten in einem kontinuierlichen Prozeß bereitzustellen, funktionsfähig zu halten und an wechselnde Bedürfnisse anzupassen.

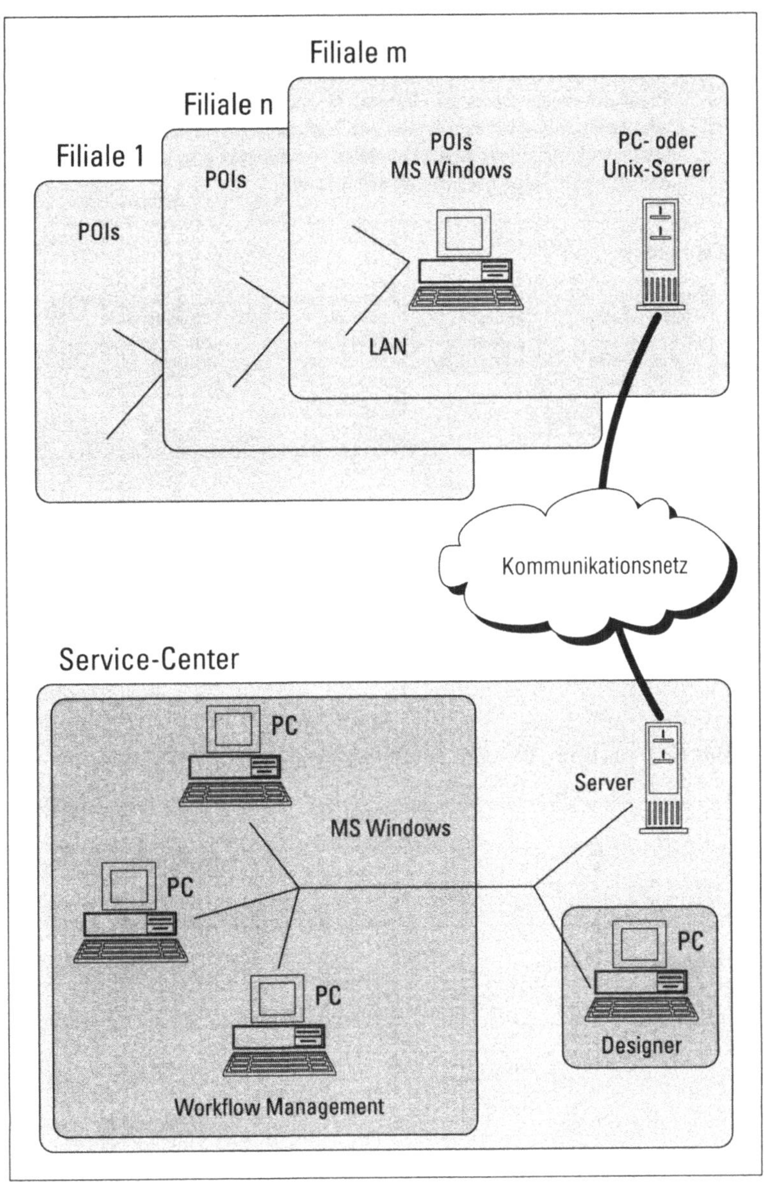

Abbildung 5: Filialen und Service-Center

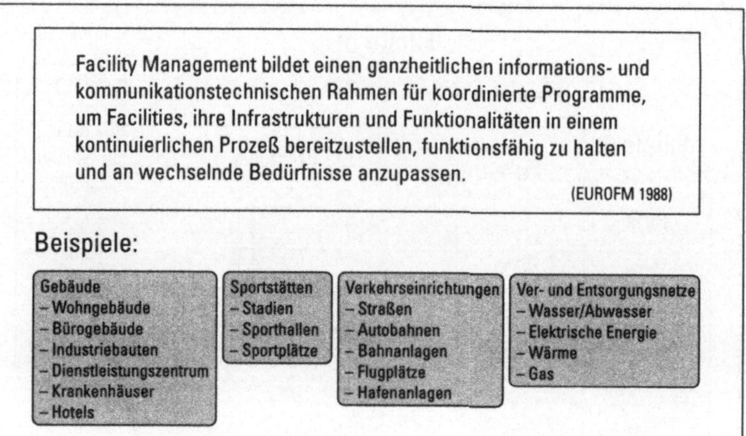

Abbildung 6: Facility Management

Facilities in diesem Sinne können Bauobjekte sehr unterschiedlicher Art wie Wohnhäuser, Fabrikanlagen, Sportanlagen, Verkehrsanlagen, Wasser- und Energieversorgungsanlagen usw. sein. Für sie alle erfolgt durch das Facility Management die Bereitstellung aller notwendigen Informationen, für alle Aktivitäten der gesamten Wertschöpfungskette. Von ihrer Planung über ihre Erstellung, Nutzung, Erneuerung, Wiederverwendung bis zur Entsorgung.

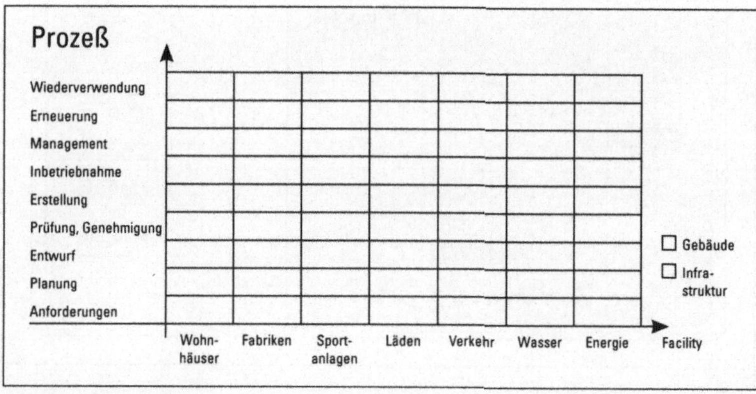

Abbildung 7: Prozeß

 Herbert Weber

Dazu umfaßt die Informations- und Kommunikations-Infrastruktur Benutzerstationen von Bauherren, Objektplanern und Architekten, von Bauunternehmern, Baubehörden, Zulieferern etc.

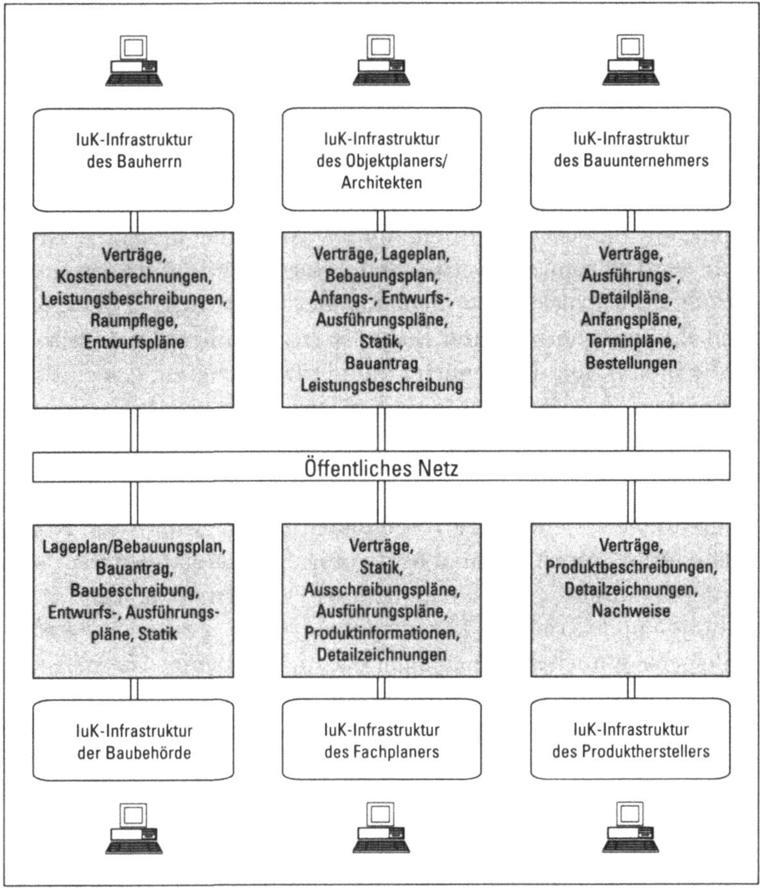

Abbildung 8: Öffentliches Netz

Sie unterstützt durch die Bereitstellung der notwendigen Informationen Entscheidungsprozesse und/oder Durchführungsprozesse bei den beteiligten Partnern. Das durch Informations- und Kommunikations-Infrastruktur unterstützte Facility Management soll sicherstellen, daß die Arbeitsabläufe optimal gestaltet werden können. Mit ihnen soll darüber hinaus sichergestellt werden, daß die zum Facility Management notwendigen Informationen auf dem aktuellsten Stand gehalten werden, daß die Duplizierung von Informationen sowie die Mehrfacheingabe von Informationen vermieden und damit die Neuaufnahme von Informationen überflüssig wird.

Ein solches durch Informations- und Kommunikations-Infrastrukturen gestütztes Facility Management soll zu einer drastischen Reduktion der Gesamtkosten führen. Auch mit diesem Beispiel sollte deutlich gemacht werden, daß Informations- und Kommunikations-Infrastrukturen vornehmlich der Unterstützung der effektiven Zusammenarbeit ihrer Benutzer dienen sollen. Dazu müssen sie die Interaktion der Benutzer mit der Infrastruktur, das Zusammenwirken der Programme und Systeme, die die Infrastruktur konstituieren, ermöglichen und den Datenaustausch zwischen Rechnern sicherstellen.

Während die erste der hier vorgestellten Informations- und Kommunikations-Infrastrukturen heute ohne Schwierigkeiten realisiert werden kann und auch bereits realisiert worden ist, ist das Informations- und Kommunikations-Infrastruktur gestützte Facility Management noch immer eine unbewältigte Aufgabe. Diese Unterschiede sind insbesondere darin begründet, daß im ersten Fall eine neue Informations- und Kommunikations-Infrastruktur gezeigt worden ist. Im zweiten Fall hingegen wird zum Aufbau der Informations- und Kommunikations-Infrastruktur die Integration einer Vielzahl schon existierender Systeme notwendig.

Dies ist für den Aufbau solcher Infrastrukturen auch die Regel. Informations- und Kommunikations-Infrastrukturen entstehen also in einem fortwährenden Entwicklungsprozeß aus Einzelsystemen, deren Rechner vernetzt werden müssen, deren Programm- und Software-systeme integriert werden müssen und deren Benutzer zu einer koordinierten Zusammenarbeit geführt werden müssen. Damit ist die Voraussetzung für den Aufbau von Informations- und Kommunikations-Infrastrukturen die Integration bisher unabhängig voneinander organisierter und durchgeführter Geschäftsabläufe. Die Integration erfolgt mit dem Ziel, die Geschäftsabläufe effektiver und kostengünstiger zu gestalten. Dazu müssen Informations- und Kommunikations-Infrastrukturen nicht nur *beliebige* Informationen zu jeder *beliebigen* Zeit an jedem *beliebigen* Ort verfügbar machen. Sie müssen vielmehr sicherstellen, daß die *richtigen* Informationen zur *richtigen* Zeit an den *richtigen* Ort gelangen. Sie übernehmen damit Aufgaben einer Informations-Logistik.

Der Betrieb von umfassenden Informations- und Kommunikations-Infrastrukturen ermöglicht dann die effektive Kommunikation zwischen

▶ Individuen über Sprechverbindungen, durch den Austausch von Texten, Graphiken, Bildern und Bewegtbildern über kommunikationsfähige Endgeräte,

▶ Individuen und Dienstleistungszentralen, die Dienstleistungsangebote unterschiedlicher Art bereithalten,

▶ Bürgern und der öffentlichen Verwaltung zur Vereinfachung von Verwaltungsvorgängen und zur Verkürzung der Bearbeitungszeiten in Verwaltungsvorgängen,

▶ Mitarbeitern und ihrem Unternehmen zur Überwindung geographischer Distanzen in der arbeitsteiligen Erledigung von Aufgaben,

▶ Mitarbeitern eines Unternehmens zur Überwindung geographischer Distanzen, zur zeitgerechten Bereitstellung von Informationen und zur Verkürzung der Arbeitsvorgänge in der arbeitsteiligen Erledigung von Aufgaben,

- Unternehmen zur Überwindung geographischer Distanzen im Austausch von Informationen und zur zeitlichen Verkürzung der Arbeitsvorgänge in der arbeitsteiligen Erledigung von Aufgaben,

- Unternehmen und öffentlicher Verwaltung zur Überwindung geographischer Distanzen, zum zeitgerechten Austausch von Informationen und zur Verkürzung der Bearbeitungszeiten von Verwaltungsaufgaben,

- verschiedenen Instanzen der öffentlichen Verwaltung zur Überwindung geographischer Distanzen und zur Beschleunigung der Bearbeitung von Verwaltungsaufgaben.

Von einer modernen Informations- und Kommunikations-Infrastruktur wird erwartet, daß sie primär benutzerorientiert aufgebaut wird und für die oben aufgeführten Benutzungen für alle Benutzer den ubiquitären Zugang zu den Informations- und Kommunikationsdiensten ermöglicht, so daß im Idealfall jeder Benutzer von jedem Platz auf der Erde zu jeder zugänglich gemachten Information Zugang hat.

Informations- und Kommunikations-Infrastrukturen für die Wirtschaft

Die Unternehmen in den industrialisierten Ländern befinden sich in einem umfassenden Strukturwandel. Über diesen Strukturwandel wird eine intensive wissenschaftliche Diskussion geführt. Die verschiedenen Standpunkte werden in dieser Diskussion durch eine Reihe von Metaphern verdeutlicht. So spricht Peter Drucker von „the networked organization" [1], Peter Senge von „the learning organization" [2], William Davidow und Michael Malone von „the virtual corporation" [3], Peter Keen von „the relational organization" [4], Tom Peters von „the crazy organization" [5], D. Quinn

Mills von „rebirth of the corporation" [6], Charles M. Savage von „human networking" [7], Russel L. Ackoff von „the democratic corporation" [8], James Brian Quinn von „the intelligence enterprise" [9] sowie Michael Hammer und James Champy von „the reengineered corporation" [10].

Diese Liste ist keineswegs erschöpfend, die Breite der Diskussion und die Vielzahl der Publikationen dazu verbietet an dieser Stelle auch eine solche erschöpfende Darstellung. Unter diesen Metaphern sind wohl jene von der „Reengineered Corporation" und von der „Virtual Corporation" die auch in Deutschland populärsten. Die Wirtschaft in der Bundesrepublik, aber auch darüber hinaus in Europa und in der gesamten Welt, hat sich auf den Weg zum Reengineering der Unternehmen begeben. Der Begriff Reengineering allein deutet noch nicht auf fundamental andere Vorgehensweisen hin als auf diejenigen, die Unternehmen in der Vergangenheit praktiziert haben.

Erst der Terminus technicus „Business Process Reengineering" verdeutlicht, daß es sich hierbei nicht nur um eine der üblichen Reorganisationen von Unternehmungen handelt, sondern daß dem Reengineering ein Paradigmenwechsel zugrunde liegt. Nicht die Reorganisation der Struktur eines Unternehmens, sondern die Erfassung, kontinuierliche Verbesserung und Optimierung der Geschäftsabläufe, des sogenannten „Business Processes", steht im Vordergrund der Überlegungen. Der Umfang, in dem Business Process Reengineering heute stattfindet, läßt sich mit einer Zahl verdeutlichen, die Don Tapscott in seinem Buch [11] wiedergibt. Danach werden in den USA bis 1997 zweiundfünfzig Milliarden Dollar in das Business Process Reengineering investiert werden. Von diesen 52 Milliarden Dollar jedoch werden 40 Milliarden Dollar für das Reengineering der Informations- und Kommunikationstechnik der Unternehmen aufgewendet werden. (Ähnliche Zahlen sind dem Autor für Deutschland oder Europa nicht bekannt.)

Trotz dieser finanziellen Aufwendungen wird dem Business Process Reengineering jedoch keine ungeteilte Zustimmung zuteil. Wiederum nach Tapscott sind zwei Drittel der Business Process Reengineering Projekte Fehlschläge und das Beratungshaus Arthur D. Little läßt wissen, daß 16 Prozent der Unternehmen, die Business Process Reengineering durchgeführt haben, zufriedengestellt werden konnten. Rund 45 Prozent sind teilweise zufriedengestellt und 39 Prozent sind über das Ergebnis unzufrieden. Tapscott zitiert die City-Bank, die deutlich gemacht hat, daß ein Aufwand von 50 Millionen für das Business Process Reengineering ohne Ergebnis geblieben ist. In seiner Analyse kommt Tapscott zu dem Schluß, daß das mechanistisch durchgeführte Business Process Reengineering erfolglos bleiben muß und daß Erfolge nur erzielt werden können, wenn die betroffenen Menschen in den Reengineering Prozeß eingebunden werden können, den Prozeß bejahen und sich mit dem Ergebnis identifizieren.

Für viel wichtiger noch als das Business Process Reengineering in der sich entwickelnden Informationsgesellschaft wird jedoch das Entwickeln total neuer Geschäftsprozesse, neuer Geschäftsfelder, neuer Industrien und neuer Kunden und nicht nur das graduelle Verbessern alter Abläufe gehalten. Business Process Reengineering wird in diesem Sinne für notwendig, aber nicht hinreichend gehalten, um die Wettbewerbsfähigkeit von Unternehmen in der Zukunft sicherzustellen.

Als Folge der Diskussionen, Initiativen, Vorhaben und Erfahrungen läßt sich konstatieren, daß die weitere Entwicklung durch eine Reihe wichtiger Trends bestimmt sein wird.

Disaggregation und Virtualisierung

Die Geschäftspolitik des modernen Unternehmens ist geprägt durch die Rückbesinnung auf Kernkompetenzen und die damit einhergehende Reduktion der Fertigungstiefe bzw. Dienstleistungstiefe. Mit den so entstehenden „schlanken" Strukturen können Unternehmen am Markt flexibler operieren und rasch auf den Wechsel von Kundenpräferenzen reagieren. Die geringere Fertigungstiefe bzw. Dienstleistungstiefe ist zugleich mit der Bildung eines komplexen Beziehungsnetzwerkes wirtschaftlich abhängiger, aber juristisch eigenständiger Unternehmen verbunden. Die so vernetzten Unternehmensstrukturen können schnell und flexibel reagieren. Vor dem Hintergrund der aktuellen Markt- und Wettbewerbsdynamik stellt sich das vernetzte Unternehmen damit auf das Wettbewerbsprinzip ein, wonach die schnelleren die langsamen verdrängen.

Diese Unternehmensnetze sind in der Regel nur noch durch konsequenten Einsatz von Informations- und Kommunikations-Infrastrukturen zu beherrschen und effektiv zu handhaben. Diese Unternehmensvernetzung hat Auswirkungen, die eine direkte Marktrelevanz haben.

▶ In der Automobilbranche z. B. ist nachweisbar, daß die Unternehmensvernetzung zur Eingrenzung der Verhandlungsmacht der Zulieferer gegenüber den Herstellern führt. Allein durch die Ausweitung des Unternehmensnetzes auf viele Anbieter und die interaktive Auswertung der Angebote entsteht Markttransparenz, die der Hersteller als Wettbewerbsvorteil nutzen kann. Der Vorteil liegt außerdem in der extremen Beschleunigung der Auftragsabwicklung durch die informationstechnische Kopplung solcher Prozesse wie Lagerhaltung und Bestellung über Unternehmensgrenzen hinweg.

▶ Die Vernetzung der Informationsflüsse zwischen Anbieter und Abnehmer schafft Bindungen, die sich zum gegenseitigen Vorteil entwickeln. Die informationstechnische Anbindung der Abnehmer an den Anbieter schafft aber auch Abhängigkeit, die normalerweise nur durch ein Systemwechsel gelöst werden kann.

▶ Konkurrenten, die sich in bestehende Netze einbringen wollen, müssen erhebliche Investitionen für Informations- und Kommu-

▶ nikationstechnik aufbringen. Ehemals informelle Beziehungen erscheinen nun im neuen Licht, werden stabiler und erzeugen Barrieren gegenüber Newcomern.

Vernetzung wird ein strategischer Wettbewerbsvorteil.

Informations- und Kommunikationstechnik sind schon jetzt Schlüsseltechniken der Wirtschaft und des öffentlichen Lebens geworden. Sie sind nicht nur Existenzgrundlage für die einschlägige Informations- und Kommunikationsindustrie, sondern für alle Industrien, die Wirtschaft im Ganzen und die öffentliche Verwaltung. Durch Informations- und Kommunikationstechnik verlieren die gesellschaftsrechtlichen Festlegungen von Unternehmensstrukturen gegenüber den durch Informations- und Kommunikationstechnik ermöglichten virtuellen Unternehmensstrukturen an Bedeutung.

Die Entwicklung der Unternehmensvernetzung und die damit einhergehende Reorganisation der Unternehmen zu umfassenden Unternehmensnetzwerken erfordert evolutionsfähige Informations- und Kommunikations-Infrastrukturen. Diese zu entwickeln, zu betreiben und weiterzuentwickeln, schafft neue Märkte:

Entwicklung neuer Kommunikationsformen

Rechner unterschiedlichster Art (Personal Computer, Network Computer, Laptops, Palmtops) aber auch andere Benutzerendgeräte wie Mobiltelefone, stationäre Kiosksysteme etc. erlauben den Zugang zu Informations- und Kommunikations-Infrastrukturen von nahezu jedem Ort. Weil solche Systeme, wie Einrichtungsgegenstände („commodities") überall und ständig verfügbar sein werden, sprechen wir vom ubiquitären Zugang zu Informations- und Kommunikations-Infrastrukturen.

Die Entstehung ubiquitär zugänglicher Informations- und Kommunikations-Infrastrukturen wird neue Dimensionen für den Austausch und die Nutzung von Information und Wissen eröffnen. Von ebenso großer Bedeutung ist jedoch, daß die Existenz solcher

Infrastrukturen total veränderte Strukturen und Abläufe in der Gesellschaft bedingen wird. Wir müssen davon ausgehen, daß total veränderte Formen der Kommunikation

▶ zwischen Individuen,

▶ zwischen Individuen und öffentlichen Instanzen,

▶ zwischen Individuen und Wirtschaftsunternehmen,

▶ zwischen mehreren Unternehmen,

▶ zwischen Unternehmen und staatlichen Instanzen,

▶ zwischen mehreren staatlichen Instanzen

entstehen werden.

Ihr wesentliches Charakteristikum wird sein, daß mit ubiquitär zugänglichen Informations- und Kommunikations-Infrastrukturen der Mobilität der Kommunizierenden keinerlei Einschränkungen auferlegt werden.

Von Massenprodukten zu massenhaften Spezialanfertigungen

Die durch Informations- und Kommunikations-Infrastrukturen erreichbare Überbrückung der Distanz zwischen Anbieter und Abnehmer von Produkten und die Flexibilisierung von Produktionsabläufen erlauben auch die Herstellung von Spezialanfertigungen von Niedrigpreisprodukten, wie sie heute schon für Hochpreisprodukte, wie Automobile, üblich ist. Eine gleiche Entwicklung ist für die Bereitstellung und Abnahme von Dienstleistungen unterschiedlichster Art erkennbar.

Verzögerungsfreiheit

Die Nutzung von Informations- und Kommunikations-Infrastrukturen schafft die Möglichkeit, verzögerungsfrei zu kommunizieren. Informationen können nahezu zeitgleich mit ihrem Verfügbar werden jedem interessierten Nutzer zugänglich sein. Verzögerungen in ökonomischen Prozessen, in Fertigungsprozessen, in Entscheidungs- und Dispositionsprozessen wegen Informationsmangel lassen sich drastisch reduzieren oder eliminieren. Es entstehen die Möglichkeiten des „Wirtschaftens unter Realzeitbedingungen".

Die Etablierung solcher Verfahren, in denen die nötige Information für den Zeitpunkt der Nutzung „just in time" zur Verfügung gestellt wird, werden für unsere weiteren Überlegungen von besonderer Bedeutung sein. Für sie werden darüber hinaus auch neue Komponenten und Systeme, aber auch ganz neue Informations- und Kommunikations-Infrastrukturen zum Einsatz kommen müssen. Es entsteht damit ein interessanter neuer Markt.

Entwicklung automatisierter Dienstleistungen

Viele der heute die Wirtschaft in Gang haltenden „Vermittlungsdienstleistungen" werden durch die Nutzung von Informations- und Kommunikations-Infrastrukturen überflüssig. Das multimediale Auskunftssystem eines Reiseveranstalters, der das Reisebüro (partiell) ersetzt oder der multimediale „travel compagnon", der dem Reisenden einen permanent verfügbaren Auskunftsdienst anbietet, mögen als Beispiele dienen.

Intelligente Produkte

Der Einsatz von Informations- und Kommunikations-Infrastrukturen als integraler Bestandteil von Produkten wird weiter vorangetrieben. Wie der Übergang von der Magnetstreifen-Kreditkarte zur Chipkarte werden Übergänge vom heutigen Auto zu einem weit intelligenteren Auto, von heutigen Strassen zu intelligenten Straßen, die ihre Beschaffenheit signalisieren, von heutigen Häusern zu intelligenten Häusern, vorangetrieben. In nahezu jeder Produktsparte sind Entwicklungen in Gang gesetzt worden, die diesem Trend folgen.

Die Herausforderung

Flexibilisierung von Unternehmensstrukturen

Die sich stark wandelnden Anforderungen des globalen Marktes erfordern die fortlaufende Anpassung von Unternehmensabläufen und Unternehmensstrukturen an die Erfordernisse dieses Marktes. Dies erfordert eine Flexibilisierung der heute in aller Regel gesellschaftsrechtlich gesetzten Unternehmensgrenzen: Die Entwicklung neuer Produkte und neuer Dienstleistungen erfordert die Neufestlegung von Geschäftsabläufen und die Neugestaltung von Organisation und Verantwortung durch veränderte Zulieferstrukturen (z. B. in der Automobilindustrie), durch das Outsourcing von Funktionseinheiten (z. B. von DV- und IS-Bereichen der Unternehmen), durch gemeinsame Entwicklung (z. B. durch concurrent engineering im Maschinen- und Anlagenbau) oder durch internationale Arbeitsteilung (z. B. Software-Entwicklung in Europa und in Indien).

Die Organisation und Beherrschung des fortlaufenden Wandels erfordert neue Kompetenzen und Dienstleistungen zur Auflösung bestehender Abläufe und Strukturen und zu deren Re-Integration. Die Beherrschung der Veränderung von Geschäftsabläufen erfordert Fähigkeiten des Vorgangsmanagements und die Beherrschung der Veränderungen der Organisationsstrukturen erfordert Fähigkeiten des Organisationsmanagements in ihren individualpsychologischen, gruppendynamischen, betriebs- und volkswirtschaftlichen sowie technischen Dimensionen. Es entstehen demzufolge neue Geschäftsfelder in der Unternehmensberatung, Innovationsberatung und Technologieberatung und für aus dieser Kombination der Kompetenzen erwachsende Dienstleistungen.

Entwicklung, Pflege, Wartung und Weiterentwicklung von Informations- und Kommunikations-Infrastrukturen

Die Einführung von Informations- und Kommunikations-Infrastrukturen nimmt ihren Ausgang in der Etablierung betrieblicher Datenverarbeitung und betrieblicher Informationssysteme. Sie haben sich über einen Zeitraum von zum Teil mehr als 20 Jahren durch die Bereitstellung immer leistungsfähigerer Rechner und Software-systeme zu unverzichtbaren Werkzeugen betrieblicher Aktivitäten entwickelt.

Die Verknüpfung unterschiedlicher Systeme der betrieblichen Datenverarbeitung und mehrerer betrieblicher Informationssysteme, nimmt ihren Ausgang in der Vernetzung von Rechnern und von Software-Systemen. Als Folge dieser Entwicklung sind Rechnernetze unterschiedlicher Überdeckung für die lokale betriebliche Kommunikation, die zwischenbetriebliche Kommunikation und für die globale Kommunikation entstanden.

Mit der Zusammenführung von Einzelsystemen zu Informations- und Kommunikations-Infrastrukturen vollzieht sich ein drastischer Wandel der Natur solcher Software-Systeme: Sie sind nicht mehr Produkte mit einer begrenzten Lebensdauer, sondern von unbegrenzter Lebensdauer. Notwendige Weiterentwicklungen, Anpassungen und Erweiterungen erfolgen durch partielle Erneuerung, durch partielle Erweiterung und durch partiellen Ersatz, ohne daß die Grundkonzeption der Infrastruktur in Frage gestellt werden kann.

Für die Realisierung und Weiterentwicklung von Informations- und Kommunikations-Infrastrukturen können nicht mehr nur klassische Verfahren zur Anwendung kommen. Die mit der Einführung von Infrastrukturen notwendig werdenden Techniken lassen sich wie folgt charakterisieren:

 Herbert Weber

▶ Systeme müssen sich leicht *weiterentwickeln* lassen, um neuen Benutzer- oder Betreiberanforderungen ohne großen Aufwand gerecht werden zu können.

▶ Existierende Systeme müssen zu neuen Systemen *zusammenge-fügt* werden können, um zunächst isolierte Lösungen zu neuen integrierten Lösungen weiterzuentwickeln.

▶ Der *Austausch* von Komponenten existierender Systeme durch neue verbesserte Komponenten soll möglichst einfach sein, so daß die Neuentwicklung eines Systems schrittweise erfolgen kann und die *Migration* von einem alten System zu seinem neuen Äquivalent kontrolliert stattfinden kann.

▶ Die Portierung eines Systems von einer Standard-Plattform zu einer anderen Standard-Plattform soll mit möglichst geringem Aufwand verbunden sein.

▶ Die Wiederverwendung existierender Systeme und Komponenten zum Aufbau anderer Systeme soll ohne größeren Aufwand möglich sein.

▶ Durch die Veränderung einer Software-Infrastruktur in einigen Komponenten oder Teilsystemen sollen die verbleibenden Teile nicht beeinträchtigt werden, d. h. sie sollen in bezug auf die zu ändernden Komponenten änderungsunabhängig bleiben.

▶ Die Architektur großer Systeme soll durch die Stabilität der Standard-Plattformen möglichst invariant gehalten werden, so daß die Entwicklung und Weiterentwicklung immer durch den durch die invarianten Plattformen definierten Orientierungs-rahmen kontrolliert durchgeführt werden kann.

Dieser drastische Wandel in der Natur solcher Systeme erzwingt auch fundamental veränderte Vorgehensweisen zu ihrer Benutzung, ihrer Entwicklung, ihrem Betrieb, ihrer Weiterentwicklung und Erneuerung. Mit diesem Wandel wird eine engere Verzahnung bisher noch immer weitgehend eigenständiger Disziplinen, wie der

Organisationswissenschaften, Ingenieurwissenschaften, Informationstechnik, Kommunikationstechnik notwendig.

Literatur

[1] DRUCKER, P., The New Organization, in: Harvard Business Review, January-February 1988.

[2] SENGE, P., The Fifth Discipline, New York 1990.

[3] DAVIDOW, W. und MALONE, M., The Virtual Corporation, New York 1992.

[4] KEEN, P., Shaping the Future: Business Design through Information Technology, Boston 1991.

[5] PETERS, T., The Tom Peters Seminar: Crazy Times Call for Crazy Organizations, 1994.

[6] MILLS, D. Q., Rebirth of the Corporation, New York 1991.

[7] SAVAGE, CH. M., 5 th Generation Management: Integrating Enterprises Through Human Networking, 1990.

[8] ACKOFF, R., L., The Democratic Organization, New York 1994.

[9] QUINN, J., B., The Intelligent Enterprise, New York 1992.

[10] HAMMER, M. und CHAMPY, J., Reengineering the Corporation, New York 1994.

[11] TAPSCOTT, D., The Digital Economy, Promise and Peril in the Age of Networked Intelligence, New York 1995.

Netze verändern die Welt und die Zusammenarbeit

Globale Kooperation auf der Basis des Network Computings

Hans-Heinrich Brendecke

Das Internet ist sicherlich das dynamischste und interessanteste Feld des Network Computing; deshalb ist es nicht verwunderlich, daß es seit einiger Zeit täglich für neue Superlative und Schlagzeilen sorgt. Es gibt unwidersprochene Prognosen darüber, wie sich unsere heutige Art zu arbeiten, zu lernen und das Leben zu gestalten, durch das Internet verändern wird: Diese neue Technik, die anhand der normierten Plattform, eine neue und leicht zu praktizierende Form von Anyone-to-Anyone Kommunikation ermöglicht, wird wesentlich größere Auswirkungen auf unser Leben haben als es einst Telefon und Fernsehen bewirkt haben.

Auch das „Intranet" ist als ein privates, d. h. unternehmeninternes Telekommunikationsnetz, mit jeweils einer geschlossenen Nutzergruppe (eines Unternehmens oder einer Unternehmensgruppe), das die normierte Internet-Technik nutzt, nunmehr zu einem nicht mehr wegzudenkenden Allgemeingut geworden. Die Nutzungsperspektive des Internet/Intranet spannt sich von Großunternehmen bis zu Privatpersonen über alle Arbeits- und Lebensbereiche.

Die Network-Computing-Welt

Internet ist der Inbegriff für modernes Network Computing. Seine markanteste Eigenschaft ist es, daß Informationen und Anwendungen allen Nutzern in den Netzen verfügbar sind. Privatpersonen und Unternehmen können also elektronische Services quasi abonnieren. Das Spektrum reicht von privater Kommunikation und spielerischer Nutzung bis hin zum Home-Shopping, zur Bestellung von kostenoptimierten Flugtickets usw. In diesem neuen Szenario muß die Beziehung zwischen PC und Großrechner neu positioniert werden.

Der ans Internet angeschlossene PC macht es dem Nutzer möglich, auf seinem Computer fast alles zu erledigen, was er möchte. Das führt zu einem phänomenalen Wachstum und zu der Prognose, daß die Großrechner obsolet werden könnten. Tatsächlich führt der Erfolg des PCs zum Großrechner zurück – vor allem zu Zentralsystemen –, die heute als Server eingesetzt werden. Dadurch können die Nutzer auf ihren Client-PCs komplexe Aufgaben erledigen. Nun bietet die Internet-Technik – insbesondere das World Wide Web – den heiligen Gral der Informationsverareitungs-Branche; eine universelle, integrative Betriebsplattform für eine normierte informationstechnische Kooperation.

Anhand der Koppelung der Stärken des PCs und der Stärken des Host, als zentraler Server wird eine mächtige Basis geschaffen. Aus der PC-Welt kommt eine Fülle von Anwendungen, die einfach und schnell an die individuellen Erfordernisse angepaßt werden können. Sie bieten bequeme Handhabung durch einfachen Zugriff, große Flexibilität und das bedienungsfreundliche Multitasking.

Ein zentraler Server kann einen riesigen Datenbestand – bestehend nicht nur aus aktuellen Informationen und Neuigkeiten, sondern auch aus dem gesamten intellektuellen Eigentum eines Unternehmens oder einer Organisation – 24 Stunden an 7 Tagen in der Woche und 365 Tagen im Jahr verfügbar machen. Eine derartige

 Hans-Heinrich Brendecke

breite kommerzielle Nutzung der Potentiale kann für das jeweilige Unternehmen von strategischer Bedeutung sein.

Jede der beiden Welten hat allerdings nicht nur Stärken sondern auch ihre Schwächen. Der Zugriff auf die Daten, die am zentralen Server gehalten werden, ist nicht selten dadurch erschwert, weil die für den gezielten Zugriff erforderlichen Anwendungen nicht verfügbar sind, sondern weil ihre Entwicklung zeitraubend ist. Die existierenden PC-Anwendungspakete sind oft schwierig zu skalieren und die erforderliche Unterstützung der PC-Nutzer kann hohe Folgekosten verursachen.

Network-Computing macht es möglich, die Vorteile der beiden Welten gleichzeitig zu nutzen ohne die geschilderten Nachteile. Es ist keine „entweder/oder", sondern eine „sowohl/als auch"-Beziehung. Das Internet hat uns anhand dieser Eigenschaften wachgerüttelt; es hat den Einsatz der Großrechner als mächtige Server im Netz stark beschleunigt und eine deutliche Verbesserung des Preis-/Leistungs-Verhältnisses bei Großrechnern bewirkt. Diese Entwicklung wird eine spürbare Segmentveränderung der PC-Industrie zur Folge haben, die zur Entstehung anwendungsorientierter Rechner führen wird.

PC und Großrechner werden sich in einer vernetzten Welt gut ergänzen. Die Client-Welt bringt Komfort und geeignete Anwendungen, die Server-Welt bietet Themen, Gebiete und Funktionalität.

Die Evolution des Network Computings

Die Bedeutung des Network Computings reicht weit über die Grenzen der Datenverarbeitung hinaus. Network Computing bedeutet die bereits seit langem vorhergesagte Konvergenz zwischen dem Computer und der Kommunikation. Hierbei handelt es sich um die wahre treibende Kraft in dieser neuen Welt namens Network Computing.

Der Trend der normierten Internet-Technik wird sich weiterhin durch die unaufhaltsame Entwicklung in Richtung Digitalisierung aller Medien verstärken. Diese Entwicklung öffnet alle Möglichkeiten für eine breite Palette von neuen Text-, Video-, Bild- und Audio-Inhalten. Durch diese Entwicklung wird einer Vielzahl von Anwendern der Zugriff auf eine Fülle von Daten ermöglicht, die bereits in digitaler Form vorliegen, derzeit aber in den Datenbanken von Unternehmen und Organisationen verschlossen sind.

Unternehmen aller Branchen wollen dieses neue wirtschaftliche Feld mitgestalten. Dabei sollten die gegenwärtigen Vorteile der Unternehmen auf klassischen Betätigungsfeldern und Märkten bewahrt bleiben und neue Stützpunkte auf dem sich rapide entwickelnden Markt errichtet werden. Dieser Herausforderung wird sich jede Branche auf eine andere, nämlich auf die für sie spezifische Weise stellen müssen.

So wird z. B. die Computerbranche bei ihren vielfältigen Hardware- und unzähligen Software-Tools bzw. -Anwendungen durch immer neue Entwicklungen und sinkende Preise und schrumpfende Margen bedroht. Sie muß von Tag zu Tag flexibler reagieren und neue nutzerorientierte Lösungen anbieten.

Die Kommunikationsbranche – z. B. die Telekommunikationsgesellschaften (oder „Kabelgesellschaften") – mit ihrer Kompetenz und ihren Stärken auf dem Gebiet der Sprachübertragung und Breitbandtechnik wird einerseits durch die steigenden Anforderungen und anderseits durch den Preisdruck zu permanentem Handeln gezwungen, um Qualität und Quantität zu steigern – vor allem hinsichtlich der künftig erforderlichen Infrastrukturen für Übertragung und Verteilung von Informationen.

Die etablierten Medienunternehmen betreten die Internet-Welt mit einer Fülle von bereits vorhandenem „Material" aus ihrer bisheri-

 Hans-Heinrich Brendecke

gen Betätigung auf dem Gebiet der Medien, des Verlagswesens und der Unterhaltungsbranche. Zu diesen auf dem Markt etablierten Unternehmen und Institutionen kommen neue Unternehmen und Institutionen hinzu, die über unschätzbares Internet-Wissen verfügen und über Entwicklung von Schlüsselanwendungen den Zugang zu den neuen Adressaten möglich machen. Allerdings werden diese Firmen mit dem Problem konfrontiert, ihr Wissen und ihre Fähigkeiten zu schützen und gleichzeitig wirtschaftlich erfolgreich zu sein. Und dies in einem Umfeld, in dem die Einstiegsbarrieren stetig niedriger werden.

Globale, in allen Branchen einsetzbare neue Anwendungen bieten vielfältige Gründe und vielversprechende Erfolgsaussichten, sich in der Network-Computing-Welt zu engagieren und sich aus diesem Markt neue Impulse zu holen. Keiner kann sich isolieren, am wenigsten die im Umfeld der Informationstechnologie wirkenden Unternehmen (wie z. B. Service Provider).

Der schnellste Weg, die Verheißung des Network-Computing in die Realität umzusetzen, liegt darin, über die Branchen- und Unternehmensgrenzen hinweg zusammenzuarbeiten unter der Nutzung des gesamten heutigen und künftigen Potentials des öffentlichen Internet, des privaten Intranet und des Network-Computings. Hierbei besteht der Zwang, das Network-Computing permanent einfacher (hinsichtlich der Bedieneroberfläche) und kostengünstiger zu gestalten bei gleichzeitig steigender Robustheit.

Es bedarf neuer Dienstleistungsunternehmen mit hochgradigem Spezialistentum

Bei der Bewältigung und Gestaltung dieser Zukunft entsteht Bedarf an neuartigen Dienstleistungsunternehmen, die professionell die Konzipierung und den Betrieb der Kommunikationsnetze gewährleisten. Die Konvergenz von Computer und Kommunikation sowie neue Formen der Zusammenarbeit werden eine neue Art von Dienstleistungsunternehmen hervorbringen, die diese neue Netzwerk-Services zuverlässig bereitstellen, integrieren und verwalten – unabhängig davon, in welcher Größenordnung, in welchem Land, für welche Plattformen – bei einem hohen Informations-Sicherheitsstandard und adäquater Unterstützung.

Diese neuen Dienstleistungsunternehmen werden eine Kombination von hochgradigem Wissen und Fertigkeiten benötigen zwecks zielorientierter Erbringung von Leistungen und unternehmensspezifischer Services.

Anforderungsprofil an einen Network Computing Dienstleister

▶ Sichere Transaktionsübertragung und Gewährleistung der rigorosen Netzzugangskontrollen.

▶ Erstellen und Einsatz von „netzwerkfertigen" Hardware- und Softwareprodukten.

▶ Entwicklung von Anwendungen unter Berücksichtigung schneller Replikation und Bereitstellung über die Netze.

▶ Hohen Bedienungskomfort und einfache Handhabung für den individuellen Nutzer.

▶ Systemintegration für Netzservice.

▶ Optimale Nutzung der existierenden Informationen und Anwendungen wie auch eine gezielte und schnelle Entwicklung von erforderlichen neuen Anwendungen.

▶ Aufbau und Betrieb einer an der Nutzungsdynamik orientierten skalierbaren Betriebsumgebung.

▶ Übernahme der Verantwortung für die Auswahl bzw. Erarbeitung von unternehmensspeziefischen Lösungen für Unternehmen, die wegen der verwirrenden Vielfalt der technologischen Lösungsmöglichkeiten das mit diesen Entscheidungen verbundene Investitionsrisiko scheuen.

▶ Netzmanagement, das zuverlässigen Service für offene Netze mit Produkten verschiedener Hersteller und unterschiedlichen Protokollen weltweit bietet.

▶ Serviceerbringung unter der Berücksichtigung geschäftsartbedingter Anforderungen und Merkmale.

▶ Kundenindividuelle Betreuung mit „persönlichen" Services bzw. mit der für das jeweilige Unternehmen zugeschnittenen Lösung.

Der Netz-Provider wird zum wichtigen Kooperations-Partner

Die vorrangige Aufgabe der neuen Dienstleister wird darin bestehen, die Unternehmen als *Nutzer* schnell und effizient -auf eine einfache Weise- mit ihren *Partner-Unternehmen* bzw. ihren *Kunden* in Verbindung zu bringen und die erforderlichen und erwünschten Services abzuwickeln. Mit anderen Worten: die neuen Dienstleister werden die Fähigkeiten vereinen, die den Unternehmen und Privatpersonen es ermöglichen, auf eine einfache Weise in die gewünschte Verbindung zu treten und so miteinander zu arbeiten, als ob sie in einem gemeinsamen virtuellen Unternehmen wären.

Indem sie an diesen Aufgaben arbeiten, jeder auf dem Gebiet seiner Kernkompetenz (Netz-Provider Network-Computing bezogen und das Unternehmen inhaltsbezogen) werden sie es schaffen, die angebotenen Services immer weiter den Erwartungen und Anforderungen ihrer Kunden anzupassen. Letztlich müssen sie ihren Kunden die Möglichkeit bieten, die Internet-Funktionalität in der Form eines auf die jeweilige Firma zugeschnittenen virtuellen privaten Netzwerkes zu „mieten" d. h. für die gegebene Situation die kostengünstigste Network-Computing-Lösung „anzuzapfen".

Das Internet stellt mit seinen weltweiten Standards eine Umstellung sowohl innerhalb der Computer- und Kommunikationsbranche und ihren Industriezweigen als auch für andere Bereiche im wirtschaftlichen und sozialen Umfeld dar. So wie der PC vor einiger Zeit unsere Art zu wirken verändert hat, so wird jetzt Network-Computing noch viel stärker – ja auf eine bisher unbekannte Weise unser Leben verändern und neue Beziehungen unterschiedlichster Art im privaten Bereich wie auch auf dem Gebiet der Wirtschaft neu gestalten.

Es wird nicht über Nacht passieren, aber es wird für alle Beteiligten aufregend bleiben, an der Erreichung der mit diesen Veränderungen geknüpften Zielen zu arbeiten.

 Hans-Heinrich Brendecke

Internet als Basis für die neue Multimedia-Welt

Michael Hebgen

Internet

Internet ist das *Netz der Netze*. Es basiert auf den standardisierten (und funktionierenden!) TCP/IP-Protokollen und verbindet Millionen von Rechnern weltweit, angefangen von PC und Macintosh über Unix-Rechner und traditionelle Großrechner bis hin zu Supercomputern und Parallelrechnern.

Internet wird von seinen Benutzern betrieben. Alleine in Deutschland gibt es mehrere Anbieter (*Internet Provider*) von Netzen und Zugängen zum Internet, das *Deutsche Forschungsnetz (DFN), Xlink, Eunet, Individual Network, IBM, Telekom T-Online, Compuserve, Amerika Online* – um nur einige zu nennen. Daneben gibt es auch noch hunderte von regionalen Kleinanbietern, so daß an jedem Ort in Deutschland ein kostengünstiger Zugang zum Internet vorhanden ist.

Das bedeutet, daß jeder am Internet teilnehmen kann, Wissenschaftler, Studenten, Firmen, Interessengruppen, Privatpersonen. Außerdem gibt es in vielen Städten sogenannte Internet-Cafés, wo man an einem öffentlichen, vernetzten PC für geringes Entgelt im Internet *surfen* kann. In Montreal, Kanada, wo im Frühjahr 1996 die weltweite Internet-Konferenz stattfand, gibt es bereits dutzende Internet-Cafés.

World Wide Web

World Wide Web (WWW) ist das auf *Hypertext* beruhende, auf viele Rechner verteilte Informationssystem auf dem Internet, das alle möglichen Formen von Multimedia-Informationen (Fließtext, formatierten Text, Bilder, Bewegtbilder und Ton) unterstützt, Abfragen von Datenbanken ermöglicht und fast alle anderen vorhandenen Netzdienste (wie z. B. elektronische Post oder das Übertragen von Daten und Programmen zwischen Rechnern) unter einer einheitlichen, intuitiv erlernbaren Oberfläche integriert.

Hypertext bedeutet, daß innerhalb eines Textes ein oder mehrere Worte in einer Weise markiert sind, daß beim „Anklicken" mit der Maus weitere Informationen angeboten werden. Dabei spielt es keine Rolle, ob diese Informationen

▶ innerhalb der aktuellen Seite stehen oder

▶ in einer anderen Datei auf demselben Rechner gespeichert sind oder

▶ auf einem anderen Rechner im Internet abgelegt sind.

WWW arbeitet nach dem *Server-Client* Prinzip, d. h. das Client-Programm auf dem PC schickt eine Anforderung an den WWW-Server, erhält die Antwort und beendet die Verbindung; in der Antwort können weitere Anforderungen enthalten sein, die bei entsprechendem „Anklicken" mit der Maus an evtl. andere Server abgeschickt werden. Die bekanntesten WWW-Clients sind *Netscape, Mosaic, Lynx, IBM WEB Explorer* und *Microsoft Internet Explorer*.

Geschwindigkeit

Viele Unternehmen oder Institutionen betreiben heute eigene Hochgeschwindigkeitsnetze. So umfaßt das Kernnetz *(backbone)* der Universität Heidelberg ca. 80 km Glasfaserstrecken mit einer Geschwindigkeit von 100 Megabit/sec – das entspricht etwa 10 Millionen Zeichen/Sekunde oder – um es anschaulich zu machen – in einer Sekunde kann zweimal die gesamte Bibel mit ca. fünf Millionen Zeichen übertragen werden. Das hört sich nach sehr viel an, ist aber relativ zu sehen, da über ca. 200 lokale Netzwerke *(LAN)* ungefähr 10 000 Rechner innerhalb der Universität Heidelberg miteinander verbunden sind. Entsprechend ist auch die Außenanbindung der Universität an die weite Welt und das Internet mit 155 Megabit/sec ausgelegt.

Normalerweise sind Privatnutzer (wie auch die Studenten der Universität Heidelberg) über Modem oder ISDN an ihren „*Internet Provider*" angeschlossen, was einer Geschwindigkeit von maximal 64 Kilobit/sec (etwa 6000 Zeichen/Sekunde) entspricht.

Video-Konferenzen

In den letzten Jahren wird das Internet auch zum Übertragen von Video-Konferenzen benutzt. Dies wird durch die zunehmende Leistungsgeschwindigkeit gefördert. Nicht nur die NASA nutzte dies für Übertragungen bei ihrer letzten Mission *live,* sondern auch immer häufiger werden die Vorlesungen auf dem Internet „ausgestrahlt". Hierbei werden gleichzeitige verschiedene Datenströme übertragen und zwar:

▶ ein bis zwei Datenströme für Video (z. B. einen für den Dozenten und einen für den Physikversuch),

▶ einen für Audio und

▶ einen für das „*shared whiteboard*" (entspricht dem Schreiben auf einem Overhead-Projektor).

So werden beispielsweise Physikvorlesungen der Universität Heidelberg in einen Hörsaal der Universität Mannheim übertragen und Informatikvorlesungen von Mannheim nach Heidelberg. Im Rahmen dieses *Teleteaching-Projekts* sollen dann später einmal die Vorlesungen aufgezeichnet und abgespeichert werden, so daß der interessierte Student sie sich dann, wann es ihm paßt, mittels eines WWW-Client abspielen kann.

Stärken des Internet

Internet ist *weit verbreitet*. Man kann die Anzahl der Rechner und Benutzer nur noch schätzen, im allgemeinen wird von mehr als 30 Millionen Rechnern und mehr als 50 Millionen Benutzer ausgegangen. Hinzu kommen noch die Benutzer der sogenannten Online-Dienste wie *Compuserve, T-Online* oder *Amerika Online*, die alle über *Gateways* zum Internet „durchschalten" können. Internet ist vorhanden und nicht mehr wegzudenken, selbst *Microsoft* ist mit dem Versuch gescheitert, durch ein eigenes Netzwerk (*Microsoft Network MSN*) eine Konkurrenz zum Internet aufzubauen.

Internet ist vom Prinzip her so aufgebaut, daß Teile (Rechner, Router, Leitungen) ausfallen können und der Rest immer noch funktioniert. Der Grund für dieses Design war in den 70er Jahren die Angst vor atomaren Angriffen und Zerstörungen von Teilen, der Rest von Internet sollte weiter kommunizieren können. Aber auch heute ist dieses Prinzip der *Ausfallsicherheit* wichtig für den Betrieb und das Wachstum des Internets, wenn Teile oder Teilnetze ausfallen, kann man oft auf anderen Wegen auch zu seinem Ziel kommen.

Durch das *World Wide Web (WWW)* und seine intuitive Oberfläche wird das Internet auch für die Benutzer leicht handhabbar, da es neben seinen eigenen Diensten fast alle anderen Dienste wie z. B. E-*Mail* oder Datenbankabfragen integriert. Ohne WWW geht gar nichts mehr, bei den meisten Softwareprodukten wie Datenbank- (z. B. Oracle, Sybase) und Bibliothekssystemen wird heute standardmäßig eine WWW-Schnittstelle gefordert und auch angeboten.

Auch bei den Teilnehmern am Internet wird WWW vermehrt zur Darstellung ihrer Einrichtung und ihrer Produkte genutzt, so daß man heute feststellen kann „Wer nicht im WWW präsent ist, den gibt es nicht". Täglich können wir in Zeitungen und Journalen, im Fernsehen – und nicht nur in der Werbung – Verweise auf Adressen im WWW in der Form „http://www...." finden.

WWW bietet noch den weiteren grundsätzlichen Vorteil, daß *verschiedene Sichtweisen* auf die Unmenge der im WWW gespeicherten Informationen möglich sind. Man kann sich das so vorstellen, daß man eine bestimmte Menge von Büchern nach verschiedenen Kriterien katalogisiert, alphabetisch nach Autor oder Titel, nach Größe und Gewicht, nach Fachgebiet, nach Farbe des Einbandes usw. In Analogie zu den realen Bibliotheken gibt es auch eine *virtuelle Bibliothek*, in der die Beiträge nach Fachgebieten gesammelt und ausgewiesen sind.

Um in der (Un)menge von Informationen etwas wiederfinden zu können, wurden viele Hilfsinstrumente gebaut wie z. B. sogenannte *Suchmaschinen*, die täglich oder nächtlich viele, viele WWW-Server abfragen, die Daten als Volltexte holen und indizieren sowie über Suchformulare für den Benutzer abfragbar machen. Vermehrt wurden in der letzten Zeit auch Datenbanken und Bibliothekssysteme mit einer speziellen Schnittstelle (*Z39.50*) ausgestattet, die paralleles Suchen des Benutzers in mehreren Systemen erlaubt, z. B. gleichzeitige Suche nach einem Buch in mehreren Bibliotheken.

Internet wird – wie oben gesagt – von seinen Benutzern betrieben und hat daher in der Presse auch schon einmal das Attribut „basisdemokratisch" bekommen. Als vor Jahren der als rechtsradikal eingestufte Herr Zundel seine Holocaust-Thesen über Internet verbreitete und einige deutsche Einrichtungen daraufhin den Zugang zu dem Rechner in Kanada sperrten, haben sofort einige große amerikanische Universitäten die Daten „*gespiegelt*" und in alle Welt verkündet: „Wir sind nicht unbedingt mit dem Inhalt einverstanden, aber noch weniger mit der deutschen Staatsanwaltschaft. Daher haben wir auf unseren WWW-Server die Daten in Kopie abgelegt und fordern die Deutschen auf, auch unseren WWW-Server dicht zu machen (wenn sie können)."

Internet ist auch deswegen so stark geworden, weil die *Abstimmungsprozesse* für neue Dienste mehr an den Bedürfnissen orientiert und wesentlich schneller als bei den internationalen Standardisierungsorganisationen (ISO) ablaufen; meistens wird schon eine lauffähige Demonstrationsversion gleichzeitig mit dem beschreibenden Papier (RFC) erstellt, das dann diskutiert und beschlossen wird.

Schwächen des Internet

Bei all diesen Stärken muß es zwangsläufig auch Schwächen geben, die die heutige Nutzung des Internet einschränken. Als erstes ist die *Servicequalität* zu nennen. Zwischen zwei Rechnern kann keine Bandbreite auf den Leitungen reserviert werden, denn man ist davon abhängig, was andere für einen Verkehr auf den gleichen Leitungen erzeugen – auf der Autobahn kann halt ein Porsche auch nur so schnell fahren, wie es die anderen zulassen.

Damit einhergehend werden immer höhere *Geschwindigkeiten* gefordert, um neue Dinge machen zu können, die vorher aufgrund mangelnder Kapazität gar nicht möglich waren. So ist beispielswei-

 Michael Hebgen

se die gegenseitige katastrophengeschützte Datensicherung zwischen den Universitäten Heidelberg und Karlsruhe erst ab einer Geschwindigkeit von 34 Megabit/sec sinnvoll, da sonst die Menge der zu sichernden Daten nicht mehr innerhalb von vernünftigen Zeiträumen gesichert werden kann.

Während einfache Texte und Bilder kein Problem für die Präsentation durch den WWW-Client darstellen, wird es für *Multimedia – Anwendungen* schon viel komplizierter. Zu viele verschiedene Formate bewirken, daß immer neue Programme installiert werden müssen, um alle multimedialen Informationen anschauen oder anhören zu können. Hier sind auch die Hersteller von Multimedia-CDs und die Verleger aufgerufen, sich auf ein handhabbares Maß zu einigen.

Besonders kritisch erscheint der Bereich *Sicherheit und Privatsphäre*. In den meisten Datenpaketen sind Informationen im Klartext enthalten, so daß sie jeder Rechner, an dem diese Pakete vorbeikommen, im Prinzip lesen kann – ähnlich wie bei Postkarten, wenn sie von Hand zu Hand weitergereicht werden. Daß in den meisten Fällen seriöse Netzanbieter den Transport bewältigen, spielt für das grundsätzliche Problem keine Rolle.

Wie oben beschrieben gibt es eine Unmenge von Informationen im Internet, so daß es zunehmend schwerer wird, „Schrott" von Güte zu unterscheiden und *Datenqualität* zu finden. Um so mehr sind verbesserte Navigationshilfen gefragt, die einem – wie beim Briefkasten – die Werbung abhalten.

Letztendlich werden durch das weltweite Internet auch die *juristischen Bedingungen* in den einzelnen Ländern tangiert. Was in dem einen Land erlaubt ist, muß noch lange nicht für ein anderes Land gelten. Auch traditionelle Betrachtungsweisen wie z. B. das Verteilverbot von unerlaubtem Schrifttum müssen revidiert werden. Im Internet findet im allgemeinen kein Verteilen, sondern nur ein weltweites Anbieten von Informationen statt; holen muß man sich diese schon selbst.

Entwicklungstendenzen

Zunächst einmal sollen Entwicklungen im technischen Bereich aufzeigen, daß ein Teil der heutigen Schwächen erkannt ist und an deren Lösung gearbeitet wird. So ist eine neue Version der TCP/IP-Protokolle in Vorbereitung, die grundsätzlich *Verschlüsselung* von Datenpaketen ermöglicht, wodurch sowohl die Sicherheit und Privatsphäre gewährleistet werden kann, aber auch, daß der Absender einer elektronischen Mail wirklich der ist, der er zu sein vorgibt. Auch für die Industrie ist diese Entwicklung von Interesse, da damit auch elektronischer Geldverkehr (Cybercash) über Internet abgewickelt werden kann.

Weltweit wird an der Umstellung der Netze gearbeitet, damit sie das sogenannte *ATM* Medienprotokoll verstehen. Dadurch können nicht nur Dienste, die bisher außerhalb der klassischen Datennetze liefen, wie etwa Telefon oder Videokonferenzen auf derselben Glasfaser laufen, sondern es können auch Garantien für Bandbreiten gegeben werden, so daß Anwendungen sich darauf verlassen können, genügend Kapazität zu bekommen und nicht mehr abhängig von der Last auf dem Netz sind.

In zunehmendem Maße werden elektronische Dokumente (Texte, Bilder, Lieder, Videos) angeboten, die konsistent abgespeichert und angeboten werden wollen. IBM und auch andere Computerfirmen bieten bereits heute die notwendigen Werkzeuge *(Digital Library)* an, um mit diesen neuen Objekten umgehen zu können. An den Bibliotheken wird es liegen, dies in ihr normales Angebot zu integrieren, da sie ansonsten zu „Buchmuseen" verarmen.

Wissenschaftliche Fachgesellschaften (z. B. Mathematik, Physik, Informatik, Chemie) haben sich via Internet national oder weltweit organisiert, um zumindest in ihrem Bereich für eine gewisse Qualität im Angebot zu sorgen. Aufgrund von Initiativen der Deutschen Forschungsgemeinschaft ist auch in anderen Bereichen in Zukunft

 Michael Hebgen

zu erwarten, daß zusammen mit Bibliothekaren Kompetenz-Zentren aufgebaut werden, die dann für die Datenqualität sorgen.

Zusätzlich müssen auch die *Navigationshilfen* mit dem Ziel weiterentwickelt werden, ein überschaubares Ergebnis zu liefern, aus dem der Benutzer dann gezielt auswählen kann. Dies gilt übrigens nicht nur für das Internet, auch das zukünftige Kabelfernsehen mit ca. 500 Kanälen wird solche Navigationshilfen brauchen.

Internet ist die Basis für die neue Welt

Der sich vollziehende Wandel zur Informationsgesellschaft wird weitaus größere Veränderungen mit sich bringen, als etwa die Industrialisierung zu Beginn dieses Jahrhunderts.

Wissenschaftliche Arbeit und viele andere Dinge sind ohne Vernetzung via Internet nicht mehr denkbar. Hierbei sind besonders wichtig:

▶ E-Mail

▶ fachspezifische Mail-/Diskussionslisten

▶ Informationssysteme wie WWW

Seit Jahren ist eine der üblichen Bedingungen bei Fachbesprechungen an Universitäten der sofortige Zugang zum Internet – nicht nur bei Naturwissenschaftlern, sondern auch zunehmend bei Geisteswissenschaftlern.

Die Vernetzung verändert das Arbeitsumfeld und die Sozialstruktur. Einerseits war es noch nie so leicht für eine Person, von unterschiedlichsten Orten die elektronische Post zu bearbeiten, oder mit anderen Personen elektronischen Kontakt aufzunehmen, oder im Rahmen von Heimarbeit Geld zu verdienen. Andererseits wird gerade dadurch die Gefahr der Vereinsamung der Computerbenutzer erhöht.

Netze sind wie Fernsehen oder Buchläden, vieles wird angeboten und nicht alles entspricht individuellen moralischen Ansprüchen und Qualitätswünschen. Für die Benutzer von öffentlich finanzierten Netzen hat die Arbeitsgemeinschaft der Leiter wissenschaftlicher Rechenzentren ALWR zusammen mit dem Deutschen Forschungsnetz DFN einen *Leitfaden zur verantwortungsvollen Nutzung* von Datennetzen herausgegeben.

Viele Dinge erfahren durch die Vernetzung eine andere Gewichtung und Größe, wie zum Beispiel:

▶ Datenschutz: Mit den elektronischen Telefonbüchern wird für jedermann das Suchen eines Namens oder einer Adresse anhand einer Telefonnummer möglich.

▶ Rechtsprechung: Das passive Anbieten von Informationen über Netze – evtl. auf einem Rechner im Ausland – ist nicht das gleiche wie sie aktiv zu drucken und zu verteilen.

Internet ist die *Globalisierung* der Daten- und Informationsverarbeitung und somit ein Beispiel und eine Grundlage für die Globalisierung der Märkte. Der Nutzen durch Internet ist trotz der angesprochenen Probleme viel zu groß, als daß man ihn ignorieren könnte. Internet hat in vielen traditionellen Bereichen neue Dimensionen aufgezeigt und Tore in neue Welten geöffnet. Wir werden nicht nur mit neuen Freiheiten und Möglichkeiten, sondern auch mit anderen Kulturen und Auffassungen konfrontiert, die uns bisher in der Weise nicht zugänglich waren. Wenn wir die Chancen dieser neuen Liberalität nutzen, dann kann tatsächlich Internet eine Basis für die neue Welt der Kommunikation und Information sein.

To Work or Network – this is the question!

Internet – neuer Option-Shock für Software- und Systemhäuser?

Heinz-Paul Bonn

„Wohin soll's denn gehen?", wird Alice im Wunderland gefragt, als sie an einer Wegkreuzung um Rat bittet, welche Richtung sie einschlagen soll. „Ich weiß es nicht", antwortet Alice. „Dann ist jeder Weg der richtige." Es hat den Anschein, als würden Technologieentscheidungen im Informations- und Kommunikations-Markt einer ähnlichen Weisheit folgen. Ein wahrer „Option-Shock", ein Überfluß an Technologieoptionen, macht die Entscheidung über den richtigen Weg beinahe unmöglich. Oder zeichnet sich doch ein für alle und alles gültiger Königsweg ab? Das Internet wird als Auffahrt zum „Information Superhighway" gehandelt. Dort zählt nicht so sehr die Technologie, sondern der Service – nicht das Wie, sondern das Wozu.

Wie jeder Technologiemarkt vollzieht auch der Markt der Informations- und Kommunikations-Branche einen Reifungsprozeß, der entgegen der landläufigen Meinung nicht fließend ist, sondern von Quantensprüngen bestimmt wird. Diese Quantensprünge sind das Ergebnis technologischer Durchbrüche und damit neuer Optionen in der Gestaltung der informationstechnischen Infrastrukturen, die wiederum eine neue Standortbestimmung sowohl im Nachfrage – als auch im Angebotsverhalten nach sich ziehen.

Diese Quantensprünge repräsentieren einen fundamentalen Wertewandel, einen Kanon aus aufeinander folgenden und sich ablösenden Paradigmen. In der Vergangenheit haben diese Paradigmen
stets im strengen Widerspruch zu den bis dahin gültigen Werten
gestanden. Ja, sie waren sogar – wie zum Beispiel das Client/Ser-
ver-Konzept im Vergleich zur Mainframe-Ära – ihre ausdrückliche
Antithese, die von ihren Protagonisten mit missionarischem Eifer
vertreten wurden. Es hat jedoch den Anschein, als hätte dieser
Markt jetzt einen Reifegrad erreicht, in dem die aktuell gültigen
Paradigmen nicht ihre Vorgänger substituieren, sondern eine Syn-
these der bisherigen Welten darstellen.

Diesen Prozeß der Marktreife zu verstehen ist entscheidend für die
Fähigkeit, ein Unternehmen in diesem dynamischen Vorgang erfolgreich zu führen. Vor allem Softwarehäuser stehen hier vor
einem erheblichen Zukunftsrisiko. Software- und Systementwick-
lung an sich sind angesichts der Komplexität heutiger Lösungen –
sowohl bezogen auf ihre funktionale als auch technische Auslegung
– mit großen Investitionen verbunden. Sie müssen jedoch mit
Perspektive getätigt werden, obwohl das sich ständig ändernde,
mitunter auch widersprechende Technologieumfeld die Orientie-
rung erschwert. Hinter diesem Zukunftsschock verbirgt sich die
verständliche Furcht davor, eine „falsche" Entscheidung zu treffen
und ein Produktangebot außerhalb des technologischen Main-
streams zu offerieren. Die direkte Folge sind der Verlust von
Wettbewerbsfähigkeit und Marktanteilen. Gleichzeitig aber besteht der Wunsch, möglichst früh ein aufkommendes Paradigma zu
antizipieren, um gerade dadurch Wettbewerbsvorteile und einen
Time-to-Market-Vorsprung zu erlangen. Dies wird begleitet von
der wirtschaftlichen Notwendigkeit, die bereits getätigten Investitionen sowohl im eigenen Haus wie auch bei den Anwendern zu
schützen. Damit ist Softwareentwicklung bei aller Zukunftsorien-
tierung stets auch rückwärtsgewandt.

 Heinz-Paul Bonn

Dies gilt um so mehr, als Software eine Lebensdauer aufweist, die weit über die der bisher gültigen Paradigmen hinausgeht. Während sich bislang rund alle zehn Jahre in der Informationstechnik ein fundamentaler Wertewandel vollzog, „leben" gerade die mächtigen betriebswirtschaftlichen Komplettlösungen mehrere Jahrzehnte fort. Software überlebt damit unverändert mehrere Paradigmenwechsel im Markt. Dieses Beharrungsvermögen verhindert in der Konsequenz die schnelle Adaptation neuer Grundsätze und die Auswahl neuer Technologien.

Umgekehrt stehen neue technische Möglichkeiten in einer bislang nicht gekannten Fülle zur Verfügung. Alternativen, die geprüft und evaluiert werden müssen, erscheinen im Quartalsrhythmus. Dies führt zu der mitunter absurden Situation, daß sich Softwarehäuser geradezu einem „Option-Shock" – also einem Überfluß an Auswahlmöglichkeiten – ausgesetzt sehen. Dies ist nur eine Auswahl der Optionen, die Softwarehäusern offenstehen:

- Trennung von grafischer Präsentations- und Anwendungsebene (Client/Server)

- Teilung der Anwendungslogik auf Client und Server (Three Tier Client/Server)

- Migration auf Windows NT als Standardplattform für zukünftige Anwendungen

- Visual Programming mit Visual Basic oder vergleichbaren Umgebungen

- Einfrieren der bestehenden Anwendung auf dem Server und Anbindung zusätzlicher Funktionen auf dem Client mit Hilfe von APIs

- Redesign der bestehenden Anwendung mit Hilfe von plattformunabhängigen Sprachen wie C und C++

▶ Neuentwicklung mit Hilfe objektorientierter Frameworks auf der Basis von Smalltalk, C++ oder Java

▶ Ausbau der Internet-Funktionalitäten durch Umsetzung der Anwendung in HTML-Formate und Ergänzung um Java-Applets

▶ Einbindung von Anwendungssuiten unter Windows

Die Zahl der theoretischen Alternativen ist einerseits beliebig groß, während andererseits die Restriktionen aus zurückliegenden Entwicklungen, die im Markt fortleben, äußerst mächtig sind. Für viele Anbieter stellt deshalb der Bruch mit der Vergangenheit zumindest auf technischer Ebene eine große Versuchung dar. Der technologische Neuanfang erscheint als wichtige Voraussetzung für eine zukunftsgerichtete Anwendungsentwicklung.

Die Erfahrung zeigt aber, daß spätestens die Marktgesetze mit ihrem Zwang zum Investitionsschutz, die Rückwärtsorientierung einer Entwicklung wieder einfordern. Kunden verlangen Migrationsmöglichkeiten von der alten in die neue Welt, die in der Regel dazu führen, daß die Neuentwicklung wiederum Konzessionen an die Restriktionen aus der Vergangenheit machen muß.

Dieser Versuchung sind vor allem die Anbieter ausgesetzt, die dank ihrer Größe über ein ausgedehntes Entwicklungsbudget verfügen. Sie sind von den Economies of Scale und Economies of Scope her in der Lage, große Investitionen zu meistern und gleichzeitig durch die Marktabdeckung einen Return-on-Investment zu erreichen. Darin lag und liegt ein gewisser Marktvorteil, den die 500 größten Softwarehäuser der Welt gegenüber den nachfolgenden 50 000 mittelständischen Anbietern haben (oder zu haben glauben).

Tatsächlich führt diese Bereitschaft, jedem Paradigmenwechsel durch ein fundamentales Redesign der Anwendungswelt zu folgen, zu permanenten Produkt-Neuankündigungen. Aus der Mainframe-Lösung entwickelte sich eine Unix-Variante, die wiederum zur

Client/Server-Version umgebaut wurde und heute mit objektorientierten Methoden erneut modernisiert wird. Der praktische Anwendungsnutzen ist in vielen Fällen jedoch fraglich.

Es zeichnet sich ab, daß es keineswegs Wettbewerbsnachteile nach sich zieht, wenn mittelständische Softwarehäuser angesichts reduzierter Ressourcen nicht auf jeden Paradigmenwechsel mit einer Kurskorrektur reagieren. Ja, die Erfahrung zeigt sogar, daß der Markt der mittelständischen Anwender diesen pragmatischen Umgang mit dem Innovationstempo honoriert.

Dennoch eröffnet sich heute mit der enormen Verbreitung des Internets eine Technologiealternative, die für alle Anbieter im Markt eine Herausforderung darstellt. Dabei ist es faszinierend, daß sich das Internet als eine Zukunfts-Option für praktisch alle Softwareangebote anbietet – unabhängig davon, welchem Paradigma die „Legacy-Software" unterliegt:

Erstes Paradigma: homogen und zentral

In den siebziger Jahren hatte der klassische IBM Vertriebsbeauftragte die Meinungsführerschaft im IT-Markt inne. Seine Lösungsempfehlungen beim Kunden hatten nahezu Weisungscharakter. Sie galten als unumstößlich. Und diese Lösungsempfehlungen basierten auf einer monolithischen Technologiebasis – die der /370-orientierten Großrechner. Auf diesen Mainframes entwickelten sich transaktionsorientierte Anwendungen, die noch heute – nach mehreren Modifikationen – die Lösungswelt in den Unternehmen dominieren. Sie haben wegen der in sie getätigten Investitionen und trotz ihrer geringen Flexibilität alle nachfolgenden Paradigmenwechsel überlebt.

Zweites Paradigma: normiert und dezentral

In den achtziger Jahren wurde die Diskussion über die zukünftige
Entwicklung der IT-Industrie durch die Standardisierungsgremien
bestimmt. Sie entpuppten sich mehrheitlich als Protagonisten der
Unix-Welt, in die sowohl die CA-Techniken wie auch die betriebswirtschaftliche Lösungswelt überführt werden sollten. Sie stellten
der monolithischen Mainframe-Anwendungswelt ein verteiltes,
aber durch Unix und das Transaktionsprotokoll TCP/IP dennoch
geeintes Integrationskonzept entgegen, in dem die Arbeitslast der
Anwendungen von zentralen Servern und dezentralen Workstations geteilt wurde. Mit der zunehmenden Akzeptanz der Personal
Computer wurde dieser Client/Server-Ansatz auch durch die PC-
Netze übernommen. Sie sind heute die wesentliche Kraft hinter
dem Client/Server-Paradigma. Windows NT gilt als natürlicher
Nachfolger von Unix, mit dem das Grundkonzept dieses Paradig-
mas um die Präsentationsebene und die Anwendungsvielfalt der
PCs ergänzt wird. Tatsächlich scheint NT überhaupt erst die Erwartungen einzulösen, die Unix geweckt aber durch die Veräste-
lung in zahllose Derivate nicht erfüllt hat. PCs sind aber auch – wie
internationale Studien beweisen – der wesentliche Kostenfaktor im
Client/Server-Umfeld.

Drittes Paradigma:
flexibel und plattformunabhängig

Die wirtschaftlichen Rahmenbedingungen und die (negativen) Erfahrungen aus den Integrationsprojekten der achtziger Jahre führ-
ten zu der Überzeugung, daß es nicht ausreichen kann, die alten
Anwendungen in neue, besser harmonisierte Welten zu überfüh-
ren, sondern daß angesichts veränderter Rahmenbedingungen die
Geschäftsprozesse insgesamt und damit auch die Anwendungen

 Heinz-Paul Bonn

grundlegend geändert werden müßten. Dieses Paradigma des Business Process Reengineerings wird im wesentlichen von den Consultants der großen Unternehmensberatungen propagiert. Die dabei bevorzugte Technologie ist Windows NT in einer Client/Server-Umgebung. Die von den Unternehmensberatern präferierte Anwendungsplattform für Business Process Reengineering ist das SAP-System R/3.

Viertes Paradigma: individuell und netzgestützt

Und schon zeichnet sich mit der globalen Kommunikation das nächste Paradigma ab, dessen Meinungsführer sich sowohl aus den großen Telekommunikations-Carriern wie aus der Vielzahl der Internet-Provider rekrutieren. Das faszinierende an diesem Paradigma, das bis zur Jahrhundertwende die Agenda diktieren wird, ist jedoch, daß mit der Vision von der freizügigen Kommunikation über Internet und Intranets die Erfolgskomponenten aus den drei zuvor popularisierten Paradigmen zusammengefaßt werden können:

▶ Ein dezentraler Zugriff auf eine zentrale Anwendungs- und Datenbasis (Erstes Paradigma)

▶ mit großer Verfügbarkeit des Systems (Erstes Paradigma)

▶ und einem hohem Maß an Plattformunabhängigkeit (Zweites Paradigma)

▶ mit größtmöglicher Individualisierung der Arbeitsplatzumgebung (Zweites Paradigma)

▶ bei flexibler Gestaltung der Geschäftsprozesse (Drittes Paradigma)

▶ unter Rückgriff auf Standardlösungen und Softwarekomponenten (Drittes Paradigma).

Insbesondere das Internet wird heute als informationstechnische Infrastruktur erkannt, das das Potential hat, diese Vision einzulösen. Vorausgesetzt, die heute bestehenden Einschränkungen bei der Performance, Verfügbarkeit und Sicherheit werden in absehbarer Zeit gelöst, soll sich das Internet als eigentliche Plattform der global ausgelegten Anwendungen entwickeln. Tatsächlich verspricht der Rückgriff auf das ubiquitäre Internet, alle Strukturprobleme der gegenwärtigen IT-Landschaft zu überwinden:

▶ In der durch Mainframes bestimmten zentralistischen IT-Struktur hat ein Unternehmen den Zugriff auf einen Computer. Die Pflege der Infrastruktur ist durch ihre zentrale Auslegung im Sinne der System Network Architecture (SNA) zwar überschaubar, das Gesamtsystem hat sich jedoch vielfach als zu inflexibel erwiesen.

▶ Die dezentrale IT-Struktur ordnete einer Abteilung einen Computer zu. Damit wird die Verantwortung für die Infrastruktur an die Fachabteilung übergeben, die eine auf ihre Bedürfnisse optimierte Lösungswelt erhält. Die Pflege des Gesamtsystems wird jedoch um so aufwendiger.

▶ In der verteilten IT-Struktur des Client/Server-Computings existiert pro Arbeitsplatz ein Computer. Die Wartungsaufwendungen werden ebenfalls an den Arbeitsplatz delegiert, die Pflege des Gesamtsystems ist jedoch zentral kaum noch möglich.

▶ Die Intranet-Struktur eröffnet vielen Netzzugängen ein und dasselbe Kommunikationsmedium, das Internet. Der hohe Individualisierungsgrad des Arbeitsplatzes bleibt erhalten, während gleichzeitig eine zentrale Pflege des Gesamtsystems wieder ermöglicht werden kann.

Für Softwarehäuser besteht damit ein äußerst attraktiver Ausweg aus dem Dilemma der Pflege heterogener Systemwelten, da sich die Möglichkeit ergibt, die bestehenden Anwendungen mit Blick auf das Internet zu modernisieren, ohne gleichzeitig und zwangsläufig die erheblichen Kosten eines Redesigns oder einer Neuentwicklung tragen zu müssen.

Für das IT-Management bedeutet die Option der Intranets wiederum eine erhebliche Reduzierung der Wartungskosten. Dies wird durch das Konzept des Network Computers noch verstärkt. Dieser sogenannte „Thin Client" bietet die Möglichkeit, Arbeitsplatzgeräte mit geringem Wartungsaufwand zu installieren und über das Intranet den Zugriff auf alle Ressourcen des Servers zu gewähren.

Damit wird jedoch zugleich das massive Verhinderungsmoment deutlich, das sich in der Softwareentwicklung gegen die vollständige Erneuerung der bestehenden Anwendungslösungen sperrt. Die Vision, die sich hinter den Investitionen in Client/Server-Architekturen verbirgt, nämlich daß

- proprietäre Produktsysteme sich zu vernetzten, modularen Infrastruktur-Komponenten wandeln,

verwandelt sich in der Praxis zu der Erkenntnis, daß

- proprietäre Produktsysteme bei leistungsfähigen Schnittstellen und Middleware für Client/Server-Umgebungen ein hohes Beharrungsvermögen aufweisen.

Das entscheidende Kostenkriterium entsteht somit für Anwender und Anbieter nicht durch die Auswahl neuer Technologien. Die kritische Kostenexplosion entsteht vielmehr durch den exponentiell steigenden Pflegeaufwand, der in einer heterogenen Welt verursacht wird. Er ergibt sich theoretisch aus der Anzahl der zu unterstützenden Hardware- und Softwareschnittstellen.

Denn gerade das Konzept des Client/Server-Computings führt zu der Versuchung, nicht nur unterschiedliche Systeme zu verbinden, was angesichts des Bedarfs an Integration historisch bedingter Insellösungen durchaus wünschenswert ist, sondern beliebig viele Systeme miteinander zu verbinden. Dabei verhindern Client/Server-

Konzepte jedoch den unbedingt notwendigen Homogenisierungsprozeß in bestehenden IT-Infrastrukturen.

Nach einer Wirtschaftlichkeitsstudie des Consultingunternehmens Compass Deutschland GmbH, die bei 100 großen deutschen Unternehmen vorgenommen wurde, erweist sich der Pflegeaufwand durch die Schnittstellenexplosion als der entscheidende Kostentreiber in Client/Server-Umgebungen. Interessant sind die versteckten Personalkosten, die entstehen, da sich in praktisch jeder Fachabteilung PC-Experten entwickeln, die Wartungs- und Betreuungsaufgaben übernehmen, obwohl sie von der ursprünglichen Aufgabenstellung her für operative Ziele des Unternehmens eingesetzt werden sollen. Bei einer Projektgröße von 1000 Anwendern in Client/Server-Umgebungen werden somit 50 (logische) Mitarbeiter allein für die Aufgaben des „First Level Help Desks" eingesetzt.

Die Ursache für diese Kostenexplosion zeigt sich in einem einfachen Rechenbeispiel:

▶ Zwei miteinander vernetzte Systeme verfügen über genau eine Schnittstelle miteinander.

▶ Bei fünf vernetzten Systemen sind dies schon zehn mögliche Schnittstellen.

▶ Die Zahl der möglichen Schnittstellen erhöht sich jedoch auf 190, wenn die Zahl der zu vernetzenden Systeme verdoppelt, also 20, wird.

Näher untersuchte Compass, welche Aktivitäten diejenigen Unternehmen verfolgen, die in den durchgeführten Client/Server-Projekten besonders günstig abschnitten. Dabei zeichnen sich nach Einschätzung der Analysen fünf grundsätzliche Wirtschaftlichkeitsfaktoren ab: Standardisierung, zentrale Wahrnehmung der IT-Schlüsselfunktion, leistungsfähige Help Desks, zentraler Einkauf und Benchmarking. Dies sind exakt die Maßnahmen, die geeignet sind, die Zahl der tatsächlichen Schnittstellen wieder zu reduzieren.

Beobachtet man die Entwicklung der Verkaufszahlen bei PCs, so gewinnt man in der Tat den Eindruck, als würde sich eine Marktsättigung und Kaufzurückhaltung bei den professionellen Anwendern abzeichnen. Die Wachstumsraten sind insgesamt rückläufig. Der Markt wird im Gegensatz zu früher eher durch die privaten Haushalte und den Bereich Small Office/Home Office getragen. Die Ursache dafür dürfte in der sich weiter verbreitenden Erkenntnis liegen, daß die Wartungskosten pro Jahr die Investitionen bei weitem übersteigen. So schätzt zum Beispiel die Gartner Group, daß jeder PC-Arbeitsplatz pro Jahr rund 10 000 Dollar an Kosten verursacht.

Mit dem im Herbst 1996 vorgestellten Network Computer wollen IBM, Oracle, Sun und Netscape Communications volle PC-Funktionalität durch das Internet und über Browser zur Verfügung stellen, ohne daß große Administrationsaufwendungen und Anschaffungsinvestitionen die Unternehmen in die Kosten treiben. Drei Einsatzbereiche zeichnen sich ab:

► Unternehmen, die neue IT-Infrastrukturen aufbauen,

► Unternehmen mit bestehenden Terminal-Installationen, die durch den Network Computer mehr PC-Funktionalität übers Netz erhalten, ohne daß die Investitionen in die transaktionsorientierten Anwendungen verloren gehen,

► und drittens Unternehmen mit hohen Installationen an 286- und 386-Intel-PCs, die zwar die Multimedia- und Internet-Funktionen für ihre Anwender bereitstellen wollen, aber das Leistungsvermögen eines Pentium Pro niemals ausschöpfen werden und deshalb auch nicht bezahlen wollen.

Allerdings wird die Kostenersparnis durch die Senkung der Wartungsaufwendungen, die sich mit Intranets auf der Basis von Thin Clients und Intranets bei mehr oder weniger unveränderten Anwendungen ergeben, noch erheblich übertroffen, wenn das Internet tatsächlich für neue oder optimierte Geschäftsprozesse genutzt wird. Dazu ist jedoch der aufwendige Prozeß der Neuentwicklung oder des Redesigns bestehender Applikationen unumgänglich.

Immerhin 96 Prozent der Fortune-500-Firmen – also nahezu alle global tätigen Konzerne – evaluieren gegenwärtig den Einsatz von Intranets, um die eigene Wettbewerbsfähigkeit zu stärken. Drei Beispiele aus der Referenzliste von Netscape Communications, Inc., dessen Browser Navigator gegenwärtig drei Viertel des gesamten Marktes abdeckt, zeigen die enormen Innovationspotentiale, die sich aus der Internet-Nutzung ergeben:

► Ein international tätiges Versandhaus hat mit Hilfe des Internets ein globales Bestellsystem entwickelt, das den aktuellen Produktkatalog ohne Distributionsaufwand über das Internet verfügbar macht und direkte Bestellmöglichkeiten via E-Mail unterstützt. Nach Aussagen des Unternehmens hat sich nicht nur der Return-on-Investment in kürzester Zeit eingestellt. Seit der Implementierung des Systems sind insgesamt Discounts in einer Größenordnung von vier Millionen Dollar gewährt worden, ohne daß damit ein Einbruch bei der Umsatzrendite verbunden war. Allein die Einsparungen durch das Internet machten die nötigen Mittel dafür frei. Der Wettbewerbsvorteil definiert sich über den Preis.

► Ein führender Computerhersteller hat über das Internet ein weltweites Liefersystem entwickelt, mit dem die Komponenten jedes ausgelieferten Systems exakt festgehalten werden. Da auf bestehende Anwendungen zurückgegriffen werden konnte, entstanden lediglich Entwicklungs- und Implementierungskosten von rund 300 000 Dollar, die sich nach Aussagen des Unternehmens innerhalb von drei Monaten amortisiert hatten. Der Wettbewerbsvorteil definiert sich über die Liefertreue.

► Eines der sieben größten Consultancy-Unternehmen baut unter Rückgriff auf das Internet eine global verfügbare Wissensbasis für die weltweit eingesetzten Unternehmensberater auf. Wäh-

▶ rend der Aufbau des Knowledge-Warehouses an sich extrem kostenintensiv ist, bleiben die Aufwendungen für Distribution und Verfügbarkeit vernachlässigbar. Der Wettbewerbsvorteil definiert sich über den Skill.

Über diese drei bereits realisierten Beispiele hinaus offenbart das Internet eine Vielzahl weiterer Anwendungsoptionen:

▶ Webvertising: Die Möglichkeit, über das World Wide Web weltumspannend zu werben und Leads zu generieren.

▶ „Tele"-Marketing: Dies umfaßt Funktionen der Marktaufbereitung wie Direct Response, Produktkataloge, Beratung, Hotlines.

▶ Online Formate: Die Umwandlung bestehender Anwendung in HTML-Bildschirmmasken ohne notwendigen Eingriff in die Anwendungslogik.

▶ Kommunikation: Ob E-Mail, Videoconferencing, Internet-Phone oder Datenaustausch, es besteht ein einheitliches Übertragungsmedium.

▶ Remote Order Entry: Neben Produktkatalogen können komplette Bestellsysteme und Lieferpläne integriert werden.

▶ Electronic Commerce: Mit zunehmender Sicherheit wird das Internet auch die Plattform für den bargeldlosen Zahlungsverkehr und den Austausch von Geschäftspost, wie er heute über Standards wie SEDAS, EDIFACT oder Odette normiert wird.

▶ Logistik: Mit einem globalen Netz wird es möglich, alle Fahrzeuge und Güter exakt zu verfolgen sowie Lagerbestände und Routen zu optimieren.

▶ Softwaredistribution: Für digitalisierbare Produkte – Programme, Daten, Videos, Audios etc. – entstehen kostengünstige Distributionsfunktionen.

Datenbankrecherchen: Die Verfügbarkeit von zentral abgelegten Informationen rund um den Globus stärkt die Wettbewerbsfähigkeit.

Es ist auffallend, daß alle diese Nutzungsmöglichkeiten serviceorientiert sind. Für Software- und Systemhäuser ergibt sich somit nicht nur die Option, bestehende Anwendungen über das Internet zu globalisieren oder um neue, durch das Internet vergleichsweise einfach zu realisierende Funktionen zu erweitern. Es besteht darüber hinaus die Zukunftschance, die sich aus der vereinfachten Softwaredistribution selbst eröffnet:

▶ weltweite Verfügbarkeit der Lösung,

▶ Fernwartung und Steuerung,

▶ erleichterter Zugang zu Anwendungskomponenten, insbesondere OO-Frameworks, Java-Applets,

▶ verbesserte Integrationsmöglichkeiten für Intranet (WAN), Client/Server-Lösungen (LAN),

▶ verbesserter Zugang und leichtere Verbreitung von Branchen Know-how,

▶ Outsourcing.

Aber diese Anwendungs- und Servicepotentiale, die sich aus dem Internet ergeben, sind keine Frage der eingesetzten Technologie, sondern der programmierten Anwendungslogik. Um diese umzusetzen, sollten Software- und Systemhäuser zunächst weiterhin auf die Entwicklungsumgebungen und Plattformen setzen, derer sie sich heute sicher sind.

Die Anwendungsmöglichkeiten, die das Internet bietet, machen, so hat es den Anschein, die fortdauernde Technologiediskussion in absehbarer Zukunft obsolet. Zwar wird das Internet mit Programmiersprachen wie Java verknüpft. Der Einsatz von Java ist jedoch keine zwingende, sondern lediglich eine nützliche Voraussetzung für die Erweiterung bestehender Anwendungen um Internet-Funktionen. Damit ist das Internet zum ersten Mal in der Entwicklung der Informations- und Kommunikations-Branche nicht ein „nur" technologisch orientiertes Paradigma, sondern auch und gerade ein funktional ausgelegtes.

Kapitel 4:

Die Auswirkungen auf Leben und Gesellschaft

Der informierte Bürger

Heyko Behnke

Es ist heute selbstverständlich, sich in Supermärkten, bei Sparkassen, an Fahrscheinautomaten und Info-Kiosken selbst zu bedienen. In der Kommunalverwaltung ist dies bis heute offenbar völlig ungewöhnlich. Wenn ein Bürger heute einen Antrag bei seiner Stadt-, Gemeinde-, oder Kreisverwaltung stellen will oder auch nur einfache Verwaltungshandlungen wie das Abmelden eines Kfz auslösen möchte, muß er ins Rathaus bzw. in die Kreisverwaltung gehen. Das bedeutet für ihn unter Umständen, daß er weite Wege zurücklegen und, da die Sprechzeiten natürlich innerhalb der normalen Arbeitszeiten liegen, obendrein auch noch einen Tag Urlaub nehmen muß. Da meist, besonders in den großen Flächenlandkreisen, der Personennahverkehr nur unzureichend ausgebaut ist, ist er außerdem auf sein eigenes Auto angewiesen, sofern er eines hat. Für manchen Bürger ist es daher äußerst schwer, wenn nicht gar unmöglich, zu seiner Kommunalverwaltung, sei es das Rathaus oder die Kreisverwaltung zu kommen. Die großen Flächenlandkreise in Niedersachsen, wie z. B. der Landkreis Soltau-Fallingbostel, gelegen im Schnittpunkt der drei Ballungsräume Hamburg, Hannover und Bremen in der Lüneburger Heide mit einer Gesamtfläche von fast 1900 qkm und einem Durchmesser von 75 km, aber mit lediglich rund 130 000 Einwohner, ist dafür ein gutes Beispiel.

Die Kreisverwaltung ist, mit Ausnahme der Zulassungsstellen, mit den meisten Ämtern nur an einem Ort präsent. Das bedeutet für seine Bürger und Einwohner in der Regel die Notwendigkeit, weite Wege zurücklegen zu müssen, wenn sie zur Kreisverwaltung wollen. Dies gilt aber auch für die Städte und Gemeinden, die durch die Gemeindereform 1974 eine Größe erreicht haben, die das zuständige Rathaus für viele Bürger in fast unerreichbare Ferne gerückt hat. Diese Kommunen müssen, um den Herausforderungen der Zukunft im Bereich der Datenverarbeitung gerecht zu werden, zunächst für eine DV-Ausstattung sorgen, die den neuesten Standard repräsentiert. Nur mit einer guten technischen Ausstattung und der weitgehenden Nutzung der Telekommunikation kann es gelingen, den Bürger oder Einwohner umfassend zu informieren und ihm ein weitreichendes Angebot zur „Selbstbedienung" zu machen. Auch wenn mancher widersprechen mag, behaupte ich, daß dies nicht mit einem Rechenzentrum zu leisten ist, sondern daß die Kommune eine eigene DV-Anlage betreiben muß.

Bei der Entscheidung zu einem bestimmten System kann es heute nicht in erster Linie um die Erledigung der in der Kommunalverwaltung sogenannten Wesen, wie Einwohnerwesen, Haushaltswesen usw. gehen, sondern um die Nutzung aller Möglichkeiten, den Einwohnern des Landkreises unter Einsatz der Datenverarbeitung den Umgang mit den Behörden zu erleichtern. Aus diesem Grunde gab es auch vor einiger Zeit ein Forschungsprojekt, das sich mit der Einrichtung sogenannter Bürgerbüros befaßte. Dieses Projekt mußte aber mangels der notwendigen finanziellen Mittel in der beabsichtigten Form eingestellt werden.

Die Motivation für die Kommune kann nur sein, daß der Dienstleistungsbetrieb Kommunalverwaltung es sich nicht leisten kann, nur an einigen wenigen Orten präsent zu sein, und seinen Bürgern und Einwohnern zumutet, für eine Verwaltungshandlung, die unter Umständen, weil automatisiert, nur Minuten dauert, den oben geschilderten Aufwand zu treiben. Das ist ökologisch und ökonomisch unsinnig. Es ist daher eine Verpflichtung der Kommunalverwaltungen, darüber nachzudenken, wie sie die Verwaltungsleistungen zum Bürger bringen und aufzuhören, darauf zu warten, daß dieser schon kommt, wenn er etwas will. Dies stellt heute technisch kein Problem mehr dar, stößt in manchen Fällen allerdings an gesetzliche Grenzen. Ein weiterer wichtiger Gesichtspunkt ist, daß der Bürger nach Möglichkeit informiert sein soll. Wenn er zur Verwaltung kommt, muß er schon vorher wissen, welche Unterlagen er mitzubringen hat und an wen er sich wenden muß, um etwas zu erreichen. Besser wäre noch, daß er die Information erhält, ohne zur Verwaltung gehen zu müssen.

Welche Lösung bietet sich an?

Man kann zunächst darüber nachdenken, Aufgaben eines Landkreises auf die kreisangehörigen Städte und Gemeinden zu verlagern. Diese Lösung hätte den Nachteil, wie oben schon erwähnt, daß bei den ebenfalls flächenmäßig großen Städten und Gemeinden die Probleme nur teilweise und daher unzureichend gelöst würden.

Eine andere, bessere Lösung ist ein gemeinsam mit der IBM entwickelter BürgerInfo-Kiosk. Dieser Kiosk kann ohne große Kosten in der Fläche einer Kommune, in Fußgängerzonen und an sonst stark frequentierten Plätzen in beliebiger Zahl aufgestellt werden. Ein besonders wirkungsvoller Platz ist in der Regel der Raum, in dem die Geldautomaten der örtlichen Geldinstitute stehen. Das hat den Vorteil, daß die Bürger, die einen Geldautomaten bedienen, auch keine Hemmschwelle zur Nutzung dieses Kioskes aufbauen. Der Raum ist in der Regel durch Video überwacht und 24 Stunden geöffnet.

Der Einwohner des Kreises beziehungsweise der Bürger einer Stadt oder Gemeinde kann dann an diesem Kiosk 24 Stunden, ohne Rücksicht auf Öffnungszeiten des Rathauses

▶ Verwaltungshandlungen auslösen, z. B. einen Wohnungswech-
▶ sel innerhalb seiner Gemeinde an einer Bildschirmmaske interaktiv vollziehen.

▸ einen Antrag stellen und ihn per Leitung in den elektronischen Postkorb des zuständigen Sachbearbeiters senden.

▸ eine Abfrage starten, wie weit die Bearbeitung seines (Bau-) Antrages gediehen ist, weil das Anwendungsprogramm ihn ständig über den Stand der Dinge informiert.

▸ sich darüber informieren, welche Unterlagen erforderlich sind, bevor er sich zum Sozialamt oder zum Straßenverkehrsamt begibt. Er weiß dann auch schon, wer sein zuständiger Sachbearbeiter ist, weil ihm diese Information zur Verfügung steht. Die notwendigen Anträge läßt er sich am Kiosk über den integrierten Drucker ausdrucken und hat sie bei seinem Besuch ausgefüllt dabei. Das Ziel muß hier aber sein, daß der Antrag am Bildschirm ausgefüllt und online an den zuständigen Sachbearbeiter verschickt wird. Eventuelle weitere Unterlagen werden per ebenfalls integrierten Scanner eingelesen und landen schließlich im elektronischen Postkorb des Sachbearbeiters.

▸ sich über Videokameras von dem zuständigen Sachbearbeiter im Rathaus oder bei der Kreisverwaltung beraten lassen,

aber auch

▸ sich über die kulturellen Angebote seiner Stadt/Gemeinde oder innerhalb des Kreises informieren. Wenn ihm eine Veranstaltung gefällt, kann er auch gleich interaktiv die Karten bestellen, nachdem er sich per Simulation den Platz ausgesucht hat.

▸ sich über die touristischen Angebote im Kreis informieren. Dazu sind in dem Kiosk Videos hinterlegt, die die schönsten und beliebtesten Attraktionen vorstellen. Natürlich kann er sich auch ein Hotelzimmer bestellen, nachdem er einen Blick in das Innere des Hauses geworfen hat.

▸ sich gezielt einen Gebrauchtwagen aussuchen und möglichst auch gleich bestellen.

Es gibt für einen derartigen Kiosk eine weite Anwendungspalette, die hier nur angedeutet ist, nicht nur für die Kommunen, sondern auch für Privatnutzer. Alle haben den Vorteil, daß sie den Bürger vor langen Wegen und langwierigen Behördengängen bewahren, bzw. für den privaten Anbieter, daß sich ihm ein größerer Kundenkreis erschließt.

Bei vielen der über dieses System abzuwickelnden Tätigkeiten ist es erforderlich, daß der Bürger/Einwohner identifizierbar sein muß, z. B. bei einer Wohnungsummeldung innerhalb seiner Stadt oder bei der Auskunft über seinen Bauantrag.

Dazu eignet sich eine sogenannte BürgerCard, die, mit einem Chip versehen, die nötigen Informationen speichert, wie PIN-Nummer und Adresse. Dieser Chip kann aber ebenso als Kleingeldbörse dienen, mit dem der Bürger/Einwohner anfallende Verwaltungsgebühren direkt am Kiosk bezahlen kann, was eine weitere wichtige und wirtschaftliche Anwendung für alle Beteiligte darstellt.

Bei der Idee, den Chip als Kleingeldbörse zu verwenden, ist es naheliegend, die Geldinstitute einzubinden, weil die EC-Card in der nächsten Zeit ebenfalls chip-gesichert sein wird. Die Speichermöglichkeiten dieses Chips lassen es zu, auch die für die Identifikation des Bürgers bei der Auslösung von bestimmten Verwaltungshandlungen notwendigen Informationen zu enthalten. Damit wird eine zusätzliche BürgerCard unnötig. Der Chip kann jederzeit am Geldautomaten wieder „geladen" werden. Eine Idealvorstellung ist es, wenn Geldautomat und BürgerInfo-Kiosk ein Gerät sind.

Die Realisation dieses Zieles kann in folgenden Schritten geplant werden:

- Implementierung der Infrastruktur, d. h. Aufstellung der Kioske in den Städten und Gemeinden und damit zunächst die Realisation des Teils „Bürgerinformation".

▶ Einführung des sogenannten Formularwesens, d. h. der Bürger kann am System Formulare ausfüllen und sie ausdrucken lassen oder online verschicken.

▶ Mit der Einführung der BürgerCard oder mit der EC-Karte werden dem Bürger/Einwohner die Möglichkeiten der Interaktivität eröffnet, d. h. dann kann er Verwaltungsgeschäfte abschließend direkt am System erledigen.

▶ Als Höhepunkt dieser Planung sollte ein Heimzugriff auf das System über Internet zu Verfügung stehen. Damit kann der Bürger/Einwohner alle Aktivitäten des Systems von seinem an das Internet angebundenen PC, starten. Es ist aber auch denkbar, daß sich im Zuge des Auslaufens des Leitungsmonopols der Telekom über ein eigenes oder gemietetes Datennetz ein Verbund aller Kommunen eines Landkreises herstellen läßt.

Der Aufbau einer derartigen Infrastruktur hat, wie sich aus den beispielhaften Schilderungen ergibt, deutliche wirtschaftliche Vorteile sowohl für die Kommune wie auch für den Bürger. Verwaltungshandlungen im Rathaus werden auf das Wesentliche beschränkt, weil der Bürger die Möglichkeit der „Selbstbedienung" erhält und damit viele Dinge selbst erledigen kann, ohne Rücksicht auf Öffnungszeiten. Ich denke, dieses Konzept wird sich, insbesondere in flächenmäßig große Kommunen, immer weiter durchsetzen.

Multimedia und Informationsverarbeitung in Privathaushalten[1]

Walter Brenner und Lutz Kolbe

Die privaten Haushalte werden sich zu einem neuen Schwerpunkt der Anwendung von Informationstechnik (IT) entwickeln (Brenner/Kolbe 1996) und damit die traditionelle kommerzielle Nutzung im betrieblichen Umfeld erweitern. Es ergibt sich eine neue Sichtweise auf die Informationstechnik (vgl. Abbildung 1).

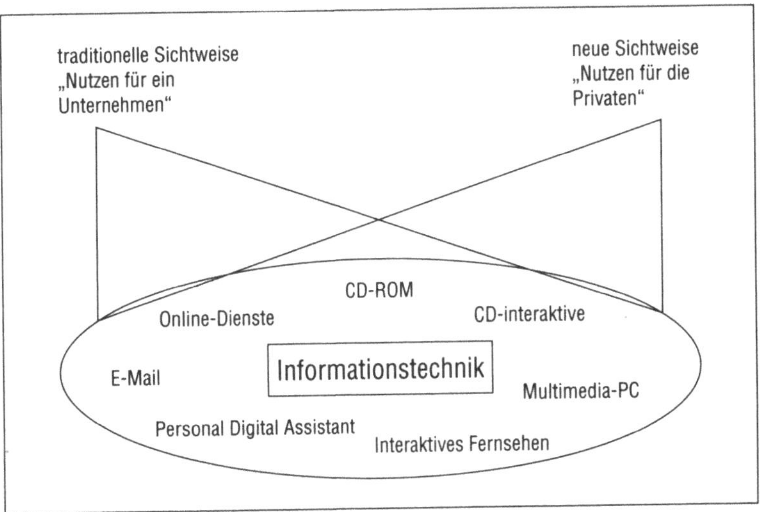

Abbildung 1: Eine neue Sichtweise auf die Informationstechnik

Unter computerunterstützter Informationsverarbeitung der privaten Haushalte verstehen wir Anwendungen und informationstechnische Infrastrukturen, welche der private Nutzer für private Zwecke einsetzt (Miles 1988, Brenner/Kolbe 1994, Brenner/Kolbe 1996).

Empirische Untersuchungen zeigen, daß die Anwendungen, welche heute von privaten Nutzern auf „Home Computern" betrieben werden, sich in den meisten Fällen auf Textverarbeitung, Adressverwaltung, Buchhaltung und, vor allem bei Kindern und Jugendlichen, auf Computerspiele beschränken (Dholakia/Dholakia 1994). Das Spektrum der Anwendungen, das wir unter der computerunterstützten Informationsverarbeitung der privaten Haushalte zusammenfassen, ist größer als diese Anwendungen, die weitgehend für den kommerziellen Einsatz entwickelt wurden.

Die Hard- und Software für die computerunterstützte Informationsverarbeitung der privaten Haushalte entsteht durch Verbindung der Computer- und Telekommunikationstechnik mit der Unterhaltungselektronik. Fernseher und Computer in den privaten Haushalten werden sich vom Aussehen und der eingesetzten Informationstechnik innerhalb der nächsten Jahre stark annähern.

Überblick über die computerunterstützte Informationsverarbeitung der privaten Haushalte

Wie in der Wirtschaftsinformatik soll auch beim Überblick der computerunterstützten Informationsverarbeitung der privaten Haushalte zwischen der Informationstechnik-Infrastruktur einerseits und den Anwendungen andererseits unterschieden werden (Brenner/Kolbe 1994, Brenner/Kolbe 1996). Die Beschreibung der Infrastrukturen und Anwendungsfelder wird konkret anhand der Online-Dienste für den privaten Haushalt mit Beispielen belegt.

Die Informationstechnik-Infrastruktur der privaten Haushalte

In Zukunft wird der private Haushalt eine eigene informationstechnische Infrastruktur (In-home-Infrastruktur) besitzen und an Netzwerke angeschlossen sein (Out-of-home-Infrastruktur), aus denen er Dienstleistungen bezieht. Abbildung 2 zeigt, wie In-home- und Out-of-home-Infrastruktur zusammenwirken werden.

In-home-Infrastruktur

Die In-home-Infrastruktur umfaßt sämtliche Netzwerke, Hardware und Software, die in einem privaten Haushalt installiert sind. Beispiele für Bestandteile der In-home-Infrastruktur sind Home-Computer, CD-Player, Fernseher und Telefonnebenstellenanlagen. Neben diesen traditionellen Komponenten sind Haushaltsgeräte, z. B. Waschmaschinen, und Teile der Ausrüstungstechnik, z. B. Klimaanlagen, Heizungen und Alarmanlagen, als zukünftige Bestandteile einer vernetzten In-home-Infrastruktur zu sehen.

Leistungsfähige und standardisierte *In-home-Netzwerke* werden die Grundlage der Vernetzung der verschiedenen Komponenten der In-home-Infrastruktur sein (Jeck 1993, EHSA 1992). Das „Beolink" von Bang & Olufsen ermöglicht es beispielsweise, von jedem Zimmer eines privaten Haushaltes aus, die Stereoanlage, den Fernseher oder die Videoanlage fernzusteuern und in anderen Räumen zu verwenden. Beolink schafft die Möglichkeit, Filme, die auf einem zentralen Videorecorder im Wohnzimmer laufen, in alle Räume eines privaten Haushaltes zu übertragen. Bang & Olufsen bietet eine Erweiterung an, die die Beleuchtung in einzelnen Räumen oder im ganzen Haus ferngesteuert reguliert. Ein wesentlicher Faktor für die Verbreitungsgeschwindigkeit der Hausnetzwerke stellt ihre Standardisierung dar. Gremien in Europa, den USA und Japan haben Vorschläge für Standards entwickelt.

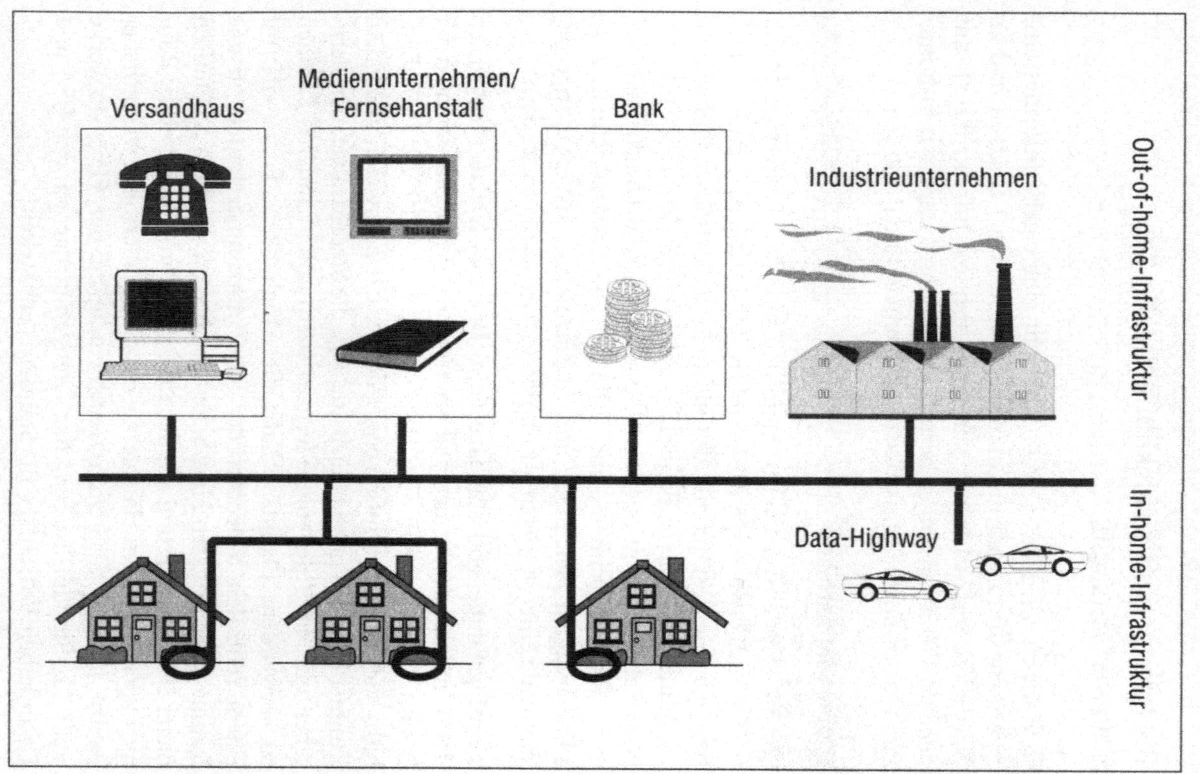

Abbildung 2: Out-of-home- und In-home-Infrastruktur im Überblick

Die *In-home-Hardware* für die Informationsverarbeitung der privaten Haushalte ist heute noch durch einen hohen Grad an Spezialisierung gekennzeichnet: Der CD-Player dient dem Abhören von Musik, das Telefon wird zur Sprachkommunikation verwendet. Erst allmählich werden Produkte verfügbar, welche die Computer- und Telekommunikationstechnik mit der Unterhaltungselektronik verbinden. Ein Beispiel ist der CD-interaktive Player von Philips, auf dem neben Spielen auch Musik-, Video- und Photo-CDs abgespielt werden können. Innovative Produkte, wie z. B. sprachgesteuerte Fernbedienungen oder die Weiterentwicklung bestehender Produkte, wie z. B. das 16 : 9 Format beim Fernsehen, erweitern das Hardwarespektrum.

Die *In-home-Software* basiert heute – mit Ausnahme der Computerspiele – auf kommerzieller Software. Textverarbeitungs- oder Tabellenkalkulationsprogramme für die privaten Haushalte unterscheiden sich nicht von den kommerziellen Produkten für Unternehmen, obwohl die Bedürfnisse verschieden sind. So benötigen die wenigsten Haushalte das große Funktionsspektrum, das moderne Textverarbeitungsprogramme zur Verfügung stellen. Eine verbesserte Ausrichtung der Software auf die privaten Haushalte erfordert es, daß die Benutzeroberflächen verbessert und multimediale Möglichkeiten genutzt werden. Microsoft bietet im Rahmen der Produktlinie „MS-Home" multimediale Programme wie die Enzyklopädie „Encarta" an, die Text, Graphik, Bewegtbild und Ton verwenden. Symbolorientierte Oberflächen, die nach Objekten der realen Welt gestaltet sind, werden für die Benutzerguppe der privaten Haushalte von großer Bedeutung sein.

Out-of-home-Infrastruktur

Die Out-of-home-Infrastruktur umfaßt sämtliche Netzwerke, Hardware und Software, die außerhalb der privaten Haushalte installiert sind und auf die der private Haushalt zugreifen kann. Beispiele für Bestandteile der Out-of-home-Infrastruktur sind Telefonleitungen, Zentralrechner bei Dienstleistungsanbietern oder Mobilkommunikationssysteme.

Out-of-home-Netzwerke schließen den privaten Haushalt an die Umwelt an. Sie ermöglichen es, daß Daten in den Haushalt und von ihm zurück an die Umwelt übertragen werden. Konzepte wie z. B. „Information Highways" oder „Datenautobahnen" (European Commission 1994) fallen in dieser Gliederung in den Bereich der Out-of-home-Netzwerke. Die großflächige Verkabelung der privaten Haushalte mit Glasfaser erweitert die Möglichkeiten zur Datenübertragung. Mobilkommunikation, wie sie im D-Netz durch den GSM-Standard heute bereits europaweit verfügbar ist, wird in naher Zukunft durch Projekte wie „Iridium" oder „Globalstar" unter Einsatz von vielen Kleinstsatelliten weltweit möglich sein.

Die *Out-of-home-Hardware* bildet die Plattform für das Angebot an Dienstleistungen, auf welche die privaten Haushalte zugreifen können. Komponenten der Out-of-home-Hardware sind Großrechenzentren, von denen aus Dienste angeboten werden. Die Firma nCube bietet den Hochleistungsrechner MediaCube 3000 mit vernetzten Prozessoren an, der bis zu 20 000 Videoströme gleichzeitig liefern kann. Es ist heute noch eine offene Frage, wer die Großrechenzentren betreiben wird, in denen Dienstleistungen regional, national, europa- oder weltweit angeboten werden.

Die *Out-of-home-Software* wird auf der Basis der im letzten Abschnitt beschriebenen Out-of-home-Hardware betrieben. Sie läßt sich in die Kommunikationssoftware als Trägermedium für die Dienstleistungen im Netz und in Datenbanksysteme für die Speicherung großer, multimedialer Datenmengen gliedern.

 Walter Brenner und Lutz Kolbe

Zukünftige Anwendungsgebiete des privaten Haushalts

Auf der Grundlage der oben beschriebenen Infrastruktur existiert bereits eine Vielzahl von Anwendungen (European Commission 1994). Wir gliedern diese Anwendungen in Anwendungsgebiete. Abbildung 3 zeigt die Anwendungsgebiete für die computerunterstützte Informationsverarbeitung der privaten Haushalte im Überblick.

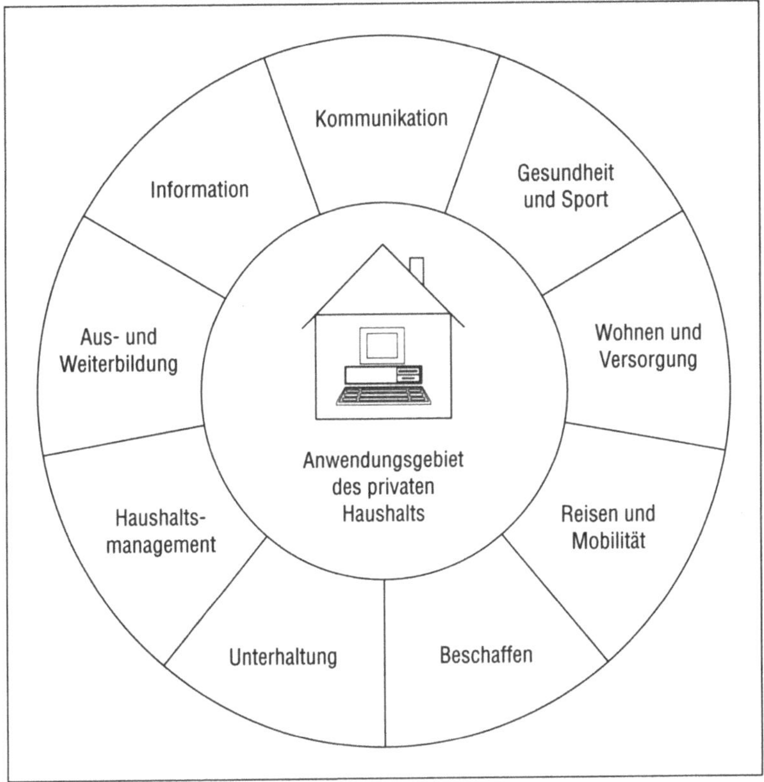

Abbildung 3: Anwendungsgebiete für die privaten Haushalte

Information

Der Anwendungsbereich „Information" umfaßt sämtliche Anwendungen, bei denen die Weitergabe von Informationen an die privaten Haushalte im Vordergrund steht. *Elektronische Zeitungen* filtern aus dem Angebot von Zeitungsverlagen und Nachrichtenagenturen nur die Informationen heraus, die für eine bestimmte Person von Interesse sind. Das Media Lab des MIT arbeitet seit einigen Jahren an Prototypen für die individuelle elektronische Zeitung (Brand 1990). Ausgaben von Nachrichtenmagazinen, wie beispielsweise „Der Spiegel" unter der Adresse „www.spiegel.de", sind online im Computernetzwerk Internet erhältlich.

Kommunikation

Der Anwendungsbereich „Kommunikation" umfaßt sämtliche Anwendungen, die es privaten Haushalten erlauben, bi- oder multilateral mit der näheren oder weiteren Umgebung in Kontakt zu treten. *Elektronische Foren,* wie z. B. das Heartland FreeNet in Peoria, Illinois, bieten den Einwohnern non-stop ein weites Spektrum öffentlicher Informationen an. Es umfaßt 113 Bereiche öffentlicher und sozialer Dienstleistungen, einen Veranstaltungskalender, offene Stellen des Arbeitsamtes und Informationen der lokalen Behörden (telnet://heartland.bradley.edu).

Gesundheit und Sport

Der Anwendungsbereich „Gesundheit und Sport" umfaßt alle Anwendungen, die sich mit Vorsorge, Erhaltung und Kontrolle der menschlichen Gesundheit beschäftigen. *Heimterminals* für Risikopatienten, alte Menschen oder Schwangere machen auf Grundlage von Symptomen, die von den Patienten eingegeben werden, Empfehlungen in bezug auf Selbsthilfe oder Konsultation eines Arztes.

Wohnen und Versorgung

Der Anwendungsbereich „Wohnen und Versorgung" umfaßt alle
Anwendungen, welche die Sicherheit, das Kochen, das Heizen und
Kühlen, die Beleuchtung und das Waschen unterstützen. Beispiele
für Anwendungen dieses Bereiches (Jeck 1993) sind *Lastmanage-
mentsysteme*, die die Geräte der Haustechnik, z. B. Wasch- oder
Geschirrspülmaschinen, über das Stromnetz mit den örtlichen
Energieversorgungsunternehmen verbinden. Sie ermöglichen eine
Verlagerung des Energieverbrauchs von Lastspitzen in Lasttäler.
Der Verbraucher kann die von den Energieversorgungsunterneh-
men angebotenen günstigen Stromtarife nutzen.

Reisen und Mobilität

Der Anwendungsbereich „Reisen und Mobilität" umfaßt sämtliche
Anwendungen, die das Auswählen, Vorbereiten und Durchführen
von Reisen ermöglichen. *Verkehrsleitsysteme* führen ein Auto-
mobil mit Hilfe gespeicherter Karten, Sensoren, GPS und Informationen, die über Funk oder Kontakte von außen kommen, zu einem
gewünschten Ziel. Die ersten Verkehrsleitsysteme sind bereits verfügbar und werden für Autos verschiedener Marken als Sonderaus-
stattung angeboten.

Beschaffen

Der Anwendungsbereich „Beschaffen" umfaßt alle Anwendungen,
die mit Auswahl, Beratung und Abwicklung von Beschaffungs-
vorgängen zusammenhängen (Loedel 1992). Intelligente Agenten
werden in Zukunft den privaten Kunden bei der Auswahl unterstützen. Vom eigenen Fernseher oder PC aus wird der Zugang zu
einem virtuellen Kaufhaus vermittelt. Produkte werden von einem
„persönlichen" Berater multimedial erklärt. Der Kunde bewegt
sich in der virtuellen Welt, wobei das System über frühere Käufe
und persönliche Interessen informiert ist. Für die Zahlung ist eine

Verbindung zu verschiedenen Kreditkartenunternehmen eingerichtet.

Unterhaltung

Der Anwendungsbereich „Unterhaltung" umfaßt sämtliche Anwendungen, die zur Freizeitgestaltung oder zum Zwecke der Unterhaltung von Haushaltsmitgliedern verwendet werden. *Video-on-demand* ermöglicht es im interaktiven Fernsehen, aus einer virtuellen Videothek Filme über ein Out-of-home-Netzwerk entweder auf einen lokalen Server im Haushalt oder über das Netzwerk anzuschauen. Dem Zuschauer steht die volle Videorecorderkontrolle (Pause, Vor- und Zurückspulen) zur Verfügung (Reinhardt 1994). Viele Versuche zum interaktiven Fernsehen haben technische Schwächen offenbart. Die inhaltliche Ausgestaltung der Anbieter war ebenso unbefriedigend. Es liegen zur Zeit keine gesicherten Erkenntnisse über das Nutzungsverhalten der Endkunden vor.

Haushaltsmanagement

Der Anwendungsbereich „Haushaltsmanagement" umfaßt alle administrativen Funktionen des privaten Haushaltes, wie das Führen der privaten Buchhaltung oder das Bezahlen von Rechnungen. Die schweizerische Bankgesellschaft in Zürich bietet im Rahmen des *Electronic Banking* die Möglichkeit, Börsenorder per Videotex (Bildschirmtext) zu plazieren. Auch die Verwaltung der ausgeführten und noch auszuführenden Aufträge wird unterstützt. Einige Banken bieten trotz Sicherheitsbedenken Bankdienstleistungen wie das Führen eines Girokontos über das Internet an.

Aus- und Weiterbildung

Der Anwendungsbereich „Aus- und Weiterbildung" umfaßt sämtliche Anwendungen, die der persönlichen Aus- und Weiterbildung dienen. Im *National Information Infrastructure*-Konzept der amerikanischen Regierung spielt die Reform des Bildungssystems durch Einsatz der Informationstechnik eine entscheidende Rolle. Eines der Ziele ist es, Wissen jedermann überall zur Verfügung zu stellen. In Singapur wird eine Vernetzung der Bibliotheken im Rahmen des Aufbaus einer nationalen Informationsinfrastruktur durch das Projekt „Library 2000" durchgeführt.

Online-Dienste als Beispiel für die Informationsverarbeitung der privaten Haushalte

Unter einem *Online-Dienst* soll die interaktive Bereitstellung von Informationen über ein externes Netzwerk auf einem entfernten Rechner verstanden werden. Online-Dienste sind z. B. America Online, Compuserve, Microsoft Network oder T-Online. Weiterhin wird das Internet unter diesen Begriff subsumiert. Über Tastatureingaben löst der Benutzer Verarbeitungsprozesse aus, deren Ergebnisse auf seinen Bildschirm übertragen werden. Beispiele sind der Abruf von aktuellen Börsenkursen oder Fahrplaninformationen. Viele Anbieter, sogenannte Online-Dienst Provider, wie America Online richten sich auf die Zielgruppe der privaten Nutzer aus. Der Anteil der bis zum Jahre 2000 Multimedia-Dienste beziehenden Haushalte wird auf ca. 15 – 20 Prozent geschätzt (Booz, Allen & Hamilton 1995). 40 Millionen Haushalte in Europa werden dann Online-Dienste nutzen (Froitzheim 1995). Nach Angaben des Marktforschungsunternehmens Inteco nutzen heute aber erst sieben Prozent der Haushalte Online-Dienste (Dolak/Müller 1995).

Out-of-home-Infrastruktur von Online-Diensten

Die Out-of-home-Infrastruktur gliedert sich in kommerzielle, internationale Dienste wie CompuServe oder America Online und in die Dienste des Internet.

Kommerzielle, internationale *Videotex-Dienste* wie die amerikanischen CompuServe, America Online, Prodigy und GEnie verfügen über einen bestimmten Abonnementenkreis (zusammen ca. fünf Millionen Benutzer), der gegen Gebühr Zugang zu den Diensten verschiedener Art erhält. Ihr Umsatz betrug 1993 ca. 480 Millionen US-Dollar. Eine Sonderform sind die nationalen Videotex-Dienste wie T-Online der Deutschen Telekom oder Teletel in Frankreich. Die Angebote reichen von einfachen Informationsdiensten wie einem Telefonverzeichnis bis zu komplexen Buchungsvorgängen.

Das *Internet* als weltumspannendes, selbstverwaltetes Netzwerk aus schätzungsweise 20 Millionen angeschlossenen Rechnern bietet eine große Reichweite im wissenschaftlichen und kommerziellen Bereich. Private Haushalte z. B. aus Deutschland sind nur gering vertreten. Ein Grund dafür sind die im Vergleich zu den USA hohen Kosten von ca. DM 50 im Monat (zusätzliche Kosten abhängig von Online-Zeit und/oder Menge übertragener Daten). Weiterhin gibt es noch ungelöste Probleme hinsichtlich der Sicherheit der übertragenen Daten und der Abrechnungsverfahren als auch der mangelhaften Organisation und Strukturierung von Diensten (Schneider 1995). Innerhalb des sogenannten World Wide Web (WWW), das eine grafische Oberfläche für den Zugriff auf Informationsserver des Internet darstellt, gibt es Versuche, kommerzielle Dienste sinnvoll zu etablieren. Die proprietären Diensteanbieter wie America Online wollen an dem schnellen Wachstum des Internet von 15–30 Prozent monatlich partizipieren und arbeiten an einer Anbindung des WWW, z. B. lassen sich zwischen Nutzern von CompuServe und Nutzern des Internet elektronische Briefe austauschen. Es wird ein Anstieg von heute 1,5 Millionen auf 22 bis 40 Millionen privaten WWW-Zugängen im Jahre 1999 prognostiziert (Schoenfeld 1995), wobei von deutlichen Verlusten bei den proprietären Anbietern ausgegangen wird.

 Walter Brenner und Lutz Kolbe

In-home-Infrastruktur von Online-Diensten

Über keinen Bereich wird derzeit so sehr spekuliert wie über die Frage, welches das zukünftige Gerät im Haushalt zur Informationsverarbeitung sein wird, der PC oder der Fernseher. Der PC hat Vorteile hinsichtlich der bereits vorhandenen Interaktivität, der Fernseher hinsichtlich seiner Akzeptanz und Verbreitung in mehr als 90 Prozent der Haushalte. Heutige Multimedia-PCs bekommen zunehmend Eigenschaften des konsumfreundlichen Fernsehers wie TV-Tuner, Stereo-Lautsprecher oder Fernbedienung.

Trotzdem bleibt fraglich, ob der Computer mittelfristig den Fernseher aus den Haushalten verdrängen kann. Die Frage nach dem PC oder dem TV kann aufgrund der Anforderungen der jeweiligen Anwendung beantwortet werden. Voll interaktive Programme werden auf PC-Basis erfolgreich sein, während ohne Nutzerinteraktion ablaufende Bewegtbilder den Fernseher als Plattform begünstigen. Den Massenmarkt werden Online-Dienste erst erreichen, wenn die PC-Penetration die bisher üblichen 10–20 Prozent (Europa) oder 30 Prozent (USA) der Haushalte überschritten hat (Dolak/Müller 1995), oder wenn das Fernsehen durch Erweiterung für Online-Dienste nutzbare interaktive Eigenschaften aufweist.

Die Software zur Steuerung und Präsentation der Informationen im privaten Haushalt ist von besonderer Bedeutung für die Akzeptanz eines Online-Dienstes, da sich über die Benutzeroberfläche die Komplexität der Bedienung und die Art der Präsentation bestimmt. Der private Haushalt wünscht die einfache Bedienung, welche möglichst mit multimedialen Elementen kombiniert ist.

Die Zugangsoberflächen und die damit verbundene Funktionalität unterscheiden sich hinsichtlich ihrer Grafik-/Fenster- oder Zeichenorientierten Ausrichtung, der Möglichkeit zur Einbindung von Multimedia wie Audio oder Video und der Intuitivität der Bedienung. Seit 1995 bietet z. B. die Deutsche Telekom die multimediale

Oberfläche „KIT" (Kernsoftware für Intelligente Terminals) als Windowsorientierten Softwaredekoder für Datex-J an (Telekom 1995) und hat damit dem Bedarf der Privatanwender nach mehr Komfort bei der Bedienung entsprochen.

Anwendungsschwerpunkte elektronischer Online-Angebote

Die heutige Diskussion um Online-Dienste und ihren Aufbau sind weitgehend dominiert von einem Streit um Technologien und optimale Infrastrukturen zum Privatanwender. Von gleicher Bedeutung ist jedoch ein umfassendes Angebot an ansprechenden Dienstleistungen. Nur wenn Dienste und Infrastrukturen aufeinander abgestimmt werden, kann ein Online-Dienst den privaten Kunden erfolgreich erreichen. Wichtig ist insbesondere, daß das Angebot Dienste verschiedener Art und Schwerpunkte, auch außerhalb des eigentlichen Kerngeschäfts, umfaßt. Die Tendenz geht sowohl im Infrastruktur- wie im Anwendungsbereich zur Integration von Funktionen und „all-in-one" Lösungen. Die angebotenen Leistungen lassen sich ähnlich den Anwendungen in Bereiche gliedern. Tabelle 1 stellt die Anwendungsgebiete des privaten Haushalts (vgl. Abbildung 3) als Schwerpunkte in den Online-Diensten dar. Für einige Bereiche wie „Gesundheit und Sport" oder „Wohnen und Versorgung" sind zur Zeit nur wenige Angebote in Online-Diensten vorhanden.

 Walter Brenner und Lutz Kolbe

Tabelle 1: Anwendungsfelder mit Beispielen aus Online-Diensten

Anwendung	Beispiele aus Online-Diensten
Information	CompuServe bietet die Grolier's Academic American Encyclopedia und die Meldungen der Nachrichtenagentur Associated Press an (Thimm 1994, S. 151). In Datex-J sind z. B. rund 350 000 Artikel des Handelsblatts seit 1986 oder 40 000 Artikel der Wirtschaftswoche seit 1984 verfügbar. Im WWW-Dienst des Internet waren erhöhte Zugriffe auf die Rechner des World Wildlife Fund und von Greenpeace zu verzeichnen, als die Fa. Shell im Begriff war, eine Ölplattform zu versenken (Diwischek 1995, S. 8).
Kommunikation	Diskussionsforen wie die Newsgroups im Internet (Schneider 1995, S. 54), in denen die Teilnehmer ungezwungen über die Dinge des Alltags reden, kommen diesem Bedürfnis nach. Eine der meist genutzten Kommunikationsanwendungen ist die asynchrone, elektronische Post (E-Mail) an andere Teilnehmer (Bartel 1995, S. 145ff.).
Gesundheit und Sport	Mit Ausnahme einiger Informationsangebote zum Thema Gesundheit wie Ernährungs- oder Impftips ist das Angebot zur Zeit noch sehr begrenzt.
Wohnen und Versorgung	Die Anwendung Wohnen ist außer durch allgemeine Informationen wie Energiespartips nicht durch Online-Dienste erfaßt.
Reisen und Mobilität	Über CompuServe ist der Zugriff auf den Reiseservicedienst „Sabre" möglich, der 350 Fluglinien, 27 000 Hotels und ca. 50 Autovermieter weltweit umfaßt (Thimm 1994, S. 209ff.).
Beschaffen	Viele Versandhäuser wie Quelle, Otto oder Neckermann bieten ihre Waren z. B. über Datex-J an (Telekom 1995, S. 82). Produktspezifische Kaufangebote bietet z. B. die Gebrauchtwagenbörse von VW oder Toyota unter Datex-J.
Unterhaltung	Bei Spielen in Online-Diensten kann man drei Formen unterscheiden: Spiele, die asynchron über das Postsystem des Online-Dienstes ausgeführt werden, interaktive Spiele gegen einen anonymen Computer-Gegner oder Spiele zwischen zwei oder mehreren Teilnehmern des Online-Dienstes. Viele Anbieter von Waren und Dienstleistungen richten eine Spielecke ein, um die Attraktionswirkung auf die Kunden zu verstärken.
Haushaltsmanagement	Die Anbieter von Finanz-Dienstleistungen z. B. Banken wie die BfG Bank bieten Ihre Leistungen online an. Gerade das Telebanking zeigt eine hohe Diffusion (Bartel 1995, S. 151). Nach Auskunft der Deutschen Telekom ist mit 1 Million Telekonten statistisch jeder Teilnehmer mit einem oder mehreren Konten im Online-Dienst T-Online vertreten.
Aus- und Weiterbildung	CompuServe bietet Wissensspiele an, die den Wissensstand in Gebieten wie Kultur und Sport testen. Auch die Internet-Ressourcen zum Thema „Bildung" sind mit über 150 Einträgen in den „Gelben Seiten" des Internet so umfangreich wie kaum ein anderes Gebiet (Maxwell 1994, S. 233-250). Das amerikanische Telefonunternehmen Pacific Bell plant, bis zum Jahre 2000 jedes Klassenzimmer kostenlos an ein Breitbandnetzwerk anzuschließen.

Markterfolg erfordert Umdenken

Die Beschäftigung mit der computerunterstützten Informationsverarbeitung für private Haushalte fordert von den Personen, die sich
mit der Konzeption der Infrastruktur und der Anwendungen befas-
sen, ein Umdenken. Praktiker und Akademiker, die sich bisher um
die kommerzielle Nutzung der Informationstechnik gekümmert
haben, müssen bereit sein, traditionelle Denkmuster zu verlassen
und sich in die Bedürfniswelt der privaten Haushalte hineinzu-
denken.

Der private Haushalt orientiert sich bei Entscheidungen nicht in
erster Linie an der Wirtschaftlichkeit, sondern eher am Lustgewinn
oder am Prestige von Konsumgütern. Eine Investition in die Informationstechnik in einem Unternehmen oder einer öffentlichen
Verwaltung wird als Investitionsgut, mit Evaluation alternativer
Anbieter angesehen, während der private Konsument den Kauf
eines Produktes der Informationstechnik als Konsumgut ansieht,
für das er sich unter Umständen auch spontan entscheidet. Investitionen von Unternehmen in die Informationstechnik sind für den
Verkäufer Einzelgeschäfte, bei denen der Kunde individuell beraten
werden will. Käufe privater Kunden sind Massengeschäfte, bei
denen große Stückzahlen erreicht werden, und der Preis das entscheidende Kriterium darstellt. Bei kommerziellen Produkten kann
der Entwickler davon ausgehen, daß der Benutzer geschult wird.
Der private Benutzer will das neue Gerät oder die neue Anwendung
möglichst ohne langdauernde Lektüre von Gebrauchsanleitungen
einsetzen. Kommerzielle Produkte werden in der Regel von Spe-
zialisten installiert. Produkte der Informationstechnik für den
privaten Konsumenten müssen „Do-it-yourself-tauglich" sein
(*plug 'n play*).

Die mangelnden Fähigkeiten traditioneller Anbieter von Software
und Hardware, diesen Paradigmenwechsel nachzuvollziehen, ist
einer der Gründe, warum immer wieder Produkte der Informa-

tionstechnik, die für private Haushalte entwickelt wurden, nur wenige Abnehmer finden. So sind viele Textverarbeitungsprogramme mit ihrer Vielzahl von Möglichkeiten für die Hausfrau, die einen kleinen Brief an ihre Bank schreiben will, ungeeignet. Besser sind auf den privaten Nutzer zugeschnittene Demonstrationen im Verkaufsraum, die den Verbraucher an das Produkt heranführen. Als Beispiel ist hier die Vermarktung der Videospiele der Firma Nintendo anzuführen, die trotz eines technikintensiven Produktes mit Erfolg ausschließlich private Käufergruppen anspricht.

Die computerunterstützte Informationsverarbeitung der privaten Haushalte wird sich zu einem neuen Schwerpunkt des Einsatzes der Informationstechnik entwickeln:

▶ Die Verbindung der Computer- und Telekommunikationstechnik mit der Unterhaltungselektronik schafft eine wichtige Grundlage für Produkte der computerunterstützten Informationsverarbeitung der privaten Haushalte.

▶ Die Infrastruktur für die computerunterstützte Informationsverarbeitung der privaten Haushalte gliedert sich in die Inhome- und Out-of-home-Infrastruktur. Die beiden „Welten" sind durch Netzwerke miteinander verbunden.

▶ Die Anwendungen der computerunterstützten Informationsverarbeitung der privaten Haushalte lassen sich in neun Anwendungsbereiche gliedern: Gesundheit und Sport, Wohnen und Versorgung, Reisen und Mobilität, Beschaffen, Unterhaltung, Aus- und Weiterbildung, Kommunikation, Information sowie Haushaltsmanagement.

▶ Proprietäre Online-Dienste wie America Online und das Internet sind aktuelle Beispiele für die computerunterstützte Informationsverarbeitung der privaten Haushalte.

▶ Die Entwicklung von Anwendungen und Produkten für den privaten Haushalt fordert von den Unternehmen, die auf diesem

Markt erfolgreich sein wollen, eine Anpassung ihrer Informationssysteme an die besonderen Wünsche der privaten Haushalte.

Anmerkungen

1 Teile dieses Beitrages basieren auf dem Artikel „Computergestützte Informationsverarbeitung der privaten Haushalte", in: Thommen, J.-P. (Hrsg.): Management-Kompetenz, Zürich: Versus und Wiesbaden: Gabler 1995, S. 141 – 157.

Literatur

BARTEL, A., Online-Anwendungen nutzen mit Datex-J/Bildschirmtext, Bonn 1995.

BOOZ, ALLEN & HAMILTON (Hrsg.), Zukunft Multimedia, Institut für Medienentwicklung und Kommunikation, Frankfurt 1995.

BRAND, S., Media Lab – Computer, Kommunikation und Medien, Hamburg 1990.

BRENNER, W., KOLBE, L., Die computerunterstützte Informationsverarbeitung der privaten Haushalte als Herausforderung für Wissenschaft und Wirtschaft, in: Wirtschaftsinformatik 36(1994)4, S. 369 ff.

BRENNER, W., KOLBE, L., Computerized Information Processing of the Private Household: A Framework, in: Brenner, W., Kolbe, L. (Hrsg.): The Information Superhighway and Private Households – Case Studies of Business Impacts, Heidelberg, 1996, S. 3 – 22.

DHOLAKIA, R., DHOLAKIA, N., Multimedia Technologies in the American Home: Prospects and Challenges Ahead, in: Proceedings of HOIT Home-oriented Informatics and Telematics Conference of the IFIP Working Group 9.3., 27.6. – 1.7. 1994, Copenhagen 1994, S. 104 ff..

DIWISCHEK, W., Per Internet die Fahrt der Rainbow Warrior im Südpazifik verfolgen, in: Computer Zeitung, Nr. 29, 20.07.1995, S. 8.

DOLAK, G., MÜLLER, E., Highlife im Arbeitszimmer, in: Focus, H. 17, 1995, S. 267 – 272.

EHSA (European Home Systems Association) (Hrsg.), Home Systems Specification, ESPRIT Projekt 5448, 15.03.1992.

EUROPEAN COMMISSION (Hrsg.), Recommendations to the European Council, Europe and the global information society, Brüssel 26.05.1994.

FROITZHEIM, U. J., Online-Dienste: „E" für Empty, in: Wirtschaftswoche Nr. 9, 23.02.1995, S. 108 – 114.

JECK, S., Technologie im Haushalt 2010, Praxisarbeit an der Wissenschaftlichen Hochschule für Unternehmensführung, Otto-Beisheim-Hochschule, Vallendar 1993.

LOEDEL, D. et al., Elektronische Produktkataloge – Entwicklungsstand und Einsatzmöglichkeiten, in: Wirtschaftsinformatik, 34 (1992) 5, S. 509 ff.

MAXWELL, C. et. al., New Riders' Official Internet Yellow Pages, 2nd Edition, Indianapolis 1994.

MILES, I., Home Informatics, Information Technology and the Transformation of Everyday Life, London 1988.

REINHARDT, A., Building The Data Highway, in: Byte International Edition, March 94, S. 46 – 74.

SCHNEIDER, S., Präsenz im Web bringt mehr fürs Image als in die Kasse, in: Computerwoche, H. 8, 1995, S. 53 – 60.

SCHOENFELD, A., Stats: Sizing up the World Wide Web, in: Online Marketplace, Jupiter Communications, New York, H. 1, 1995, S. 1, 4 – 5.

TELEKOM AG (Hrsg.). Datex-J für Einsteiger, Sonderauflage, Würzburg 1995.

THIMM, S. C., CompuServe Buch, Düsseldorf 1994.

Telearbeit – Ein Weg in die Informationsgesellschaft

Wilhelm R. Glaser

Geläufigen Definitionen nach handelt es sich bei Telearbeit um Büroarbeit, überwiegend im Rahmen eines regulären Arbeitsvertrages, mit einem zumindest zeitweise an das Netz des Arbeitgebers gekoppelten Computer an einem Ort außerhalb der zentralen Geschäftsräume. Bedeutsam sind heute alternierende Teleheimarbeit und mobile Telearbeit. Bei der ersteren wird die Arbeitszeit zwischen einem entsprechend ausgestatteten häuslichen Arbeitsplatz und einem Schreibtisch im Büro aufgeteilt, der in der Regel mehreren Kollegen dient, und zwar meist in einem wöchentlich sich wiederholenden Rhythmus. Bei mobiler Telearbeit werden Mitarbeiter in Außendienst, Einkauf, Verkauf, Beratung, Schulung und Service mittels mobiler Computer in die Lage versetzt, den größten Teil der nicht in den Räumen des Kunden ausgeführten Arbeit auf Reisen, also in Fahr- und Flugzeugen, Warte- und Hotelzimmern und auch zu Hause zu erledigen.

Telearbeit ist eine grundlegende Veränderung in der Arbeitsgestaltung des einzelnen und der Organisationen. Ein solcher Wandel entsteht nur bei Überdetermination durch mehrere Randbedingungen und Motive. Wir sehen hier vier Kriterien: die technische Reife und preisgünstige Massenverfügbarkeit der Computer, die Veränderungen der Büroarbeit durch deren Anwendung, die Flexibilisierung der Organisationen und schließlich neue Wertorientierungen der Arbeitnehmer.

Die zwei Komponenten der Büroarbeit

Büroarbeit hat ihrem Wesen nach zwei Komponenten. Zum einen bedeutet sie das Ändern von Gegebenheiten, die in Akten, Unterlagen oder Zeichnungen symbolisch repräsentiert sind, durch den Menschen. Die Arbeit besteht im Erzeugen neuer Symbole, die herkömmlicherweise durch Sprechen weitergegeben oder durch Schreiben, Zeichnen, Diktieren zu Papier gebracht werden und später durch Interpretationsprozesse, etwa in der Fertigung, bei Reparaturen, im Gütertransport außerhalb des Büros wieder in die materielle Realität hineinwirken. Vernetzte Computer sind Symbole speichernde, verarbeitende und transportierende Maschinen. Als solche nehmen sie dem Menschen viele Büroroutinen ab und setzen ihn für komplexe, kreative, problemlösende, planende und gestaltende Aktivitäten frei. Je nach Stand der Technik entstehen zumindest temporär auch einfache und monotone Arbeiten wie Dateneingabe. Sachbearbeiter, Fachexperten und Manager müssen oft auf Unterstützungsfunktionen verzichten und beispielsweise ihre Schreibarbeiten, früher Sache von Schreibkräften, in einem gewissen Umfang auf dem Computer selbst erledigen.

Wann immer vernetzte Computer die zur Büroarbeit benötigte Information auf dem Schirm darbieten und deren Resultate weiterverarbeiten, speichern und transportieren, kommt es jedoch auf den Ort, an dem der einzelne seine Tätigkeit verrichtet, grundsätzlich nicht mehr an. Das ist die entscheidende Randbedingung für Telearbeit in großem Stil. Natürlich dürfen die höheren Netzkosten infolge der größeren Entfernungen wirtschaftlich nicht prohibitiv sein. Sie müssen in einem ökonomisch und ökologisch vernünftigen Verhältnis zu den Ersparnissen für nicht mehr nötige Pendlerfahrten und eingesparten Büroraum stehen.

Die zweite entscheidende Komponente der Büroarbeit ist die zwischenmenschliche Kommunikation. Soweit sie im Büro über Telefon und andere Telekommunikationsmittel abläuft, und das ist ein beträchtlicher Anteil, gilt das für den Computergebrauch Gesagte

 Wilhelm R. Glaser

in völlig gleicher Weise. Wenn zwei oder mehr Personen miteinander telefonieren oder telekonferieren, spielt der Ort, an dem sie sich befinden, definitiv keine Rolle mehr, so daß sich Telearbeit problemlos anbietet. Wieder dürfen die Kosten größerer Entfernung nicht zu hoch sein.

Kritisch ist jetzt aber der Anteil unverzichtbarer Face-to-face-Kommunikation. In einem bestimmten Maße müssen die Menschen im Büro, auch wenn sie viel miteinander telefonieren und über die Rechner elektronische Mitteilungen und Anweisungen senden und erhalten, sich gegenseitig sehen und persönlich miteinander sprechen können, und zwar formell und informell, geplant und ungeplant. Es geht dabei nicht nur um das bloße Sprechen, sondern auch um die Wahrnehmung der Körpersprache und um „Social awareness", ein sich bei der Arbeit einstellendes Gefühl der Gemeinsamkeit, ein ständiges, beiläufiges Empfinden der Person und der Tätigkeit des anderen. Das ist offenkundig eine elementare Bedingung humaner Arbeitsgestaltung.

Müßte sie permanent erfüllt sein, wäre Telearbeit ausgeschlossen. Aufgrund unserer eingehenden psychologischen Begleituntersuchung des Modellversuchs „Außerbetriebliche Arbeitsstätten" der IBM Deutschland Informationssysteme GmbH (Glaser / Glaser 1995) und, natürlich, der wissenschaftlichen Literaturlage (Huws / Korte / Robinson 1990, Gray / Hodson / Gordon 1993) vertreten wir aber die Auffassung, daß eine ständige soziale Präsenz dieser Art unnötig ist. Die entscheidende Frage gilt hier vielmehr dem richtigen Ausmaß. Für die Telearbeit ist die Antwort deren alternierende Form. Dabei wird stets ein Teil der wöchentlichen Arbeitszeit noch gemeinsam mit Kollegen in den Geschäftsräumen abgeleistet. In unserer Untersuchung hat sich gezeigt, daß die oft diskutierten Probleme einer mangelhaften formellen und informellen betrieblichen Kommunikation, der sozialen Isolierung und Vereinsamung der Telearbeiter, nachlassender Identifizierung mit dem Unternehmen, steigender Tendenz zur Selbstüberlastung oder gar Selbstausbeutung und verringerter Aufstiegs- und Beförderungschancen durch eine richtig gewählte Zeitstruktur der alternierenden Telearbeit praktisch verschwinden. Die richtigen Proportionen hängen dabei von vielen Faktoren ab. Sie reichen von der Persönlichkeit des einzelnen über die Struktur der Teamarbeit bis zur Art der Tätigkeit und vielen Details der Arbeitsgestaltung. Verläßliche, verallgemeinerbare Regeln müssen hier erst noch durch weitere Forschung gewonnen werden. Bemerkenswert ist, daß die alternierende Form der Telearbeit im Laufe der Jahre und Modellversuche erst sehr spät entdeckt wurde. Sie ist eine echte, unvorhergesehene Problemlösung.

Das unverzichtbare Minimum an Face-to-face-Kommunikation, ohne das Telearbeit scheitern muß, ist also keine Konstante. Sein Ausmaß hängt von vielen Faktoren ab. In unserer IBM-Studie konnten wir beispielsweise eine deutliche und erfolgreiche Verlagerung eines Teils der Kommunikation von Face-to-face auf Telefon und elektronische Post feststellen. Sie betraf nahezu gleichmäßig die Kommunikation mit allen Ansprechpartnern bei der Arbeit, also mit Vorgesetzten, Partnern im eigenen Team, anderen Mitarbeitern des eigenen Unternehmens und externen Kunden. Sehr ungleichmäßig war die Verteilung auf die Gesprächsanlässe. Vor allem bei den Meetings brachte Telearbeit kaum Veränderungen. Arbeitsbesprechungen fanden weiterhin im Büro statt, und zwar im gleichen Umfang wie bei der ausschließlichen Büroarbeit. Die von uns erhobenen Veränderungen der Kontakthäufigkeiten bei Telearbeit zeigt Abbildung 1.

Die wissenschaftliche Untersuchung der Telearbeit hat auch dafür sensibilisiert, daß das Ausmaß an Face-to-face-Kontakten im Büro oft suboptimal hoch ist. Ständig ansprechbar zu sein und unter einer gewissen Beobachtung zu stehen, ständig das Tun anderer zumindest peripher mitzubekommen, kann, vor allem auch bei kreativen und problemlösenden Tätigkeiten, beträchtlich stören. Büropolitik und Klatsch bilden zwar etwas wie einen angenehm warmen sozialen Humus. Es tritt aber, um im Bilde zu bleiben, auch schnell Überdüngung ein, bei der Pflanzen bekanntlich absterben.

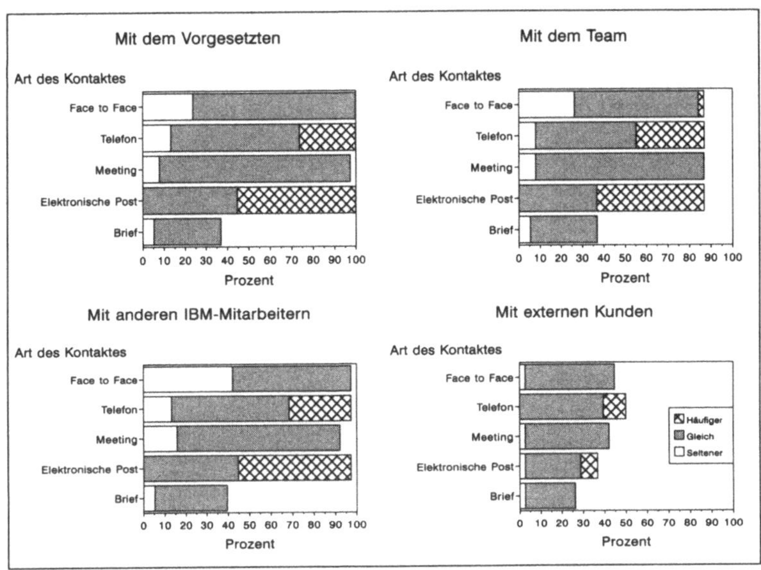

Abbildung 1: Die Veränderung der Kontakte bei der Arbeit zu Hause im Modellversuch der IBM
Quelle: Glaser / Glaser 1995

In unserer Studie wurde die Verringerung dieses Teils der Face-to-face-Kontakte durch Telearbeit von den Befragten eindeutig positiv bewertet. Die angenehmsten und wichtigsten Kontakte hatten stets einen engen Bezug zur Arbeit im Team. Dazu gehörte zu allererst das Erbitten und Gewähren von Hilfe bei der Arbeit und das Erfahren von Entwicklungstendenzen. Abbildung 2 zeigt die Durchschnittsurteile der Befragten in unserer IBM-Studie über die Wichtigkeit einzelner Inhalte der informellen Kommunikation und die bei Telearbeit erfahrene Erschwerung. Es zeigte sich, daß die wichtigsten Kontakte im Sachzusammenhang mit der Arbeit stehen ("Unterstützung erbitten", "Entwicklungstendenzen erfahren"). Erst danach kommt "Persönliche Nähe herstellen". Bei diesen Inhalten werden durchaus Erschwerungen erlebt, auf die man achten muß. Wahrscheinlich bringen hier künftig Bewegtbildübertragungen wie in ProShare Erleichterungen. Zusammengefaßt: Telearbeit verlangt einen für das psychosoziale Wohlbefinden der Telearbeiter und das Funktionieren der Organisation optimalen Kommunikationsmix.

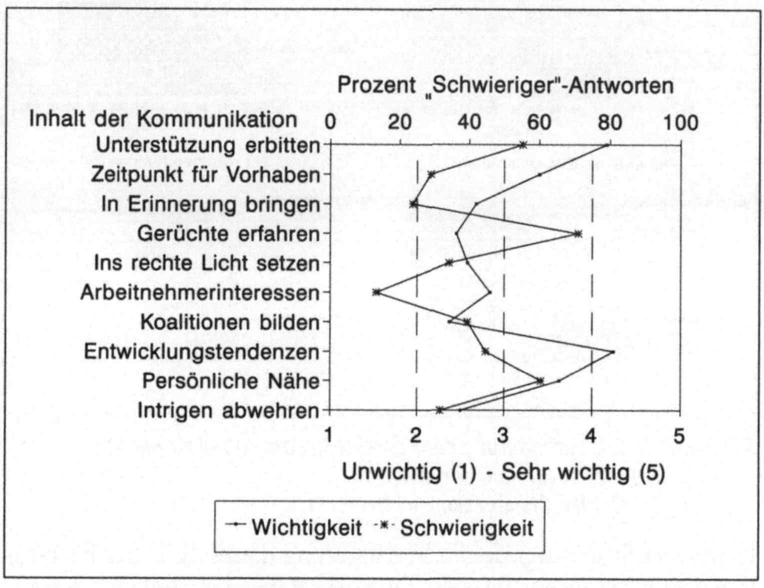

Abbildung 2: Wichtigkeit und Erschwerung der informellen Kommunikation bei Telearbeit, getrennt nach Inhalte, im Modellversuch der IBM Quelle: Glaser / Glaser 1995

Flexibilität

Eine massiv zur Telearbeit führende Randbedingung liegt also darin, daß es bei allen Teilen der Büroarbeit, die mit vernetzten Computern oder über Telekommunikation erledigt werden, auf den Arbeitsort und, dank elektronischer Pufferspeicher, in einem gewissen Umfang auch auf den Arbeitszeitpunkt nicht mehr ankommt. Das eherne Erfordernis aus der Anfangszeit der Industrialisierung, daß in Organisationen zusammenarbeitende Personen sich stets zur gleichen Zeit am gleichen Ort zu versammeln haben, schmilzt in der Informationsgesellschaft für die Büroarbeit dahin. Diese Gleichheit des Ortes und der Zeit war das Rückgrat der Arbeitsdisziplin des Industriezeitalters, und sie wurde, wie die historische Literatur belegt, als ein enormer Verlust an Freiheit und Lebendigkeit empfunden (Zuboff 1988). Telearbeit bedeutet hier zweierlei: Wiedergewinnung einer beträchtlichen Zeitsouveränität des Arbeitnehmers und eine Aufweichung der starren Trennung von Wohn- und Arbeitsort. Die zeitlichen, räumlichen und schließlich auch seelischen, starren Grenzen zwischen Arbeit und Privatleben schwinden. Das Stichwort heißt Flexibilisierung.

Damit ist eine weitere Randbedingung der Telearbeit ausgesprochen. Die klassische industrielle Organisationsstruktur war, in der Fertigung wie im Büro, hierarchisch-zentralistisch. Bei wenigen Varianten der Produkte und deren seltener Änderung auf stabilen Märkten konnte diese Organisationsform einen Massenoutput rationell erbringen. Information und Initiative gingen stets von der Spitze aus und wurden durch die Kanäle der Hierarchie nach unten geleitet. Heute hingegen setzt hohe Typenvielfalt bei schnellem Wandel auf dynamischen Märkten flexible Organisationen voraus, in denen Teams in flachen Hierarchien koordiniert zusammenwirken. Die Mitarbeiter müssen Initiative und Kreativität entwickeln, sie werden als Sender, Sucher und Beschaffer von Informationen aktiv. Das setzt eine mentale Flexibilität voraus, die mit herkömmlich starren räumlichen, zeitlichen und disziplinären Vorgaben der Arbeit überhaupt nicht mehr verträglich ist. Flexible Organisationen brauchen flexible Mitarbeiter und bilden diese auch heran. Flexible Mitarbeiter aber entdecken Flexibilität schließlich als generellen Wert ihrer beruflichen und privaten Lebensführung. Entsprechend hoch bewerten sie die Chancen, die ihnen Telearbeit bietet.

Unsere IBM-Studie hat dafür eine Fülle von Belegen erbracht. So leiden Familien mit zwei berufstätigen Partnern und Kindern meistens unter der Vielzahl der zeitlichen Restriktionen von Arbeits-, Schul- oder Kindergarten- und Ladenschlußzeiten, die ja für alle Familienmitglieder koordiniert werden müssen. Oft sind diese Restriktionen überhaupt nicht miteinander vereinbar, so daß es für die einzelne Familie überhaupt keine, alle Mitglieder befriedigende gemeinsame Zeitordnung mehr gibt.

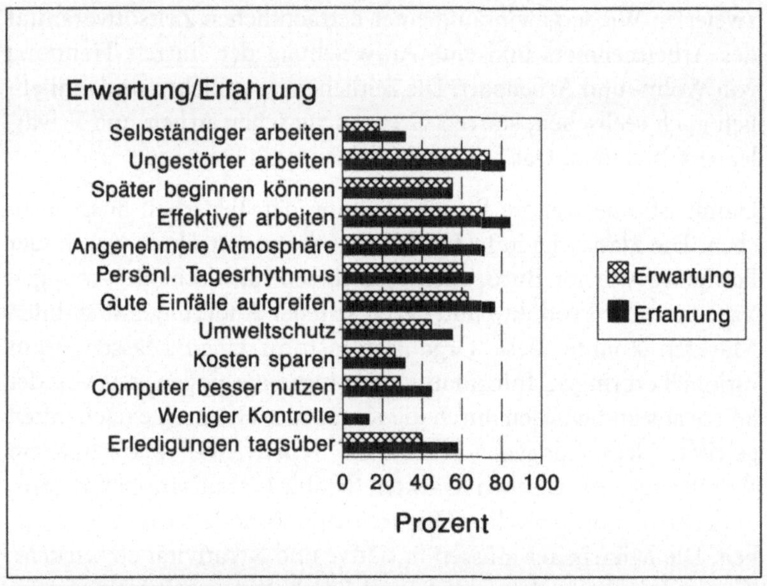

Abbildung 3: Erwartungen und Erfahrungen bei der Arbeit zu Hause im Modellversuch der IBM
Quelle: Glaser / Glaser 1995

Wie haben unsere Befragten die Flexibilität der Telearbeit nun erlebt? Wir können nur sagen: als eine echte Befreiung. Abbildung 3 zeigt die Häufigkeit, mit der einzelne Erwartungen und Erfahrungen hinsichtlich der häuslichen Berufsarbeit genannt wurden. Generell waren die Erfahrungen noch besser als die Erwartungen. Arbeitszufriedenheit und Produktivität stiegen deutlich an. Daß sie zu Hause nicht mehr durch „Über-die-Schulter-Schauen" kontrolliert werden konnten, trug für unsere Befragten ein beträchtliches Maß an Vertrauen in ihr Arbeitsverhältnis. Sie antworteten darauf mit einer deutlich gesteigerten Selbstdisziplin, die sie als angenehm empfanden. Uns als Untersuchern drängte sich geradezu das Hegelwort von der Freiheit als Einsicht in die Notwendigkeit auf. Viele unserer Befragten gaben sich bei der Arbeit zu Hause eine ungeschriebene eigene Zeitordnung, die optimal und flexibel an die privaten und beruflichen Erfordernisse angepaßt war und, nicht weiter verwunderlich, doch teilweise erheblich von den Bürozeiten abwich.

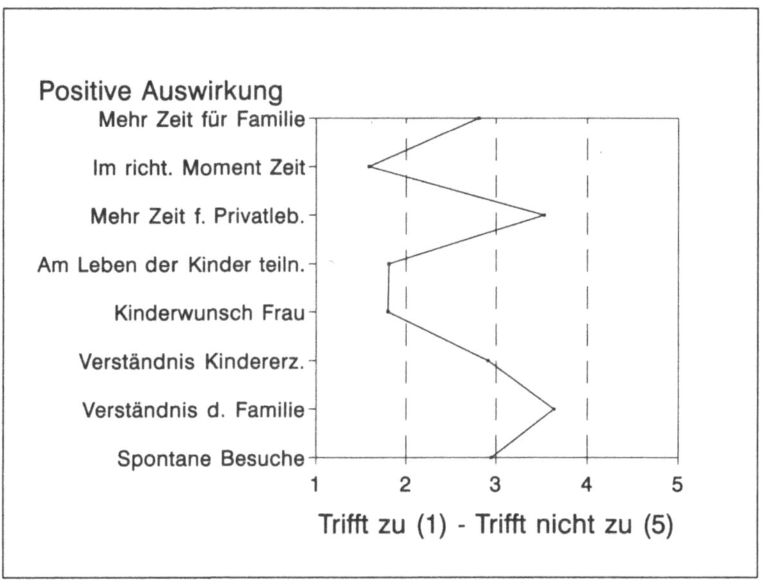

Abbildung 4: Die positiven Auswirkungen der Telearbeit auf das Privatleben im Modellversuch der IBM
Quelle: Glaser / Glaser 1995

Vor allem bei Familien oder Partnerschaften mit Kindern wurde die Telearbeit als enorme Erleichterung, als Lösung vieler Probleme des beruflichen und privaten Zeitmanagements, empfunden. Abbildung 4 gibt die Mittelwerte der Urteile unserer Befragten über positive, Abbildung 5 über negative Auswirkungen auf das Privatleben wieder. Bei den positiven Wirkungen zeigt sich, daß man letztlich nicht mehr, aber „im richtigen Moment" Zeit für die Familie hat. Genau das bedeutet Flexibilisierung. Darüber hinaus wird vor allem das Leben mit Kindern als leichter empfunden. Bei den denkbaren und häufig diskutierten negativen Wirkungen (Abbildung 5) fallen vor allem die vielen Mittelwerte auf, die ein deutliches „Trifft nicht zu" zum Ausdruck bringen. Das gilt insbesondere auch für einen möglicherweise vermehrten Berufsstreß in der Familie oder die erhöhte Doppelbelastung der berufstätigen Frau. Durchschnittliche Mittelurteile wurden nur im Bereich „Kinder" abgegeben: Man muß sie schon etwas dazu erziehen, bei Telearbeit nicht zu stören. Bemerkenswert ist auch die Annäherung an das Mittelurteil für das Statement, man könne bei Telearbeit „Erfolge nicht mit anderen teilen". Das ist immerhin eine wesentliche soziale Funktion der Zusammenarbeit.

Insgesamt sprechen die Abbildungen 4 und 5 aber wohl für außerordentlich positive Wirkungen der Telearbeit, insbesondere auf Berufstätige mit Kindern.

Potential und Ökonomie der Telearbeit

Eine wichtige Frage gilt natürlich einer realistischen Abschätzung des Telearbeitspotentials. Die Zahl bestehender Telearbeitsplätze wird für Deutschland im Jahre 1994 zwischen 10 000 und 150 000 angegeben (Godehardt 1994, Empirica 1994). Hinter der großen Streubreite dieser beiden Zahlen liegen schwierige Methodenprobleme, auf die hier nicht eingegangen werden kann. Seriöse Abschätzungen gehen für die nahe Zukunft davon aus, daß etwa 30 Prozent aller Arbeitsplätze Büroarbeitsplätze sind, und von diesen sich wiederum etwa 30 Prozent für Telearbeit eignen. Das würde ein Potential von neun Prozent, hochgerechnet auf die alten Bundesländer etwa zwei Millionen Arbeitsplätze, bedeuten. Mit einer eher skeptischen Schätzung des gegenwärtigen Bestandes und einer angenommenen jährlichen Verdoppelung würde diese Anzahl im Jahre 2002 erreicht.

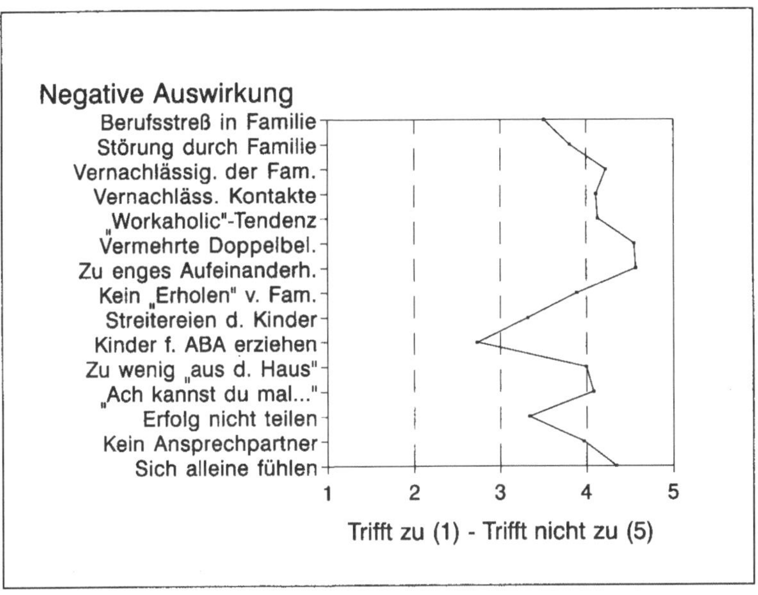

Abbildung 5: Die negativen Auswirkungen der Telearbeit im Modellversuch der IBM
Quelle: Glaser / Glaser 1995

Telearbeit bringt einen handfesten ökonomischen Nutzen. Für die Unternehmen besteht er in der Produktivitätssteigerung und der Einsparung von Büroflächen mit deren direkten und indirekten Kosten. Für die Arbeitnehmer reicht er von der Zeit-, Kosten und Belastungsersparnis bei Pendlerfahrten bis zu verringerten Kleidungskosten, da die Kleidung bei der Arbeit zu Hause ja weniger korrekt und förmlich sein muß als im Büro. Auch Kostensteigerungen entstehen: Die Fernmeldekosten gehen zu Lasten des Unternehmens, und der Arbeitnehmer bringt höhere Kosten für Heizung,

Beleuchtung und Abnutzung sowie gegebenenfalls auch für eine größere Fläche seiner Wohnung auf. Bei einer Gesamtrechnung von Kosten und Nutzen der Telearbeit überwiegt jedoch der Nutzen. Er muß durch die richtigen steuerlichen und tariflichen Regelungen zwischen Arbeitnehmern und Arbeitgebern gerecht verteilt werden. Die Verringerung, teilweise sogar Beseitigung der Abzugsfähigkeit des häuslichen Arbeitszimmers im Jahressteuergesetz 1996 und die reichliche Verdoppelung der Telefongebühren im Citybereich während der üblichen Bürozeiten laut „Tarifkonzept 96" der Telekom können den Zeitpunkt, ab dem die Verbreitung der Telearbeit in einen sich selbst tragenden und beschleunigenden Prozeß übergeht, massiv hinausschieben. Sie sind präzise das Gegenteil des Gebotenen, kontraproduktiv und zukunftsfeindlich.

Ökologische und soziale Folgen

Die Umwelt gewinnt durch Verminderung der Pendlerfahrten und der überbauten Flächen. Durch die Arbeit in der Wohnung wird ohnehin schon vorhandener Raum in der Arbeitszeit genutzt, in der er sonst leerstehen würde, und der entsprechende Büroraum kann entfallen. Hinter dem allem verbergen sich sehr komplizierte und interessante Fragen, die hier nicht eingehender behandelt werden können. So verlieren die Wohngebiete mit einer gewissen Anzahl von Telearbeitern wieder den unschönen Charakter der reinen Schlafstädte. Neue amerikanische Untersuchungen zeigen, daß Telearbeiter auch privat weniger mit dem Auto fahren, wieder mehr in unmittelbarer Nähe ihrer Wohnung einkaufen und überhaupt ihren privaten räumlichen Lebensmittelpunkt stärker auf die Wohnung zentrieren (Mokhtarian 1991). Das Wohnumfeld wird auch tagsüber sozial anregender. Entsprechend weniger ist man zu Hause sozial eingeengt, entsprechend weniger braucht man das Büro nur als Ort zur Befriedigung allgemeiner sozialer Bedürfnisse. Im Sinne steigender Lebensqualität bei sinkender Umweltbelastung ist das höchst wünschenswert.

Im Zusammenhang mit der Telearbeit stellen sich auch soziologische Fragen. So kann Telearbeit einen neuen Typ des mündigen Arbeitnehmers hervorbringen, der sich mit einem hohen Maß an Selbständigkeit und Selbstbewußtsein in seine Arbeits- und Sozialbeziehungen einbringt. Wir neigen dieser Auffassung zu. Der Telearbeiter könnte aber auch zu einem entsolidarisierten, vereinsamten, egoistischen Individualisten werden, der schließlich die Arbeitnehmervertretungen so schwächt, daß die Machtbalance zwischen den Tarifparteien kippt. Man tut den Gewerkschaften sicher nicht unrecht, wenn man ihnen diese Befürchtung unterstellt. Sie müssen sich dann aber wohl fragen lassen, ob man Arbeitnehmern, die Telearbeit ausdrücklich wünschen und extrem positiv erleben, Flexibilität und Souveränität hinsichtlich Arbeitszeit und Arbeitsort nur mit dieser Befürchtung vorenthalten kann. Hätte nicht eine moderne Arbeitnehmervertretung, die mündige Arbeitnehmer rational anspricht, hier viel bessere Chancen?

Widerstände bestehen auch im mittleren bis höheren Management. Die – eingestandenen oder uneingestandenen – Begründungen reichen vom Bild des faulen, nur unter Druck und Kontrolle Brauchbares leistenden Arbeitnehmers bis zu Befürchtungen eigenen Macht- und Kontrollverlustes (Robinson / Kordey, 1995). Dem ist zu entgegnen, daß moderne, flexible Unternehmen, die mit komplizierter Technik arbeiten, auch ohne Telearbeit mit dem unmotivierten Arbeitnehmer und dem Manager, für den Macht und Kontrolle im Vordergrund stehen, ihre Probleme haben dürften. Sie brauchen den flexiblen Arbeitnehmer und eine intrinsisch motivierte, outputorientierte Führung in der Art des „Management by objectives". Anders gesagt: Wo bei Telearbeit Führungsprobleme gesehen werden, dürften sie auch ohne Telearbeit bestehen.

Telearbeit ist heute für ein knappes Zehntel aller Arbeitsplätze möglich. Der Stand der Informations- und Kommunikationstechnik und die sich ändernden Arbeits- und Lebensformen erfüllen die Randbedingungen für eine sich selbst tragende und beschleunigende Entwicklung. Diese kann sehr gut im Rahmen des bestehenden Arbeitsrechts ablaufen, sofern es mit Augenmaß ausgelegt und angewandt wird. Vorschnelle, umfassende und detaillierte gesetzliche Neuregelungen sind daher abzulehnen. Der Versuch, alle denkbaren Fehlentwicklungen vorwegnehmend auszuschließen, dürfte darin enden, daß die meisten schon bekannten, aber auch die unvorhergesehenen neuen Lebenserfahrungen mit Telearbeit im Ansatz erstickt werden.

Literatur

Empirica, Pan-europäische Befragung zur Telearbeit. Bericht 6: Bevölkerungs- und Unternehmensbefragungen 1994 in D, F, UK, I, E, Kurzfassung der Ergebnisse, Bonn: Empirica Gesellschaft für Kommunikations- und Technologieforschung GmbH 1994.

GLASER, W. R., GLASER, M. O., Telearbeit in der Praxis. Psychologische Erfahrungen mit Außerbetrieblichen Arbeitsstätten bei der IBM Deutschland GmbH, Neuwied u. a. 1995.

GODEHARDT, B., Telearbeit, Rahmenbedingungen und Potentiale, Opladen 1994.

GRAY, M., HODSON, N., GORDON, G., Teleworking explained, Chichester u. a. 1993.

HUWS, U., KORTE, W. B., ROBINSON, S., Telework: Towards the elusive office. Chichester u. a. 1990.

MOKHTARIAN, P. L., Telecommuting and travel: State of the practice, state of the art. Transportation, 18, 1991, S. 319 – 342.

 Wilhelm R. Glaser

ROBINSON, R., KORDEY, N., Teleworking: Internationale Trends, in: Telak GmbH (Hrsg.), Corporate Networks und neue Techniken, Proceedings des Telekom-Anwenderkongresses '94, Braunschweig u. a. 1995, S. 273 – 288

ZUBOFF, S., In the age of the smart machine. The future of work and power, New York 1988.

Multimedia on the Road

Peter Friedrich

Auf meiner Rückfahrt nach Oberhausen war ich in Hochstimmung. Mein Vortrag – eine Lifeshow mit meinem Laptop und Video-Beamer – hat meine Zuhörer begeistert. Liegt es daran, daß ich heute besonders überzeugend war, oder lag es an der Zusammensetzung des Zuhörerkreises?

Es ist schon bemerkenswert, welche Aufmerksamkeit ich finde, wenn ich unsere Vision vorstelle; daß sich die Gesellschaften unseres Konzerns international ausrichten, daß sie sich an Prozessen orientieren und in virtuellen Organisationen kooperieren. Wir wollen im Zeitwettbewerb führen und in der Produktivität den Quantensprung erreichen.

Andererseits dürften diese Thesen nicht nur durch meine Vorträge hinreichend weit verbreitet und bekannt sein; sind es doch auch häufig die Statements der Unternehmensberater, die uns für ihr Konzept des „Lean Management" gewinnen wollen.

Es sind auch nicht vorrangig die Theorien, die Beachtung finden, sondern die Tatsache, daß wir es geschafft haben, diese Thesen mit Leben zu füllen und konkret zu realisieren. Daß wir unsere Unternehmenskultur hinterfragt und geändert haben. „Geschwindigkeit vor Schönheit!" heißt es jetzt bei uns, und diese neue Kommunikationskultur ermöglicht schnelle und aktuelle Information.

Es gab auch kritische Diskussionen bei der Einführung unserer E-Mail-Software. „Wo kommen wir denn dahin, wenn jeder nach Belieben E-Mails senden darf?" sagte mir mein Kollege Bereichsleiter und „Sie bringen es noch soweit, daß unsere ganze Kultur zusammenbricht!"

Mittlerweile haben sich alle daran gewöhnt, der Umgang mit E-Mail gehört zur Normalität, und vor dem Server sind alle User gleichrangig. Jeder von uns – Buchhalter, Sekretärin, Bereichsleiter und Vorstand – wird über „Vorname Nachname @ Domäne" adressiert, weder Hierarchien noch akademische Titel werden hier eingetragen. Die kritischen Kollegen konnte ich mit dem Hinweis überzeugen, daß eine E-Mail-Adresse wie eine Telefon- oder Fax-Adresse zu sehen ist und daß die Form im Inhalt des E-Mail gewahrt werden kann.

Ich stecke hier mittlerweile im dicksten Verkehr auf der A3, Richtung Köln. Niedernhausen wird gerade mit Tempo 30 passiert. Wenn wir bereits „Telearbeit" praktizierten, dann gings hier zügiger voran, weil wir auf die Datenautobahn ausweichen könnten.

Ich verbinde meinen Thinkpad mit dem S4-Handy und den Adapter mit dem Zigarettenanzünder und sichte meine Mailbox. Das Lenkrad stört beim arbeiten. In ein paar Jahren werden wir statt Lenkung und Pedale ein Control-Panel auf der Fahrerseite haben und der Wagen wird über Tastatur, Maus sowie Verkehrsleittechnik geführt werden.

Vier Anrufer über unseren Telemail-Service, davon einer mit dringendem Rückruf. Jetzt ruht der Verkehr, und so kann ich gefahrlos mit meinem Autotelefon telefonieren. Die Verbindung klappt und mein Gesprächspartner ist dankbar und beeindruckt, daß ich prompt reagiere.

Er hat ein Problem mit seiner Organisationsabteilung und sucht dringend Abhilfe. Vier Mitarbeiter, die seine Gesellschaft zentralistisch steuern. Regelwerke, Formularwesen, Telefonbuch, Genehmigungsverfahren – eine Welt die sie perfekt beherrschen. Und das, nachdem er vor einigen Wochen von mir gehört hat, daß es auch anders geht; daß man Verantwortung für Information dorthin delegieren sollte, wo Information entsteht.

„Das hört sich zwar alles ganz gut an, was Sie uns da neulich präsentiert haben, aber bei uns ist das so nicht durchsetzbar." sagt er zu mir und ergänzt: „Unsere Unternehmenskultur läßt das nicht zu, wir sind noch zu konservativ."

„Fangen Sie mit dem Telefonbuch an", empfehle ich ihm. „Legen Sie das Buch auf den Server, für jedermann im Netzwerk zugänglich und verkünden Sie, daß ab sofort jeder für die Qualität und Aktualität seines eigenen Eintrages selbst verantwortlich ist."

„Wie stellen Sie sicher, daß die Mitarbeiter da auch mitziehen?" und „Wie können Sie gewährleisten, daß dabei kein Mißbrauch getrieben wird?" fragt er mich und ich sage ihm – immer noch im Stau steckend: „Ihre Mannschaft wird mitziehen, weil sie erkennen wird, daß Sie ihr Verantwortung übertragen und das wird sie motivieren."

„Bezüglich ‚Mißbrauch' empfehle ich Ihnen, es einfach mal zu versuchen. Sie können leicht Kontrollen zuschalten – auch automatisch ablaufende. Aber unsere Erfahrungen zeigen, daß das nicht nötig ist. Unsere Mitarbeiter haben bewiesen, daß sie mit Informationen verantwortlich umgehen wollen und können. Das wird in Ihrem Unternehmen nicht anders sein."

Im Stillen dachte ich an die vier Mitarbeiter der Organisationsabteilung und wie man ihnen helfen kann, ihre Rolle neu zu definieren. Wenn wir uns mit neuen Technologien auseinandersetzen, spielen Qualifizierung und Motivation die entscheidende Rolle. Das gilt insbesondere auch für die Führungskräfte des Unternehmens.

„Unsere Chefs haben keine PCs," höre ich häufig, und ich weiß, daß heute noch viele Top-Manager den PC als „teures Spielzeug" abwerten wollen. Das war bei uns nicht anders. Nachdem wir aber zeigen konnten, daß ein Manager mit E-Mail mindestens 30 Minuten Arbeitszeit pro Tag gewinnen kann – was bei 200 Arbeitstagen im Jahr 100 Stunden Zeitgewinn bedeutet oder in Geld ausgedrückt: mindestens 10 000 DM pro Jahr – und damit eine PC-Beschaffung schon im Jahr der Anschaffung amortisiert ist, wuchs die Bereitschaft zur PC-Nutzung beachtlich.

Heute hat jeder Manager, bis hin zum Vorsitzenden des Konzernvorstands, seinen Netzwerk-PC. Performance und Kreativität aber auch Qualifizierung und Motivation waren hier die ausschlaggebenden Faktoren.

Netzwerkfähige Chefs können Controlling Reports, Strategische Planung und Operative Planung sowie Key Account Reports wesentlich schneller und mit mehr Kreativität komponieren und interpretieren als herkömmliche Berichtswege. Der Zugriff auf Grafiken und Fotos sowie Sounds und Videos erfordert heute keine tiefen Systemkenntnisse mehr und ist überwiegend per Mausklick möglich.

Die Rolle der Organisationsabteilung liegt also zukünftig darin, als Koordinator mit Unterstützung von Fachdisziplinen attraktive Anwendungen in das Unternehmensnetz einzuspeisen und die Verbreitung und Nutzung moderner Informationsangebote zu moderieren. Sie muß sich als 'Service Provider' verstehen und Kunden für ihre Produkte gewinnen und erhalten.

Ein interessantes Gespräch, das ich in den zurückliegenden Monaten so oder ähnlich wiederholt geführt habe.

Wie stark muß der Leidensdruck in unseren geregelten deutschen Organisationen eigentlich noch werden, damit der Wille zur Kulturänderung, zum Verlassen der eingefahrenen Gleise und damit einhergehend, eine nachhaltige Lernbereitschaft sichtbar werden.

„Deutschlands Weg in die Informationsgesellschaft" (BMFW) vermittelt uns in anschaulicher, überzeugender Form, daß wir die großen informationstechnologischen Herausforderungen noch vor uns haben:

„Die führenden Industrieländer und damit auch die Bundesrepublik Deutschland stehen an der Schwelle des 21. Jahrhunderts vor einem Sprung in ihrer wirtschaftlich-technologischen Entwicklung, der hin zur Informationsgesellschaft führt."

„Die Informationsgesellschaft verändert die Art und Weise, wie wir leben, lernen und arbeiten." Beide Zitate entnehme ich dem Vorwort von Dr. Günter Rexrodt, Bundesminister für Wirtschaft, zu oben genannten Bericht der Bundesregierung.

Wer wird unsere Unternehmen auf diesen Wandel vorbereiten? Werden wir warten, bis alle Regelungen für uns getroffen sind, bis sichergestellt ist, daß Mißbrauch ausgeschlossen werden kann?

Wenn wir unsere Unternehmen erfolgreich in die Zukunft führen wollen, erfordert dies eine beachtliche Portion an Innovation und Kreativität. Wir müssen eingefahrene Bahnen verlassen, unsere Prozesse vereinfachen und den Mut entwickeln, schnelle Lösungen anzubieten, die unsere Marktfähigkeit stärken.

Wir reden heute vom „Global Sourcing", vom „Customer Focus" und vom „Change Management"; mit Pflichtenheft-Diskussionen werden wir hier wenig bewegen. Die Zeit der Technologie-Dolmetscher ist vorüber. Unsere Unternehmensprozesse verlangen nach flexiblen Lösungen, die kurzfristige Einstellung auf individuelle Kundenwünsche wird uns zukünftig besonders herausfordern.

Das Internet ist zur Zeit in aller Munde. Eine Entwicklung mit faszinierenden Möglichkeiten für unsere Zukunft. Noch sind seine Performance, Verfügbarkeit und Sicherheit kritisch zu bewerten aber schon in wenigen Jahren dürfte diese globale Datenautobahn auch für die Steuerung unserer Unternehmensprozesse nutzbar sein. Unsere Unternehmensnetze (IntraNets) werden mit dem Internet verbunden sein, Firewall-Server regeln die geordnete bzw. gesicherte Kommunikation in beide Richtungen und wir werden im „globalen Dorf", d. h. weltweit Many-to-many-Kommunikation erleben und nutzen können.

In Gedanken gehe ich meinen jüngsten Erlebnissen mit Internotes nach, ein Produkt der Lotus Development GmbH, das als Teil der neuen Version Notes R4 unter dem Namen „Domino" auf den Markt gebracht wurde.

Beinahe spielerisch können Unternehmensprozesse globalisiert werden, eine direkte und aktuelle Kommunikation zwischen Kunden und Lieferanten wird zur Normalität.

Videos, Sounds sowie Grafiken in vielfältiger Ausprägung eröffnen uns völlig neue Formen der Informationsverarbeitung.

Zwischenzeitlich habe ich den „Kölner Ring" passiert und auch „Kreuz Breitscheid" liegt hinter mir. Über „Kaiserberg" erreiche ich in wenigen Minuten unsere Zentrale. Hier hat die Zukunft längst begonnen. Unser internationales Lotus Notes Corporate Network wird von hier aus gesteuert und wir kommunizieren mit unseren Kolleginnen und Kollegen in Boston, Bangalore, Singapur, Peking, …, und Berlin so miteinander, als hätten alle ihre Arbeitsplätze in Oberhausen: ein globales Dorf.

Literatur

Info 2000, Deutschlands Weg in die Informationsgesellschaft, Bundesministerium für Wirtschaft, 1996.

„Entfesselte" Information

Heinz Muschalla

In einem Aufsatz über Krebsdiagnostik hat F. A. Popp Krankheit als den Zustand definiert, „in dem Zellen nicht mehr miteinander reden". Wenn in einem Organismus der Informationsaustausch gestört ist, dann gerät das biologische System in Unordnung. Diese Erkenntnis läßt sich ohne weiteres auf Gesellschaft und Wirtschaft übertragen; die reibungslose Funktion und die Reichweite eines politischen oder wirtschaftlichen Systems hängen davon ab, daß die einzelnen Systemkomponenten ständig untereinander und mit der Zentrale kommunizieren können.

Die organisatorische Aufgabe im Wettbewerb der Systeme besteht darin, eigene Informationen möglichst schneller als die Konkurrenz zu gewinnen, zu befördern und besser zu verwerten. Schrift und Zahlensysteme, Pergament, Tontafeln und Papier haben sich über Jahrtausende als Mittel der Informationsspeicherung entwickelt; Kurier- und Meldesysteme, optische Signale und später Telefon und Telegrafie waren technisch-organisatorische Mittel, um dabei die naturgegebenen Widerstände von Raum und Zeit zu überwinden. Bis vor wenigen Jahrzehnten war noch an jeder Schnittstelle zwischen Erzeugung, Beförderung, Empfang und Verwertung von Informationen der Eingriff durch den Menschen und häufig die manuelle Übertragung der Information auf ein anderes Medium erforderlich.

Heute ist die Lage völlig anders. Die Information hat den Kampf gegen Raum und Zeit für sich entschieden. Die in den letzten Jahrzehnten entwickelten Technologien der Speicherung, Verarbeitung und Übertragung in digitaler Codierung und der mühelose

Übergang elektromagnetischer Impulse von einem Medium in das andere, haben die Information von den Fesseln des Raums und der Zeit befreit. Information ist allgegenwärtig und in jeder gewünschten Form darstellbar. In vielen Unternehmensprozessen ist sie zum selbststeuernden und integralen Faktor des Prozeßablaufes avanciert.

Weltweite Netze für multimediale Kommunikation über PC und TV, Mobilfunksysteme, Barcodeleser im Supermarkt und in den Fertigungsstraßen, global zugängliche Bibliotheken im Direktzugriff, satellitengesteuerte Navigationssysteme für private Automobile sind einige ihrer technischen Merkmale und Werkzeuge.

Das Internet mit seinen Datenbanken, Servern und Übertragungsdiensten ist zum Symbol der neuen, weltweiten Informationsgesellschaft geworden. An ihm entzünden sich weitreichende politische, kulturelle, wissenschaftliche und vor allem geschäftliche Visionen. Das „Netz der Netze" ist Schauplatz der Innovation für alle Märkte; allein die Tatsache, daß die Zahl seiner Teilnehmer sich der Marke von 100 Millionen nähert und ein Ende dieses Wachstums nicht abzusehen ist, ruft die Marketingfunktionen aller Branchen auf den Plan. Gleichzeitig ist Internet heute die Arena des Wettbewerbs und der Motor technologischer und anwendungstechnischer Innovation für die Informations- und Kommunikationstechnik.

Aus dem Blickwinkel des einzelnen, privaten Informationskonsumenten erscheint die Konfrontation mit dem reichen Angebot von Informationsdiensten und der interaktiven Nutzung der Netze von Dienstleistern wie Banken, Maklern, Versandhäusern, Reisebüros vielleicht verwirrend, aber nicht problematisch und selten bedrohlich. Der Konsument hat (vorläufig) immer noch die „Nein-Option", er kann auf angebotenen Dienste verzichten.

Anders verhält es sich mit den Unternehmen; sie sind gezwungen, jeden Kosten- und Produktivitätsvorteil zu nutzen, um im global geführten Wettbewerb zu bestehen. Und für sie besteht die neue Herausforderung darin, den Erfolgsfaktor Information mit seinen

 Heinz Muschalla

neuen technischen Möglichkeiten und Eigenschaften neu zu positionieren und für die eigenen Geschäfts- und Produktionsprozesse zu aktivieren: es geht um Organisation.

Ablauforganisation hat die Aufgabe, die räumliche und zeitliche Dynamik von Personal und Sachmitteln in beherrschbaren Prozessen optimal in Richtung auf definierte Ziele auszurichten. Dabei ist das Management von Informationen in alle Schritte des Prozeßentwurfs und des Prozeßablaufes so eng verwoben, daß jede technische Veränderung der Informationsmittel zu entsprechenden Modifikationen der Prozeßlandschaft führen muß. Von diesem Wandel bleibt auch die Aufbauorganisation nicht unberührt. Entscheidungstrukturen müssen den Prozeßfluß unterstützen und ihm nicht die Zwangsjacke von Abstimmungserfordernissen und Schnittstellen auferlegen, die nur deswegen notwendig werden, weil die Prozeßhoheit nicht in einer Hand liegt.

Wie stark die jeweilig verfügbaren technischen Mittel die Organisation beeinflussen, wird schnell klar, wenn man an die noch nicht lange vergangene Zeit der alphabetisch oder nach Nummernkreisen geordneten Karteitröge zurückdenkt oder an die Notwendigkeit, die Nähe zum Kunden durch engmaschige Filialnetze mit örtlichen Datensammlungen zu sichern.

Die Funktion der Information in einem Prozeß ist vielfältig: Sie signalisiert die Bedingungen, unter denen ein definierter Prozeß „anspringen" soll (z. B. in Form eines Lieferauftrages); sie aktiviert unterschiedliche Optionen des möglichen Prozeßablaufes (z. B. durch zugelassene oder individuelle Anforderungen an das Endprodukt); als Rückkopplung und Feedback liefert sie Daten über Zeitablauf und Qualität in den Prozeß zurück und greift so direkt in die Steuerung der Geschäftsprozesse ein. Die Veränderungen der Informations- und Kommunikationstechnik müssen unter dem herrschenden Wettbewerbsdruck also zwingend zu veränderten Prozeßentwürfen und zu neuen Unternehmensmodellen führen.

Das zentrale Phänomen, dem sich die Organisatoren heute gegenüber sehen, ist die augenfällige Grenzenlosigkeit und Vielfalt der informationstechnischen Möglichkeiten. An die Stelle technisch bedingter Limitierungen an der Schnittstelle zwischen Mensch und Informationsmedium ist der Überfluß technischer Optionen getreten. Damit verlagern sich die Schwerpunkte der organisatorischen Innovation.

Organisatorisches *Wollen* hat Vorrang gegenüber technischem *Können*

Angesichts der rapiden technologischen Innovation kommt es heute weniger darauf an, welche technischen Mittel aktuell zur Verfügung stehen, sondern mehr darauf, welche unternehmerische Vision verwirklicht werden soll. Die strategischen Entwicklungslinien für den Einsatz der Informationstechnik müssen so weit reichen, daß sie gleichsam ungeduldig auf die adäquaten technischen Mittel warten. Das gibt der unternehmerischen *Vision* einen neuen Stellenwert.

Wenn beispielsweise für einen zukünftigen Geschäftsprozeß die „elektronische Unterschrift" entscheidend ist, dann lohnt es sich, selbst dann ein organisatorisches Grobkonzept für die betroffenen Prozesse zu entwerfen, wenn zur Zeit ein geeignetes technisches Verfahren nicht am Markt ist. Im Augenblick der Verfügbarkeit sind diejenigen Unternehmen im Vorteil, die ihre Prozeßumgebung bereits auf die benötigte und erwartete technische oder rechtliche Möglichkeit eingerichtet haben.

Die aus den neuen organisatorischen Freiräumen geborenen Visionen reichen weit: Al Gore sieht ein neues athenisches Zeitalter weltweiter Demokratie heraufziehen, fraktale Büros und virtuelle Unternehmen werden entworfen, Anbieter von Verkehrsdienstleistungen nehmen sich vor, die personale Mobilität des Reisenden mit seiner Möglichkeit zu verbinden, sich jederzeit in beliebige Informationsnetze einzuwählen. Vision und technische Wirklichkeit sind voneinander abhängige Größen. Die Beschleunigung der technologischen Innovation verkürzt die „Haltbarkeit" von Visionen, umgekehrt bestimmen Visionen die Richtung der technologischen Entwicklungen. In „Hochgeschwindigkeitsmärkten" bedarf es eines ständigen und systematischen Ideen- und Erfahrungsaustauschs zwischen Geschäftspolitik und Informationsstrategie.

Die informationstechnische Verflechtung der Prozesse zwingt zur Vollständigkeit der organisatorischen Entwürfe

Ein anschauliches Beispiel für einen mit Hilfe der Informationstechnik durchorganisierten Prozeß bietet das weitgehend automatisierte Versandzentrum von Quelle in Leipzig. Der Warenfluß ist vom Eingang über die Lagerung bis zur Auslieferung ein vollständig von Bestell- und Auftragsdaten gesteuerter Prozeß. Lesegeräte identifizieren die eingehende Ware, automatische Transportsysteme befördern sie an einen vom Computer errechneten Lagerort, die Informationen über vorliegende Aufträge rufen gewünschte Artikel von den Lagerplätzen ab, computergesteuerte Förderanlagen stellen die Lieferinhalte zusammen und leiten sie an die Verpackungsplätze weiter. Die Organisation des Versandzentrum setzt die räumliche und zeitliche Unabhängigkeit des Prozeßfaktors *Information* ein, um die Qualität, Produktivität und Geschwindigkeit des Warenumschlages zu steigern.

Merkmal dieser Organisation ist, daß sie Bestandteil eines vom Kunden zum Kunden reichenden Prozesses ist und Unterbrechungen (Medienbrüche) weitgehend vermeidet: das Angebot wird dem Kunden über gedruckte, auf CD-ROM gespeicherte oder im Netz verfügbare Warenkataloge präsentiert; die Bestellungen werden über die vom Kunden gewählten Kanäle (schriftlich, telefonisch, elektronisch) entgegengenommen und in die zentrale Auftragsbearbeitung übernommen, von wo dann der Auslieferungsprozeß gesteuert wird.

Ohne eine solche Vollständigkeit des organisatorischen Entwurfs werden die angestrebten Vorteile verfehlt: es ist beispielsweise sinnlos, Kontakt zu Kunden und Interessenten im Internet zu suchen, um damit elektronische Aufträge auszulösen, wenn nicht gleichzeitig eine interaktive Betreuungs- und Beratungsstruktur aufgebaut wurde und die Voraussetzungen dafür geschaffen sind, daß Aufträge auch elektronisch weiterverarbeitet werden können. Die Präsenz im Netz ist nur die „Außenseite" der informationstechnischen Revolution. Die weiterreichende organisatorische Aufgabe wartet im Innern des Unternehmens.

Und auch dort muß konsequent das Prinzip „Vollständigkeit des organisatorischen Entwurfs" verwirklicht werden. Wird beispielsweise Internet für die Mitarbeiter eines Unternehmens geöffnet, dann muß die Struktur und Disziplin eines *Intranets* Zugänge, Kommunikation und Recherchen regeln. Mehrstellige Millionenbeträge gehen den Unternehmen verloren, die es ihren Mitarbeitern überlassen, sich „auf eigene Faust" im Informationsangebot des weltweiten Netzes zurechtzufinden. „Surfen im Netz" ist das Merkmal privater Nutzung; der professionelle Zugriff auf das Internet bedarf geregelter und zu Ende gedachter Informationsprozesse.

Umwandlung von Gütern und Dienstleistungen in Informationsprozesse

Je höher der Anteil an Information in einem Prozeß ist, desto beweglicher, schneller und produktiver läßt er sich an neue Bedürfnisse anpassen. Am Beispiel des computergesteuerten Hochregal-

 Heinz Muschalla

lagers im schon erwähnten Quelle Versandzentrum wird die überlegene Flexibilität von Informationsprozessen gegenüber materiell bestimmten Abläufen besonders deutlich: Grob gesprochen ist das Prinzip der Datenspeicherung im Computer dasselbe wie das der Lagerung von Waren im Hochregallager: Freie Plätze werden nach dem Prinzip „Was paßt wohin" in freier Zuordnung belegt. Auch das Prinzip des direkten Zugriffs auf jede Speicherstelle ist das gleiche. Und mit etwas Phantasie läßt sich in den 40 Gassen der über 30 Meter hohen Regale (Grundfläche 185 m x 128 m) mit ihren auf- und abstrebenden Bediengeräten ein gigantisches Abbild des Plattenspeichers mit seinen Zugriffsarmen erkennen. Aber auch der Unterschied zwischen den beiden Maschinen fällt sofort ins Auge: Was im Computer in Bruchteilen von Millisekunden entschieden wird, das setzen die mit Paletten beladenen Regalbediengeräte in der von der mechanischen Physik diktierten Langsamkeit um.

Diese Überlegenheit der Information gegenüber materiell bestimmten Abläufen auszunutzen, ist folgerichtig ein zentrales Ziel moderner Prozeßorganisation. Überall dort, wo Dienstleistungen oder Produkte bereits im konventionellen Sinne vorwiegend aus Information bestehen, ist die Transformation in elektronische Medien besonders naheliegend. Informationsdienste von Zeitungsverlagen oder Fernsehanstalten, Wissensdatenbanken, interaktive Lernprogramme, aber auch Computerspiele und Simulation sowie die organisierte oder freie Kommunikation kennzeichnen breite Felder des erfolgreichen Angebotes in elektronischen Netzen. Die Wochenzeitung *Die Zeit* bietet einen systematisch geordneten Zugang zum bundesweiten Stellenmarkt; in Consulting-Datenbanken findet der Interessent die Kompetenzprofile und Referenzen von Unternehmensberatern; selbst die Kirchen nutzen das Netz inzwischen als Trägersystem für die christliche Botschaft.

Zahlreiche kirchliche Organisationen einschließlich des Vatikans sind im Netz präsent. Weil die christlichen Angebote inzwischen kaum noch zu überschauen sind, hat der Stuttgarter Verein „Kirche Online" die Suchhilfe ChristWeb entwickelt (FAZ, 17.1.97).

Der Anspruch an die organisatorische Phantasie besteht also darin, den Informationsanteil auch in denjenigen Prozessen zu erhöhen, für die bislang der Transport materieller Güter oder die Anwesenheit von Menschen erforderlich ist. Die Einrichtung von Beratungsdiensten im Netz oder die Fernwartung technischer Anlagen sind Beispiele hierfür. Eine der auffälligsten und wohl auch folgenreichsten Transformationen in Information haben wir in den letzten Jahren bei *Geld* miterlebt. Geld hat sich nahezu vollständig in Information umgewandelt. Die weltweite Geschäftstätigkeit der Banken oder Börsen ist dadurch weitgehend distanz- und zeitunabhängig geworden; die Zahlung mit der Kontenkarte im Warenhaus oder die Verwendung der „Kleingeldkarte" in öffentlichen Verkehrsmitteln bedeutet für den Verwender die Hergabe von Geld; technisch ist dieser Vorgang aber (nur) die Übertragung und Veränderung von elektronisch gespeicherten Daten.

Ersatz personaler Mobilität durch Mobilität von Information

Ohne Synchronisierung des Zeitablaufs von Tätigkeiten gibt es kein soziales Leben, diese Aussage des französischen Philosophen Marcel Mauss läßt sich durch zahlreiche historische oder alltägliche Erfahrungen belegen: Die athenische Agora, das afrikanische Palaver; die Sitzungstermine in Unternehmen, Gerichtshöfen, Parlamenten; wissenschaftliche Kongresse; Parteitage oder selbst Familientreffen und gemeinsame Mahlzeiten sind Merkmale und Hilfsmittel der Synchronisation.

Gleichzeitige Anwesenheit von Mitgliedern einer kulturellen oder sozialen Gruppe, eines Gremiums von Experten, von Entschei-

dungsträgern oder Mitarbeitern am selben Ort ist die klassische
Voraussetzung für die Gewinnung einer gemeinsamen Meinungs-
und Informationsgrundlage oder für den koordinierten Einsatz von
Kräften. Militärische oder wissenschaftliche Expeditionen, der Bau
von Pyramiden, Kathedralen oder Autobahnen, die Produktion
von Fernsehgeräten, Uhren oder Handelsschiffen fordern den geordneten und zu einem hohen Maße synchronisierten Einsatz von
Arbeitskräften und Sachmitteln. Das Prinzip Just in time, dessen
Einhaltung Produkthersteller von ihren Zulieferern fordern, ist nur
eine besonders anschauliche Form der Synchronisation. Die Schlüs-
selfrage aus dem Blickwinkel neuer Informations- und Kommuni-
kations-Technologien lautet: Wieweit läßt sich das Verhältnis von
Aufwand und Effektivität der nötigen Synchronisation verbessern,
wenn die personale Mobilität durch die Mobilität der Information
ersetzt wird.

Die einfachste Form, den Aufwand für (vergebliche Versuche der)
Synchronisation zu senken, besteht darin, die Erreichbarkeit des
einzelnen durch Kommunikationsmittel wie Anrufbeantworter,
mobile Telefone, über Funk erreichbare Laptops und E-Mail zu
verbessern. Für den Bereich der Entscheidungsfindung, der persönlichen Beratung oder der Informationsvermittlung an Angehörige
des Unternehmens ist sodann an Video-Conferencing, eventuell mit
zusätzlicher Informationsunterstützung aus Datenbanken oder
durch Videoaufzeichnungen, zu denken. Dabei ist aber zu beachten, daß diese technische Lösung den Teilnehmern zwar die Anreise
zu einem zentralen Konferenzort erspart, aber (an verschiedenen
Orten) doch gleichzeitige Anwesenheit verlangt. Der Ersatz perso-
naler Mobilität durch die Mobilität der Information in Form des
Video-Conferencing verspricht also lohnende Effekte in erster Linie
bei periodisch (und deshalb diszipliniert) durchgeführten Sitzungen
von (einander bekannten) Teilnehmern in durch weite Distanzen
getrennten Lokationen, für überregionale Lehrveranstaltungen mit
hohem Aktualitätsanspruch oder für Informationsveranstaltungen
weltweit agierender Konzerne.

Der für das Unternehmen zu realisierende Vorteil dieser Technik ist vor allem in der Beschleunigung der Entscheidungs- und Informationsprozesse und in der Einsparung von Reisezeit und -kosten zu sehen. Die Eignung von Video-Conferencing endet dort, wo persönliche Spontaneität, emotionaler Anteilnahme und Gruppendynamik gefragt sind. Die leibhaftige Teilnahme an einem Ereignis hat eine deutlich andere Qualität als die (meist sogar detailliertere) Information und Partizipation über ein interaktives informationstechnisches Medium. Gespräche mit hoher persönlicher oder geschäftlicher Tragweite oder die Vorbereitung grundlegender geschäftspolitischer Entscheidungen, aber auch wichtige Motivationsveranstaltungen werden auf die persönliche Anwesenheit der Teilnehmer kaum je verzichten können. In der denkbaren Euphorie über die Möglichkeiten multimedialer Kommunikation darf die Einsicht nicht verlorengehen: „ein Medium bleibt ein Medium", es dient dem Austausch von Informationen, aber es ersetzt dem Menschen nicht leibhaftige Wirklichkeit. Weil das Bedürfnis für gleichzeitige Anwesenheit von Menschen an einem Ort unterschiedliche Gründe haben kann, sollte die technische Infrastruktur mehrere Kommunikationsformen zur Wahl stellen. Die Zusammenfassung unterschiedlicher Optionen für die Zusammenarbeit auf Distanz wird heute unter den Sammelbegriffen Groupware oder Workgroup Computing angeboten. Diese Software enthält Komponenten wie

▶ E-Mail für den Nachrichtenaustausch und den Transport von Informationen,

▶ Fax + Voice-Mail aus dem Computer heraus auch bei Abwesenheit,

▶ Zeitplanung,

▶ Diskussionsforen (z. B. Video-Conferencing),

▶ Information Sharing (d. h. Gemeinsamer Zugriff auf Dokumente),

 Heinz Muschalla

▶ Automatische Archivierung und Dokumentenmanagement,

▶ Workflow-Systeme,

▶ Gateways.

Diese als Einzelfunktionen zum Teil wohlbekannten Komponenten sind mit dem Ziel zusammengefaßt worden, die Kommunikation und Kooperation von Arbeitsgruppen ohne die Beschränkungen von Ort und Zeit zu unterstützen. Der Effekt von Workgroup-Anwendungen liegt in der freien und bedarfsgesteuerten Kombination personeller Ressourcen und Kompetenzen mit dem Inhalt von Datenbanken und computerunterstützten Methoden zur gemeinsamen Bearbeitung von Konstruktionsunterlagen und Dokumenten auch über weite Distanz.

Der Katalog der durch diese Form der informationstechnischen Synchronisation erzielbaren Nutzeffekte ist attraktiv. Beispielsweise lassen sich durch Workgroup-Computing erreichen:

▶ Beweglichkeit in Angebotssituationen durch die geplante oder spontane Kombination erforderlicher Kompetenzen ohne Rücksicht auf den Ort der Verfügbarkeit auch über die Grenzen des eigenen Unternehmens hinaus,

▶ Zeitgewinn durch die Vermeidung von Reisen, dadurch ist auch die produktive Nutzung kleinerer Zeiträume für gemeinsame Arbeit möglich,

▶ Verfügbarkeit aller relevanten Informationen und Daten aus Unternehmen, Markt und Wissenschaft im Arbeitsprozeß,

▶ Unabhängigkeit des Mitarbeiters vom Arbeitsort (Büro, Wohnung, Kunde),

▶ Zugriff aller Teammitglieder auf den aktuellen Stand der gemeinsamen Arbeitsergebnisse,

▶ unverzügliches Feedback auf Vorschläge und Entwürfe für alle Gruppenmitglieder,

▶ jederzeitige Möglichkeit der Intervention durch die Projektauf-
sicht auf vollständiger Informationsbasis,

▶ interkontinentale Arbeitsteilung, dadurch keine durch die Ta-
geszeit bedingten Unterbrechungen der Arbeit.

Schon diese kurze Liste möglicher Nutzeffekte von Workgroup-
Computing zeigt, daß es nicht ausreicht, eine entsprechende informationstechnische Infrastruktur zu implementieren, sondern daß
es sich bei der Einführung um eine Maßnahme von unterneh-
menspolitischer Tragweite handelt.

Für die Prozeßoptimierung sind neue Datenquellen zu erschließen

Die Informationsversorgung definierter (Produktions-)Prozesse ist
bereits heute ein stark beachtetes Aufgabenfeld des Informations-
managements. Die saubere Beschreibung eines Geschäfts- oder
Produktionsprozesses weist stets auch die Informationen aus, die
in den einzelnen Prozeßschritten für die Weiterverarbeitung benötigt werden.

Umgekehrt wirken die durch den Prozeß erzeugten Daten (z. B.
Materialverbrauch) in andere Prozesse (z. B. Lagerhaltung) zurück.
Die Möglichkeiten der Informations- und Kommunikationstechnik wurden folgerichtig bereits seit den sechziger und siebziger
Jahren für die Prozeßsteuerung aktiviert. Stücklistenprozessoren
und computergesteuerte Arbeitsabläufe (Workflow) bestimmen
das Bild. Neben der Perfektionierung und Optimierung dieser
Ansätze konzentriert sich die Aufmerksamkeit heute auf die Öffnung der ablaufbestimmenden Informationsprozesse für Datenquellen außerhalb des engeren Prozeßumfeldes. So werden Informationen des mit mobilen Terminals ausgestatteten Außendienstes

oder auch Daten von Kunden und Lieferanten direkt in die eigenen Geschäftsprozesse eingespeist (EDI).

Im Bereich definierter Prozesse im Unternehmen und über das Unternehmen hinaus (zu Kunden, Partnern und Lieferanten) bietet die Informationstechnologie noch eine Vielzahl organisatorischer Möglichkeiten zu mehr Beweglichkeit, zu stärkerer Kundenbindung und zur Optimierung der Aufwand/Ertrags-Relation. Die Übernahme von Verantwortung für Prozesse bei Kunden und Lieferanten und damit die Erschließung externer Datenquellen für die eigene Prozeßsteuerung (in Realzeit) ist eines der letzten großen Potentiale für Rationalisierung und die Verbesserung von Qualität.

Die Weiterentwicklung der informationstechnischen Infrastruktur muß mit deren Nutzung Hand in Hand gehen

Nicht wenige Unternehmen erleben die Enttäuschung, daß die Einführung aufwendiger Informations- und Kommunikationsmittel nicht von allgemeiner Akzeptanz begleitet ist. Hier reicht der organisatorische Auftrag weit in die Bereiche der allgemeinen Managementdisziplin und Unternehmenskultur hinein. Unternehmensweite elektronische Kommunikation und neue Formen der netzgestützten Kooperation lassen sich nur mit Hilfe der erzieherischen Wirkung des sichtbar gemachten *Willens* der Unternehmensführung verwirklichen. Mittel der Visibilität des unternehmerischen Willens sind strikte Anweisungen, aber auch das Vorbild, das darin besteht, daß die Mitglieder des Top-Managements im Rahmen der eigenen Tätigkeit die neuen Mittel mit demselben Grad von Selbstverständlichkeit einsetzen wie sie es von den Angehörigen des Unternehmens erwarten.

Gleichzeitig mit der Investitionsentscheidung für eine neue informationstechnische Infrastruktur muß auch über die Maßnahmen entschieden werden, die eine allgemeine Akzeptanz der neuen Werkzeuge sicherstellen. Diese erzieherische Aufgabe ist vor allem dort zu leisten, wo die Nutzung der elektronischen Hilfsmittel nicht durch einen definierten Prozeßablauf (Workflow) vorgegeben ist, sondern wo es in der Entscheidung des Mitarbeiters liegt, ob er zur Erledigung einer ad hoc gestellten Aufgabe zum Telefon greift, einen Brief diktiert, ein Meeting organisiert oder sich der neuen Infrastruktur bedient. Die Akzeptanz der gesamten Mitarbeiterschaft muß bereits in einem frühen Stadium des Ausbaus der Infrastruktur (E-Mail) gewonnen werden, damit der Nutzen späterer Ausbaustufen (Workgroup-Computing) nicht wegen der Unbeweglichkeit oder Unkenntnis der Mitarbeiter in Frage gestellt wird.

Prozesse sind Werkzeuge der Menschen, nicht umgekehrt

Die „entfesselte" Information enthält gewaltige Herausforderungen an das organisatorische und kulturelle Gestaltunngsvermögen und die wirtschaftliche Vernunft. In der Triade von Information, Prozeß und Mensch werden die Gewichte neu verteilt. Der freie Fluß der Information bietet die Chance, daß sich die starre Bindung von Mitarbeitern an definierte Prozeßabläufe lockert und daß sie dadurch auch diejenigen Fähigkeiten aktivieren können, die ihnen in der bisherigen Prozeßstruktur nicht abgefordert worden sind. Das wäre ein Schritt auf dem Weg zu mehr persönlicher Kompetenz und Souveränität; Eigenschaften, die in den beweglichen Unternehmen von heute und morgen dringend gebraucht werden.

 Heinz Muschalla

Die Autoren

Heyko Behnke ist als Kreisoberamtsrat Leiter des Amtes für Automation und Datenverarbeitung des Landkreises Soltau-Fallingbostel. Schwerpunkte seiner beruflichen Tätigkeit der letzten 25 Jahre waren Organisation und Wirtschaftlichkeit der Verwaltung. Seine aktuellen Aktivitäten konzentrieren sich auf die Entwicklung eines flächendeckenden Bürger-Service-Kiosks als Angebot an die Bürger zu deren Entlastung und zur Beschleunigung von Verwaltungsabläufen unter weitgehender Nutzung von Multimedia.

Heinz-Paul Bonn ist Vorstandsvorsitzender der G.U.S. AG & Co, Gesellschaft für Unternehmensberatung und Software-Entwicklung mbH. Er ist Mitgründer der Gesellschaft zur Förderung der mittelständischen Software-Industrie in NRW e.V., Vorsitzender des Kuratoriums des Fraunhofer Instituts für Software- und Systemtechnik ISST, Berlin-Dortmund, und Mitglied des Vorstandes des Bundesverbands Informations- und Kommunikations-Systeme e.V., Bad Homburg.

Hans-Heinrich Brendecke ist Geschäftsführer der nbg Netzbetriebsgesellschaft mbH, Hannover, eine Tochtergesellschaft der Sparkassenorganisation in Nord- und Ostdeutschland. Sie ist als Dienstleisterin für Sparkassen, Landesbanken und Landesbausparkassen mit einem breiten Leistungsspektrum von Netzberatung tätig. Davor war Herr Brendecke 24 Jahre bei IBM in verschiedenen Führungspositionen mit nationaler und internationaler Verantwortung im Bereich Netzdienstleistungen tätig.

Prof. Dr. oec. Walter Brenner ist seit 1993 Hochschullehrer an der Technischen Universität Bergakademie Freiberg für Allgemeine Betriebswirtschaftslehre, insbesondere Wirtschaftsinformatik mit dem Forschungsschwerpunkt Informationsmanagement und Informationsverarbeitung der privaten Haushalte. Von 1989 bis 1992 war er Leiter des Forschungsprogramms IM2000 am Institut für Wirtschaftsinformatik der Hochschule St. Gallen.

Bernhard Dorn, Jahrgang 1940, ist Unternehmensberater und Buchautor. Er berät namhafte Firmen wie die Deutsche Bahn AG, Rheinmetall AG, Bausparkasse Schwäbisch Hall AG und NSGV hinsichtlich des Einsatzes und der Nutzung der erfolgsentscheidenden Unternehmensressource Information. In mehreren Aufsichtsräten und Beiräten ist Bernhard Dorn aktiv tätig. Er leitet das von ihm gegründete Institut für Produktivität und Qualität e. V. in Eschborn. Seine berufliche Laufbahn begann er bei der Hypobank München/Nürnberg. Zu IBM Deutschland GmbH wechselte er 1963, wo er bis 31.12.1995 tätig war – die letzten zehn Jahre als ihr Geschäftsführer. Er ist Autor des 1995 erschienenen Buches „Computerbeben".

Dr. Peter Friedrich ist Geschäftsführer der Babcock Dienstleistungs-GmbH, die sich im Netzwerkmarkt konsequent mit Lotus Notes positioniert. Nach Führungsaufgaben im DV-Bereich der Salzgüter AG und einem Lehrauftrag für Informatik an der TU Braunschweig übernahm er 1990 bei der Deutschen Babcock AG die Leitung des „Informationsmanagement". Im Rahmen dieser Aufgaben war er für die Einführung und Nutzung neuer (multimedialer) Techniken für Steuerung von Unternehmensprozessen verantwortlich.

Prof. Dr. Wilhelm R. Glaser lehrt Allgemeine Psychologie und Methodenlehre am Psychologischen Institut der Universität Tübingen. Die Forschungsschwerpunkte seiner Arbeit liegen in der praktischen Anwendung der Kognitionspsychologie in der Arbeitswelt, insbesondere im Bereich Telekommunikation. Er verfaßte mehrere

Studien, u.a. „Telearbeit in der Praxis: Psychologische Erfahrungen mit Außerbetrieblichen Arbeitsstätten" und „Telearbeit in Sternenfels". Ferner führt er als Dozent Führungskräfteschulungen durch.

Michael Hebgen ist Direktor des Universitätsrechenzentrums der Universität Heidelberg und einer der Pioniere bezüglich des Einsatzes von Internet in Deutschland, seiner Verbreitung und Nutzung.

Helmut Holst ist Managing Principal für die Fachbereiche Distribution sowie Telekommunikation und Medien bei der IBM Unternehmensberatung GmbH. Er verfügt über mehr als 25 Jahre Erfahrung in der Informationsverarbeitung, u. a. als IS Direktor „IS und Organisation" bei einem Transport- und Logistikdienstleister sowie als Manager für Marketing und Systemservice bei IBM im Bereich „Telekommunikation und Informationsservices".

Dieter Kempf ist Vorsitzender des Vorstandes der DATEV eG. Herr Kempf war Partner (Geschäftsführer und Mitgesellschafter) der Arthur Young GmbH, einer Wirtschaftsprüfungsgesellschaft. Zuvor war er als Steuerberater und Wirtschaftsprüfer tätig. Er ist Mitglied des Beirates bzw. des Vorstandes und Vorsitzender verschiedener Institutionen und Unternehmen (u. a. bei VDMA, Genossenschaftsverband Bayern, Gerling-Konzern, FORWISS e.V., Förderkreis Mikroelektronik e.V., Wirtschaftsforum Nürnberg und Bayern-Online).

Dr. Walter Lösel ist als Referent des Vorstandsvorsitzenden der DATEV eG tätig. Der Schwerpunkt seines Wirkens liegt auf dem Gebiet der effizienten Nutzung der Elektronischen Medien in der Wirtschaft und bei Dienstleistungen für spezielle Zielgruppen. Zu diesen Themen hat er bereits verschiedene Artikel und Buchbeiträge veröffentlicht. Ab 1998 hat er die Professur für Wirtschaftsinformatik und Organisation an der Georg-Simon-Ohm-Fachhochschule in Nürnberg inne.

Heinz Muschalla ist Mitarbeiter des Instituts für Produktivität und Qualität e.V. in Stuttgart. Durch seine qualifizierte Beratung trägt er in Unternehmen verschiedener Branchen entscheidend zu der in der Regel dringend erforderlichen Positionierung der Informationssysteme und Definition ihrer Rolle im Unternehmen bei.

Prof. Dr. Manfred Perlitz lehrt Betriebswirtschaftslehre und Internationales Management an der Universität Mannheim. Er war Gastprofessor an mehreren Hochschulen, darunter Harvard Business School, University of California Berkely, Asian Institute of Management, London Business School, Ecole des Affaires de Paris und sieben weitere international anerkannten Hochschulen. Er war für viele Unternehmen beratend tätig, wie z. B. für: BASF, Dupont, Deutsche Telekom, Henkel, Höchst, IBM, ICI, ITT, Krupp, Mannesmann, Mercedes-Benz, Merck, Opel, Rank Xerox, Rolls Royce, Shell, Siemens und VW. Ferner ist er European Coordinator des „Company of the Future"-Projektes, in dem europäische (unterstützt von der EU) und japanische (unterstützt vom MITI) Unternehmen und Universitäten gemeinsam erforschen, wie Unternehmen im 21. Jahrhundert erfolgreich geführt werden können.

Prof. Dr. Dr. Franz Josef Radermacher ist Leiter des Forschungsinstituts für anwendungsorientierte Wissensverarbeitung (FAW) in Ulm und Professor für Datenbanken und Künstliche Intelligenz an der Universität Ulm. Er ist Mitglied in einer Vielzahl von Kommissionen, Institutionen und Instituten, Commitees, Arbeitsgruppen und Ausschüssen – national wie international. Als Autor von zahlreichen wissenschaftlichen Arbeiten befaßte er sich mit Themen aus den Bereichen Angewandte Mathematik, Operations Research, Angewandte Informatik, Systemtheorie sowie mit Fragen der Technikfolgenforschung und der Ethik/Philosophie; letzteres auch in bezug auf globale Problemstellungen.

Harald R. Rost ist Prinzipal der IBM Unternehmensberatung GmbH, Hamburg. Der Schwerpunkt seiner Betätigung liegt auf dem Gebiet der Distribution und des Elektronic Commerce (EC) aus der geschäftsorientierten Perspektive des Managements. Auf diesem Gebiet hat er mit seiner Praxiserfahrung bei führenden deutschen Handelsunternehmen mit Erfolg Beratungsprojekte realisiert. Er ist Mitglied des europäischen EC-Competency Network der IBM Consulting Group.

Diethelm Sack ist seit der Gründung der Deutschen Bahn AG (am 1.1.1994) Vorstand für Finanz und Controlling. Im Rahmen seiner unternehmerischen Verantwortung sorgt er dafür, daß aktuelle und moderne Informationstechniken optimal und geschäftsfördernd eingesetzt werden. Damit leistet er einen wichtigen Beitrag zum Wandel der DB AG von einem technologiegetriebenen hin zu einem marktorientierten Unternehmen.

Dr. Michael Salmony ist seit einigen Jahren bei IBM international und in Deutschland auf dem Gebiet der Multimedia wissenschaftlich und praktisch tätig. Er wirkte an unterschiedlichen wissenschaftlichen Zentren und Labors der IBM mit. Darüber hinaus ist er Berater in der Finanzbranche.

Helmut Schmid ist Geschäftsführer der TeleCash Komunikations-Service GmbH, Stuttgart. Auf dem Gebiet der Telekommunikation war er davor über viele Jahre hinweg in verschiedenen führenden Positionen bei Siemens und IBM tätig.

Dieter Schoch ist Vorstand der Quelle AG & Co., Fürth. Seit 1967 wirkt Herr Schoch bei Quelle in verschiedenen Managementaufgaben im Bereich der Organisation und Datenverarbeitung, deren Leitung ihm 1980 übertragen wurde. Seit 1989 ist er zusätzlich Geschäftsführer der Schickedanz Finanzdienstleistungs-Beteiligungs GmbH. Im Jahre 1992 wurde er zum Vorstand „Personal und Datenverarbeitung" ernannt.

Prof. Dr. Herbert Weber ist Leiter des Fraunhofer-Instituts für Software- und Systemtechnik ISST in Berlin und Hochschullehrer am Fachbereich Informatik der Technischen Universität Berlin,

Institut für Kommunikations- und Softwaretechnik, Fachgebiet „Computergestützte Informationssysteme". Er ist Inhaber des Lehrstuhls für Software-Technologie an der Universität Dortmund und war als Gastprofessor am M.I.T. (Massachusetts Institute for Technology) in den USA wie auch bei INRIA in Frankreich.

Die Autoren